Udo Herrmannstorfer
Schein-Marktwirtschaft

PRAXIS ANTHROPOSOPHIE 6

Praxis Anthroposophie – die Taschenbuchreihe für Vorausdenkende: Heute sind Ideen gefragt, die nicht nur das Bestehende erfassen, wie es ist, sondern es vorausdenkend weiterentwickeln. *Praxis Anthroposophie* stellt solche Ideen vor – individuelle Entwürfe, die durch den Gestaltungswillen ihrer Autoren geprägt sind. *Praxis Anthroposophie* sucht das Gespräch, die offene Form, in der sich die geistigen Strömungen unserer Zeit begegnen.

Über das Buch: Wer heute, nach dem Zusammenbruch des Sozialismus, nach Alternativen zur Marktwirtschaft fragt, gilt als idealistisch und weltfremd. Dennoch müssen wir begreifen, daß jede wirtschaftliche Handlung irgendwo ihre Gegenbuchung hat: Wo sich jemand egoistisch bereichert, da entsteht am anderen Ort Armut; wo Umwelt übernutzt wird, entstehen irreparable Zerstörungen. Die dadurch ausgelösten Folgen schlagen langfristig auf die Verursacher zurück.
Udo Herrmannstorfer weist anhand konkreter Beispiele auf soziale Fehleinstellungen hin, die durch eine Umorientierung in Richtung einer assoziativen Wirtschaftsweise überwunden werden können.

Über den Autor: Udo Herrmannstorfer, geboren 1941 in Breslau, Industriekaufmann, Betriebs- und Volkswirt. Seit 1972 selbständiger Unternehmensberater und Dozent für Wirtschafts- und Sozialgestaltung.

UDO HERRMANNSTORFER

Schein-Marktwirtschaft

Die Unverkäuflichkeit von Arbeit,
Boden und Kapital

VERLAG FREIES GEISTESLEBEN

CIP-Titelaufnahme der Deutschen Bibliothek

Herrmannstorfer, Udo:
Schein-Marktwirtschaft: die Unverkäuflichkeit von Arbeit,
Boden und Kapital / Udo Herrmannstorfer. –
Stuttgart: Verl. Freies Geistesleben, 1991
(Praxis Anthroposophie; 6)

ISBN 3-7725-1206-2

NE: GT

© 1991 Verlag Freies Geistesleben GmbH, Stuttgart
Umschlaggestaltung: Walter Schneider,
unter Verwendung eines Bildes von Helmut Vetter (Ausschnitt)
Druck: Clausen & Bosse, Leck

Inhalt

Einleitung — 7

Assoziatives Wirtschaften – die Suche
nach sozialer Gerechtigkeit — 17

Die Unverkäuflichkeit von Grund und Boden –
Vorschlag für ein neues Bodenrecht — 69

Das Soziale Hauptgesetz – Der Altruismus als
soziale Gestaltungskraft — 102

Zur sozialorganischen Bewältigung des Geldwesens — 125

Was kann man praktisch tun? — 184

Anmerkungen — 191

Einleitung

Auch der Westen hat Bedarf an Perestrojka

War jahrzehntelang die Diskussion um die richtige Wirtschaftsform vom Systemstreit zwischen kapitalistischer Marktwirtschaft und sozialistischer Planwirtschaft beherrscht, so findet im Moment gar keine mehr statt. Der Sozialismus ist zusammengebrochen, der Kapitalismus hat gesiegt – diese Kurzformel erübrigt jedes Rechtfertigungsgespräch: Der Sieg wiegt schwerer als jedes Argument. Reiht man sich nicht von vornherein in die Schar der Verlierer ein, wenn man den Sieger in der Stunde des Sieges kritisiert?

Man kann es auch anders sehen. Gerade weil die unfruchtbare Systemdiskussion weggefallen ist, könnte Raum für eine fruchtbare Neubesinnung entstehen. Die Notwendigkeit dazu besteht längst. Gorbatschow formulierte mahnend an die Adresse der marktwirtschaftlich-orientierten Länder: Auch der Westen hat Bedarf an Perestrojka! Dieser Ausspruch wurde vom Westen mit Empörung zurückgewiesen. Ist der Steinwurf aber nur deshalb unberechtigt, weil der Werfer selbst im Glashaus sitzt? Die innerliche Fixierung auf den Wettstreit beider Systeme hat die Frage ihrer inneren Sozialqualität in den Hintergrund gedrängt und sie zu einer Wahl des kleineren Übels gemacht. Unter den Blinden mag sich der Einäugige als König fühlen. Wir können uns nur zufrieden geben, wenn unsere sozialen Verhältnisse auch dem Anspruch des vollen Augenlichtes genügen.

Wettstreit der Systeme

Seit einigen Jahrhunderten geht der Ruf nach individueller Freiheit bzw. nach Freiheit der Individualität durch die Welt. Diese Forderung liegt dem europäisch-westlichen Menschen ganz besonders nahe, ist aber nicht auf ihn beschränkt. Gegen die Freiheit kann man nirgendwo mehr für die Zukunft arbeiten. Dies zeigt die Erfahrung in den sozialistischen Ländern, aber auch der Zustand der sogenannten Entwicklungsländer. Gleichzeitig mit dem Freiheitsbestreben hat sich aber auch die naturwissenschaftlich-materialistische Anschauung entwickelt, daß diese Freiheit des Ego sich wirtschaftlich als Egoismus auslebt. In der Marktwirtschaft wurde daher der Egoismus zur alleinigen Triebfeder wirtschaftlichen Handelns erhoben. Der Ruf nach wirtschaftlicher Brüderlichkeit erscheint dem marktwirtschaftlich Denkenden deshalb wie eine sentimentale Schwächung dieser Triebfeder: Wohlstand für alle entsteht nur, weil der einzelne ihn für sich mit aller Kraft anstrebt; wer nicht im Wohlstand lebt, hat sich auch nicht angestrengt. Die dadurch entstehenden Ungerechtigkeiten werden als Ansporn für die Zukurzgekommenen empfunden. Im Wettbewerb kommt die Stärke zum Zuge, und das Schwache bleibt auf der Strecke. Mitleid ist zwar eine schöne menschliche Eigenschaft, die zu pflegen uns schon unsere Christlichkeit gebietet, in der Wirtschaft aber hat sie nichts zu suchen: Marktwirtschaftliches Denken trägt viele Züge eines Sozialdarwinismus an sich.

Der Sozialismus wurde dagegen das Sammelbecken der durch die Marktwirtschaft Benachteiligten. Was Menschen – auch im Westen – zu sozialistischen Ideen treibt, ist das Aufbegehren gegen die Rechtfertigung der ungerechten Verteilung der Wirtschaftsleistungen durch das Wirken von «objektiven», d.h. nach dem Muster der Naturgesetze funktionierenden Marktgesetzen. Vielfach wurde in umfassender Weise versucht nachzuweisen, daß Ungerechtigkeiten die Folge eines gewaltigen Betrugsmanövers sind, das sich in den westlichen Rechtsordnungen «Eigentum an Produktionsmitteln» nennt. Eigentum wurde gemäß dieser Betrachtungsweise zur Ausbeutungsform der Nichteigentümer. Deshalb beginnt die sozialistische Revolution mit einem revolutionären Rechtsakt, der «Enteignung der Enteigner». – Das Dogma des Egoismus als alleiniger Triebfeder wirtschaftlichen Handelns versucht man dabei dadurch zu überwinden, daß man das Seelisch-Geistige des Menschen als Funktion der gesellschaftlichen Verhältnisse definiert. Werden die gesellschaftlichen Einrichtungen daher auf die Gesamtheit der arbeitenden Menschen ausgerichtet, dann werden diese sozialen Verhältnisse auch den Menschen zu einem sozial empfindenden und handelnden machen. – Dem Wohl des Ganzen muß das Interesse des einzelnen untergeordnet werden; nach einer gewissen Zeit des Übergangs wird der einzelne diese Unterordnung als sein eigenes Wollen erleben. Bis dies der Fall ist, muß die Gesellschaft gegen den Egoismus verteidigt werden.

Da aber der Egoismus mit dem Menschen untrennbar verbunden ist, wird aus der Unterdrückung des Egoismus eine Unterdrückung der Menschen. Es entsteht ein Kollektivismus, dessen Wirksamkeit sich im Namen der Menschheit gegen den einzelnen Menschen richtet. Damit vernichtet diese Gesellschaftsform dasjenige, was sie aufzubauen beabsichtigt. Die Revolution frißt ihre Kinder. Wirklich erschütternd ist ja die zu beobachtende Menschenverachtung, die aus der Eigendynamik dieser Entwicklung bei den dafür Verantwortlichen auftritt. (Dieses Phänomen läßt sich bereits in der Französischen Revolution beobachten, wo die Menschen im Namen der Tugend zur Guillotine geführt wurden. Terror ist die Tugend der Revolution – so Robespierre).

Vor allem in Europa gibt es aber auch viele Versuche, einen Ausgleich zwischen beiden Positionen, einen dritten Weg, zu schaffen. Einerseits wirken die Gewissenskräfte des christlichen Abendlandes so, daß wir Ungerechtigkeiten und soziale Not nur bis zu einem bestimmten Grade ertragen, ohne handelnd einzugreifen. Dazu kommt eine um sich greifende Klugheitsmoral aufgrund der Tatsache, daß man im Rahmen der arbeitsteiligen Wirtschaft aufeinander angewiesen ist. So hält ein richtiger Marktwirtschaftler eine Umverteilung der Güter aus sozialen Gründen zwar für einen wirtschaftlichen Sündenfall; andererseits aber sind Sozialausgaben wiederum Kaufkraft in den Händen der Bedürftigen und daher notwendig zum Absatz der produzierten Güter. Ein dritter Grund für gesellschaftlich-staatliche Eingriffe in die Marktordnung liegt in der demokratischen Gesellschaftsordnung. Da dort die sozial Schwächeren einen großen Wähleranteil, ja meist die Mehrheit der Wähler ausmachen, ist die Umverteilung von oben nach unten eine politische Notwendigkeit, um die Genehmigung zum Weitermachen zu bekommen, d.h. gewählt zu werden.

Das gegenwärtig am meisten beachtete Modell einer Mitte zwischen beiden Positionen ist die «Soziale Marktwirtschaft» der Bundesrepublik Deutschland. Dabei wird die Wirtschaft selbst dem Wirken der Marktkräfte überlassen, während das sozial Wünschbare von außen durch den Staat in Form von Auflagen und Reglementen «erzwungen» wird. Mit diesem Konzept erscheinen die sozialen Verhältnisse viel ausgeglichener als in anderen Regionen der Welt. Einerseits «kann sich Leistung lohnen», d.h. dem Egoismus bleibt genügend erstrebter Eigenvorteil übrig, andererseits sorgt ein «soziales Netz» dafür, daß in der Regel niemand so viel existentielle Not erleidet, daß er das Wirtschaftssystem grundsätzlich in Frage stellen müßte.

Mensch und System

Alle diese Ansätze zur Gestaltung des Wirtschaftslebens leiden – auch wenn sie richtige Teilaspekte enthalten – an einem gravierenden Mangel: Sie verneinen die Möglichkeit, daß die menschliche Individualität auch die Sozialität, die Brüderlichkeit, in sich entwickeln kann. Das der Marktwirtschaft zugrundeliegende Menschenbild reicht nur so weit, daß die Intelligenz des Menschen dem seelischen Begierdewesen als Instrument dient. – In der Sozialen Marktwirtschaft sieht man zwar Sozialverhalten als notwendig an, glaubt aber, dem Wollen des einzelnen die sozialen Pflichten von außen auferlegen zu müssen. Sozialer Ausgleich erscheint hier als erzwungener Abzug von den Früchten des Egoismus und wird daher nur widerwillig geleistet.

Im Sozialismus glaubt man, dem Menschen die individuelle Geistigkeit absprechen zu müssen, um sie durch solidarisches Kollektivverhalten zu ersetzen. – Wer in der Marktwirtschaft von Brüderlichkeit spricht, gilt als idealistischer Weltfremdling oder Spinner; wer im Sozialismus individuelle Freiheit beanspruchte, galt als kontrarevolutionärer Feind des Kollektivs. Leer ausgegangen ist bei allen Überlegungen der Mensch, der aus Freiheit zur Brüderlichkeit strebt. Dieses Verhalten aber nennen wir Liebe. Sie hat im christlichen Abendland noch keinen Platz der Verwirklichung gefunden, obwohl gerade das Wirtschaftsleben mit seiner allumfassenden Arbeitsteilung die Menschheitssolidarität fordert. Liebe kann man nicht verordnen. Aber die gesellschaftlichen Einrichtungen dürfen ihre Wirksamkeit nicht verhindern. Dies geschieht jedoch, wenn man im Wirtschaftsorganismus nur Einrichtungen zuläßt, die den systemimmanenten Weltanschauungshaltungen entsprechen. Im einen Fall wird der Mensch an seine Triebnatur gefesselt, von der er sich in seinem innersten Menschentum gerade emanzipieren will; im anderen Fall wird sein individuelles Menschentum zerstört, um aus ihm ein funktionierendes Mitglied eines sozial ausgerichteten Kollektivs zu machen.

Die assoziative Erweiterung der Marktwirtschaft

Der erste Beitrag dieses Buches handelt deshalb von der Erweiterung der Marktwirtschaft zur Assoziativen Wirtschaft (zwar wird die Wortverwendung begründet, sie ist aber nicht das Wesentliche). Wer die gegenwärtige Wirtschaftsentwicklung beobachtet, sieht überall die Notwendigkeit dieser Erweiterung unseres Wirtschaftsverständnisses und -verhaltens heraufkommen.

In Zeiten des Mangels kann es zunächst gleichgültig erscheinen, aus welchen Motiven jemand tätig wird, solange überhaupt Produkte und Leistungen entstehen. Brot vor Kultur und Geist – diese Empfehlung reicht der Westen gegenwärtig überall in der Welt herum. In einem fortgeschrittenen Stadium der Entwicklung wie dem gegenwärtigen kommt es aber immer mehr gerade auch auf die Motivbildung an. *Wir beginnen zu begreifen, daß jede wirtschaftliche Hand-*

lung irgendwo auf der Welt ihre Gegenbuchung hat: Wo sich jemand egoistisch bereichert, da entsteht am anderen Ort Armut; wo Rohstoffe verschwendet werden, da entsteht Mangel und Teuerung; wo Umwelt übernutzt wird, entstehen irreparable Zerstörungen und beeinträchtigen die Zukunft; wo Überfluß herrscht, da wandern Menschen aus Armutsgebieten ein; wo man sich Erdschätze durch Macht aneignet, entstehen Haß und Aufruhr; wo dauerhafte Exportüberschüsse entstehen, wachsen andernorts Schuldenberge usw. Diese Gegenbuchungen sind nicht nur papier-technisch zu verstehen, sondern sie bestehen in sozialer Betroffenheit. Die dadurch ausgelösten Folgen aber schlagen langfristig auf die Verursacher zurück und bewirken auch deren Zerstörung.

Auf der Tafelzeichnung marktwirtschaftlicher Modelle sieht alles ganz einfach aus: Nur Formelwerte verändern sich und werden durch Schwamm und Kreide korrigiert. Im sozialen Leben handelt es sich nicht um Tafelwirklichkeiten, sondern um konkrete Einzelschicksale oder Schicksale ganzer Gruppen, Regionen oder Erdteile. Wehe, wenn sich z.B. die Armen der Welt aufmachen, in die Länder des Wohlstands zu kommen, «weil dort die Entlohnung des Produktionsfaktors Arbeit höher liegt und damit das Angebot auf sich zieht». Niemand ist bereit, «aus marktwirtschaftlicher Überzeugung» den Lohn dann so weit fallen zu lassen, bis sich Angebot und Nachfrage ausgleichen. Warum versucht man krampfhaft, in der ehemaligen DDR Arbeitsplätze zu schaffen, wo doch im Westen Arbeitskräftemangel herrscht? Fast nirgendwo mehr überlassen wir den Marktkräften allein die soziale Gestaltung. Innerhalb der EG stammen fast 60 % der Waren und Leistungen aus «Märkten», in die die Gesellschaft «aus übergeordneten sozialen Gründen» zum Teil erheblich eingegriffen hat, gegen die Marktkräfte (so z.B. bei der Landwirtschaft, im Verkehr, Post- und Fernmeldewesen, Stahl- und Kohleindustrie, Werften, Flugzeug- und Computerindustrie usw.). Das heißt ja aber doch nichts anderes, als daß dabei Gesichtspunkte ins Feld geführt werden, die umfassender sind als das Wohl des einzelnen.

Es geht um das Heil einer Gesamtheit. Will man sich dabei nicht in einem Gestrüpp bürokratischer und freiheitsvernichtender Vorschriften verhaken, dann müssen bei den am Wirtschaftsleben Beteiligten selbst höhere Motive wirksam werden. Das aber ist nur möglich, wenn deren Bewußtsein und damit auch ihre Verantwortung auf gesamtwirtschaftliche Vorgänge ausgeweitet wird. Die Durchdringung der Wirtschaft mit Assoziationen soll dieser Möglichkeit dienen. Damit werden diejenigen sozialen Aspekte, die heute der politische Staat von außen nur bürokratisch veranlassen kann, zur Angelegenheit der Wirtschaftenden selbst gemacht. Selbstverwaltung des Wirtschaftslebens soll sich entwickeln und entfalten können und damit die sozialen Kräfte der Menschen aufrufen und fördern. Allerdings muß man dabei den Begriff der Wirtschaftenden von der gegenwärtigen Fixierung auf Unternehmer und Arbeitnehmer losmachen und bis zu den Konsumenten hin erweitern. Selbstverwaltung kann kein Selbstbedienungsladen einseitiger Interessen sein, sondern soll der Interessenbegegnung und dem Interessenausgleich dienen. An die Stelle der marktwirtschaftlichen Blindheit muß das Bewußtseinslicht der Beteiligten treten.

Wie notwendig eine solche Erweiterung unserer Wirtschaft zur assoziativen Selbstverwaltung ist, zeigt die Entwicklung im Osten, vor allem in der ehemaligen DDR. Als Bundeskanzler Helmut Kohl anläßlich der Neujahrsansprache 1990/91 beschwor, daß es noch höhere menschliche Werte gäbe als den eigenen Wohlstand, so z.B. die Solidarität mit den östlichen Mitbürgern, wurde diese an sich richtige Ansicht sofort wieder aufgehoben durch das sich anschließende Bekenntnis, daß diese Solidarität aber nur zu erreichen sei auf der Grundlage der bisherigen Marktwirtschaft. Aber Egoismus und Solidarität schließen sich eben gegenseitig aus. Die Entwicklung spricht für sich: Zum einen versuchen die Menschen in den neuen Bundesländern ihren Arbeitseinsatz zu steigern und Arbeitsplätze zu erhalten; gleichzeitig erleben wir seit Monaten die Verweigerung beim Kauf der selbst erzeugten Produkte; deshalb geht man in seiner Freizeit wieder auf die Straße, um von «denen da oben» Maßnahmen zur Verbesserung der Verhältnisse zu fordern. Nur dort, wo man assoziativ seine eigenen Angelegenheiten selbstverwaltend in die Hände nimmt, entsteht Bewußtsein vom Zusammenhang der Einzelverhaltensweisen und die Möglichkeit, wirklichkeitsgemäß tätig einzugreifen, statt andere dafür verantwortlich zu machen. Die Tatsachen des sozial-wirtschaftlichen Lebens fordern diesen Veränderungsschritt in aller Deutlichkeit. Nur in den Köpfen der Verantwortlichen spuken längst überholte Modellvorstellungen der Marktwirtschaft.

*Rechte dürfen nicht käuflich sein –
das Problem der Scheinmärkte*

Dieser Erweiterung der Marktwirtschaft ins Assoziative stehen jedoch gewaltige Hindernisse im Wege. Die größten davon sind entstanden durch die unbotmäßige Ausweitung des Marktbegriffes auf die sogenannten Produktionsfaktoren Arbeit, Boden und Kapital bzw. Geld. Formal-logisch scheint alles in Ordnung: Wo jemand etwas zu Eigentum hat, sich aber davon trennen will und ein anderer dies benötigt und zu erwerben bereit ist, da entsteht ein Markt und damit auch ein Preis. Warum sollte dies nicht auch für die Arbeit und die anderen Produktionsfaktoren zutreffen?

Infolgedessen sprechen wir vom Arbeitsmarkt und nennen den Lohn den Preis der Arbeit, nehmen die Verkäuflichkeit von Grund und Boden als selbstverständlich hin, halten es für das gute Recht des Firmeneigentümers, sein Unternehmen an andere Unternehmen oder an spekulierende Aktienkäufer zum Kurswert zu verkaufen, und finden es normal und als Geldinhaber erfreulich, daß Geld seinen Zinspreis hat und sich ständig vermehrt. Aber formale Logik allein begründet noch keine Wirklichkeit. (Alle Gänse haben zwei Beine, alle Menschen haben zwei Beine, also sind alle Menschen Gänse.) Erst wenn man genauer zuschaut, zeigen sich die Unterschiede und damit die notwendigen Eigengesetzlichkeiten von Lebensverhältnissen.

Die drei weiteren Aufsätze zur Arbeit, zum Boden und zum Geld haben die Aufgabe, die drei «Produktionsfaktoren» aus ihrer Stellung im sozialen Prozeß heraus zu verstehen. Das Ergebnis zeigt, daß in allen drei Fällen der Marktbegriff nicht anwendbar ist. Die Unverkäuflichkeit von Arbeit, Boden und Kapital ergibt sich als innere Konsequenz aus jeweils anderen Begründungen. Nicht um Märkte handelt es sich, sondern um Scheinmärkte. In Wirklichkeit sind es Rechtsverhältnisse, durch die Arbeit, Boden und Kapital in wirtschaftliche Vorgänge hineinkommen. Rechte aber lassen sich nicht kaufen – denn damit würden sie ihre Rechtsfunktion verlieren –, sondern nur übertragen. Gerade ihre Einvernahme durch den wirtschaftlichen Marktbegriff ist Ursache der sozialen Schäden, die sie in immer größerem Umfange auslösen.

Der Zusammenbruch des Sozialismus hat in den betroffenen Ländern die Frage der Rechtsverhältnisse im Wirtschaftsleben neu aufgeworfen. Es bestand die große Möglichkeit, einen wichtigen Schritt zur Überwindung der Scheinmärkte zu machen. Die Chancen einer Veränderung sind inzwischen dahin. Nach dem üblichen Motto «Wer zahlt, befiehlt» haben wir die Einführung der Scheinmärkte zur Bedingung der Hilfe gemacht: Mit der Einführung freier Gewerkschaften wurde die Spaltung in Unternehmer und Arbeitnehmer langfristig zementiert; mit der Forderung nach vermögensrechtlicher Privatisierung der Unternehmen und des Bodeneigentums wurden folgenschwere Umverteilungsprozesse ins Privatkapitalistische in Gang gebracht, die die Motivbildung des Wirtschaftens wiederum an Eigeninteressen fesseln; mit der Einführung unseres Geld- und Bankensystems wird die Geldmacht auf den Thron gehoben. Die Systemanpasser haben schnelle und umfassende Arbeit geleistet. Denn zwischenzeitlich sind die politischen Entscheidungsträger im Osten nicht mehr nur die Opfer unserer Anpassungsstrategie, sondern sogar ihre Promotoren. Die Kühnheit menschlich-sozialer Entwicklungsperspektiven ist unter der Unmenschlichkeit eines Sozialdogmatismus erloschen und hat einem Sozialpragmatismus der Übernahme des Bewährten Platz gemacht.

So treffen die folgenden Ausführungen wohl auf Unwilligkeit im Westen – «unser System hat seine Überlegenheit bewiesen» – und auf eine solche im Osten – «wir wollen endlich auch den Wohlstand des

Westens». Die kurzfristige Interessenausrichtung mag daher die Richtung des Vorgebrachten als idealistisch-utopisch erscheinen lassen. Die langfristige Erfahrung wird jedoch zeigen, daß die Überwindung der Scheinmärkte und die Erweiterung der Marktwirtschaft ins Assoziative lebensnotwendig sind, wenn Verhältnisse entstehen sollen, auf die das Wort «sozial» zu Recht angewendet werden kann. Nicht auf Brot allein kommt es an, sondern auf das Verstehen und Wollen von sozialen Verhältnissen, in denen sich immer wieder Brot erzeugt und auch alle Menschen erreicht.

Die Aufsätze über «Assoziative Wirtschaft», das «Soziale Hauptgesetz» und über «Wesen und Funktion des Geldes» sind überarbeitete Fassungen der Erstveröffentlichung in den drei Bänden des «Sozialwissenschaftlichen Forums» im Verlag Freies Geistesleben. Der Aufsatz über «Grund und Boden» ist eine Zusammenfassung der Vorschläge für eine Bodenrechtsreform in der Schweiz, die der Autor zunächst in der Zeitschrift «Die grüne Schlange» veröffentlicht hat.

Die hier vorliegenden Studien beschränken sich im Wesentlichen auf den Bereich des Wirtschaftslebens und führen in Gebiete des Rechtes. Diese Einschränkung macht nur Sinn, wenn man sie vor dem Hintergrund der viel weiter gefaßten Idee der «Dreigliederung des Sozialen Organismus» versteht, die 1917 von Rudolf Steiner, dem Begründer der Anthroposophie, im deutschsprachigen Raum veröffentlicht wurde. Dieser Entwurf einer neuen Sozialordnung zieht die Konsequenz aus der neuen Position, die der mündige Mensch innerhalb der Gesellschaft einnimmt. War früher das gesellschaftliche Kollektiv die vormundschaftliche Hülle seiner Erziehung, so muß die Gesellschaft sich heute zum Förderer und Hüter der Mündigkeit wandeln, da sie sonst zu ihrer Unterdrückung führt.

Daß der Vorschlag aus der Anthroposophie kommt, ist innerlich konsequent. Denn eine solche gesellschaftliche Veränderung kann nur fordern, wer den Nachweis erbringt, daß die menschliche Entwicklung nicht mit der Geltendmachung eines triebhaften Ego aufhört, sondern daß dem Ich eine höhere Wirklichkeit zukommt, zu der es aufwachen und sich erziehen kann.

Assoziatives Wirtschaften – die Suche nach sozialer Gerechtigkeit

> Eine Universalarznei zur Ordnung der sozialen Verhältnisse gibt es so wenig wie ein Nahrungsmittel, das für alle Zeiten sättigt. Aber die Menschen können in solche Gemeinschaften eintreten, daß durch ihr lebendiges Zusammenwirken dem Dasein immer wieder die Richtung zum Sozialen gegeben wird.
> *Rudolf Steiner, Die Kernpunkte der sozialen Frage*

Wirtschaftswissenschaft ist die Suche nach den dem Wirtschaftsleben zugrunde liegenden Gesetzen und damit gleichzeitig der Versuch, den wirtschaftlichen Handlungen des Menschen eine objektiv-gesetzliche Grundlage zu verschaffen. In diesem Doppelcharakter von theoretischer (die wirtschaftlichen Vorgänge werden hier wie ein vorgefundenes Naturgeschehen betrachtet) und praktischer Wissenschaft (das wirtschaftliche Tun soll sich nach den wissenschaftlichen Erkenntnissen richten und dem Geschehen eine entsprechende Richtung geben) liegt nicht nur deren Eigenart, sondern auch ihr Dilemma begründet – vergleichbar dem zentralen Problem der Philosophie, eine Brücke zwischen Wahrheit der Erkenntnis und Ethik des menschlichen Handelns zu schlagen.[1] Denn die sozialen Verhältnisse sind ja selbst erst die Folge menschlichen Verhaltens, so daß dasjenige im Wirtschaftsleben als «objektive» Gesetzmäßigkeit erscheint, was wir zuvor «subjektiv» durch unsere Handlungen hineingelegt haben. Die Suche nach sozialen Gesetzmäßigkeiten im ökonomischen Leben – sie dürfen nicht verwechselt werden mit *naturwissenschaftlich-technischen* Gesetzen, wie sie z.B. in der Produktion angewendet werden – ist also in Wahrheit eine Suche nach Bestimmungsgründen menschlichen Verhaltens.

Aus diesem Grunde ist es auch falsch, zu verlangen, daß wir uns «vor der so häufigen Verquickung sachlicher Untersuchung mit sozialpolitischer Wertung hüten müssen».² Diese Verquickung ist, dem Grunde nach, gerade das Kennzeichen des Wirtschaftslebens, denn Wirtschaft können wir nicht von außen anschauen, sondern als die sie Bewirkenden nur von innen, so «als ob wir selbst in der Retorte die darin ablaufenden Prozesse mitmachen».³ Es gilt sogar das Gegenteil: Wer künstlich erst trennt, was der Sache nach eine Einheit bildet, muß sich am Ende seiner Untersuchungen fragen, wie er die Menschen nun dazu bringen will, sich gemäß der «nur sachlichen» Gesetze zu verhalten. So stehen am Ende dieser dualistischen Denkweise entweder die moralische Forderung nach freiwilliger Unterwerfung unter die gefundenen oder behaupteten Gesetze (Pflicht) oder die Anwendung äußeren Zwanges «zum Besten aller» (Verpflichtung). Beides aber ist unverträglich mit der Würde der freien, dem Einzelfall gerecht werden wollenden Individualität, auf deren Entwicklungsmöglichkeit unsere Menschenrechte bauen.

Leben, d.h. hier vor allem wirtschaftliches Leben, braucht individuelle Formkräfte, damit es sich nicht wucherungsartig ausbreitet. Was gibt unserem Wirtschaftsleben mit seinen wuchernden Produktivkräften seine Sozialgestalt? Von der Antwort auf diese Frage hängt der Gesundheitszustand des sozialen Organismus entscheidend ab. Eines kann dazu schon vorab gesagt werden: Die sich zur Freiheit entwickelnde Individualität wird darin nicht nur Gegenstand der Gestaltung sein können, sondern selbst Träger der Gestaltungsimpulse sein müssen. Man muß sich dem Wirtschaftsleben gestaltend gegenüberstellen, sonst gerät man unter seine Knechtschaft. Das Ergreifen dieser Aufgabe durch die im Wirtschaftsleben Tätigen – die Selbstverwaltung – ist eine von der gegenwärtigen Zeit geforderte und benötigte Not-Wendigkeit.

Die Frage nach Gerechtigkeit im Wirtschaftsleben

«Die Menschheit strebt im Anfang der Kulturzustände nach Entstehung sozialer Verbände; dem Interesse dieser Verbände wird zunächst das Interesse des Individuums geopfert; die weitere Entwicklung führt zur Befreiung des Individuums von dem Interesse der Verbände und zur freien Entfaltung der Bedürfnisse und Kräfte des Einzelnen.»[4] Mit diesen schlichten Worten, bekannt als «Soziologisches Grundgesetz», weist Rudolf Steiner auf die revolutionäre Veränderung im Verhältnis des einzelnen zur Gemeinschaft hin, wie sie sich vor allem in jüngster Zeit vollzogen hat und noch vollzieht.

In der alle Lebensbereiche umschließenden Hülle von Gemeinschaften früherer Art empfand sich der einzelne nur insoweit als Individualität, als er Teil des ganzen Zusammenhangs war; im Hinblick auf diese Ganzheit erschien sie ihm als übergeordnete Autorität; von ihren Repräsentanten empfing er wie selbstverständlich und zutiefst berechtigt die Richtlinien seiner allgemeinen Lebensführung. Für die Ordnung der sozialen Verhältnisse war der einzelne nicht verantwortlich. Was er als aus höheren Regionen der Priesterweisheit oder gewachsener Traditionen stammend vorfand, war deshalb auch «gerecht», d.h. «richtig» bis hinein in die wirtschaftlichen Verhältnisse.

Nach dem Übergang des Führungsanspruchs an den «Jedermann» der Allgemeinen Menschenrechte unserer Verfassungen müßten sich diese vorher mit voller Berechtigung praktizierten Verhaltensweisen, würden sie weiterhin beibehalten, in ihr Gegenteil verkehren. – Das Einsetzen des Ich in seine individuellen Rechte in den modernen Verfassungen verlangt vielmehr neue Verhaltensformen: Daß der einzelne sich selbst zur Individualität aus- und fortbildet und damit innerlich begründet, was ihm früher von außen zukam; daß er den Willen zur Über- oder Unterordnung verwandelt in die Kraft, seiner eigenen Einsicht gemäß zu handeln; daß er erkennt, wie die Gemeinschaft nur soviel Substanz hat, als er ihr durch Initiative und Tatkraft verleiht. Der einzelne wird zum Ausgangspunkt und Verantwortungsträger sozialer Umgestaltung. Eine solche Veränderung der Beziehungsverhältnisse kann man nicht von «oben» verordnen, sondern sie vollzieht sich in dem Ausmaß, als Menschen sie in ihrem freien Willen ergreifen.

Die Auflösung bisheriger sozialer Verbände führt nicht nur zu einem Bedeutungszuwachs der Persönlichkeit in geistiger und rechtlicher Hinsicht, sondern gleichzeitig auch zu ihrer sozialen Isolierung. Ohne tragfähigen Gemeinschaftsgeist wird das Ich viel mehr als früher dazu veranlaßt, für sich selbst zu sorgen. In diesem Moment sozialer Beziehungslosigkeit beginnt der Egoismus, sich der Gestaltungskräfte vor allem des sozial-wirtschaftlichen Organismus zu bemächtigen: Ich arbeite, weil ich meine Bedürfnisse befriedigen muß; die Arbeit wird zum Erwerb. Gleichzeitig aber bildet sich das soziale Leben, vor allem durch die Ausdehnung des Wirtschaftslebens und die Nutzbarmachung von Natur- und Geisteskräften in der Technik, arbeitsteilig über die ganze Erde aus. Jeder macht nur noch weniges, aber dies für viele. Der einzelne kann die von ihm gefertigten Güter gar nicht mehr für sich verwenden, und was er braucht, stellen andere her. Damit entsteht ein explosionsartig anwachsendes Tauschbedürfnis. Nicht mehr nur Überschuß- oder Mangelprodukte gehen durch Verkauf und Kauf, sondern im Grunde alles, was erarbeitet wird.

Was aber ist die Arbeit wert? Erhielte und behielte jeder die tatsächlichen Produkte seiner Arbeit, würde sich die Frage erübrigen. Doch da sie allgemein getauscht werden müssen, kommt ihr eine zentrale Bedeutung zu. Allerdings müssen wir sie dazu umformulieren; nicht Arbeit tauscht sich gegen Arbeit direkt, sondern nur die erzeugten Produkte; deshalb muß die Frage heißen: *«Was sind die Produkte meiner Arbeit wert?»* (Obwohl dies selbstverständlich erscheint, hat doch die Frage nach dem direkten Wert der Arbeit bis heute zu unzähligen Theorien geführt.) – Das Verhältnis zweier zu tauschender Waren ist ihr soziales Wertverhältnis. Durch das Dazwischentreten des Geldes drückt sich dieser Wert in Geld aus: als Preis. Da sich Preise vergleichen lassen, zeigen sie an, wieviel jeder an Produkten selbst hergeben (verkaufen) muß, um die Produkte des oder der anderen erwerben (kaufen) zu können. Wird dieses Verhältnis als gleichgewichtig erlebt, sprechen wir von gerechten Preisen; Ungleichgewichtiges erleben wir dagegen als ungerecht. Die Preisgerechtigkeit bezieht sich also auf das Maß gegenseitiger Produktzuteilung, d.h. aber auf das Maß gegenseitig zu leistender Arbeit. Die Frage nach der gerechten Beziehung des Ich zu seinen Mitmenschen wird im arbeitsteiligen Wirtschaftsprozeß zur Frage nach dem Preis und wird daher auch dort die Antwort finden, wo wir es mit den preisbildenden Kräften zu tun haben.

Wie kommen wir zu *gerechten Preisen?* Die gegenwärtige Weltwirtschaftssituation stellt diese Frage mit großem Nachdruck: Preisungerechtigkeiten haben die Arbeiterschaft über lange Zeit zutiefst empört und damit eine schwere Krise im sozialen Leben ausgelöst, deren zersplitternde Wirkung auch heute noch andauert.[5] Preisungerechtigkeiten haben die Landwirtschaft in vielen Teilen der Welt zu einem nur unwillig am Leben erhaltenen Bankrotteur gemacht, der im Überschuß verhungert; unerträgliche Preismißverhältnisse sind ursächlich für einen großen Teil der Verschuldungsprobleme der dritten Welt verantwortlich.

Die Verbindung zweier anscheinend so weit auseinanderliegender Gesichtspunkte wie Gerechtigkeit und Preis muß naturgemäß Widerstände hervorrufen. Zwei Haupteinwände sind es vor allem: Der eine richtet sich gegen die Verbindung eines rational-objektiven Gesichtspunktes (Preis) mit einem subjektiven Empfinden (Gerechtigkeit). Der andere hält die Preisfrage generell für rational unlösbar, schon gar nicht durch «die irrende Vernunft des Menschen, und dazu des heutigen, heruntergekommenen Menschen».[6] Die Selbständigkeit der demokratischen Mündigkeit nützt jedoch in der Lebensrealität nichts, wenn nicht auch die Frage des wirtschaftlichen Anteiles des einzelnen am Leisten und Verbrauchen gerecht geregelt wird. Wer dies durch menschliche Einsicht für nicht regelbar hält, verurteilt den einzelnen geradezu zum Egoismus und läßt damit das Fundament unserer Gesellschaft, die freie Mündigkeit, zur Illusion werden. Der inneren Entmündigung wird dann bald auch die äußere folgen. Wer dagegen die Gerechtigkeitsfrage aus dem Wirtschaften heraushalten möchte, übersieht, daß sie mit dem Tauschen untrennbar verbunden ist.

Damit zeigt sich der eigentliche Hintergrund der beiden Einwände. Es geht nämlich allein um die Verantwortung für die auftretenden sozialen Verhältnisse. Wer die Vernunft aussperrt, spricht sich gleichzeitig vom sozialen Gestaltungsauftrag los; denn Vernünftigkeit ist die Grundlage unserer Mündigkeit und damit der Möglichkeit und Tatsächlichkeit der Verantwortungsübernahme für eigenes Tun. Wirtschaftsleben aber ist unser eigenes Tun. Die ausschließliche Berufung auf «objektive» Prozesse, die dies oder jenes hervorbringen, weist immer auf uns zurück als deren letztendliche Verursacher. «Soll ich der Hüter meines Bruders sein?» Die Bejahung dieser Frage wird von der gegenwärtigen Realität des sozialen Lebens geradezu gefordert; der Wille, sie als Aufgabe zu ergreifen, ist der Ausgangspunkt zukünftiger Sozialgestaltung.

... Darum muß alles seinen Preis haben

«Denn ohne Tausch wäre keine Gemeinschaft möglich, und kein Tausch ohne Gleichheit, und keine Gleichheit ohne messende Vergleichbarkeit... Darum muß alles seinen Preis haben.»[7] Diese knappste Zusammenfassung der Verbindung von Gerechtigkeit und Preis zeigt die treffende Denksicherheit, mit der Aristoteles die innere Problematik des damals ja erst langsam heraufziehenden Wirtschaftslebens erfaßte.

«Denn ohne Tausch wäre keine Gemeinschaft möglich!» – Seit Aristoteles hat sich die Bewußtseinslage der Menschheit erheblich verändert. Und auch der Prozeß der Arbeitsteilung hat sich zwischenzeitlich auf den Flügeln moderner Technik über die ganze Welt ausgebreitet. Niemand, der nicht durch die vielfältigsten Warenströme und Produktionsverhältnisse mit der ganzen Welt durch sichtbare und unsichtbare Fäden verknüpft wäre. Wirtschaftlich ist die Welt eine Einheit geworden, die daran beteiligten Menschen bilden eine Weltgemeinschaft. Die Forderung nach freiem Welthandel wurzelt, bei aller Problematik der gegenwärtig praktizierten Lösungen, letztlich in dem Gefühl und Wissen, daß diese Weltwirtschaftsgemeinschaft ohne ihn schweren Schaden nähme, ja gar unmöglich wäre. – Die Wirtschaftswissenschaft nimmt davon nur zögernd Kenntnis. Noch immer wird «National»-Ökonomie betrieben, d.h. man geht von Volkswirtschaften aus, die miteinander nur ausgleichenden Handel treiben. Das Steckenbleiben des Wirtschaftsdenkens im National-Politischen, z.B. in Form des um sich greifenden Protektionismus, ist derzeitig das größte Hindernis auf dem Weg zu einer Weltwirtschaftsgemeinschaft.

«Kein Tausch ohne Gleichheit!» – Freier Welthandel kann aber auch nicht heißen, den chaotisch-wuchernden Wirtschaftskräften einfach ihren Lauf zu lassen. Jeder Mensch kann nur das nach seinen Fähigkeiten Mögliche leisten. Bringt er etwas hervor, wonach Bedarf besteht, so muß er in der arbeitsteiligen Wirtschaft im Tauschakt so viel an Gegenwert erhalten, «daß er seine Bedürfnisse, die Summe seiner Bedürfnisse, worin natürlich eingeschlossen sind die Bedürfnisse derjenigen, die zu ihm gehören, befriedigen kann, solange, bis er wiederum ein gleiches Produkt verfertigt haben wird». Rudolf Steiner nennt dies auch die soziale Zelle oder den Urbaustein des Wirtschaftlichen, das soziale Atom.[8] Dies ist die notwendige Bedingung dafür, daß das Wirtschaftsleben für den einzelnen und die Gemeinschaft seinen Fortgang finden kann. Dem gesamtwirtschaftlich geforderten Gleichgewicht von Angebot und Nachfrage liegt demnach das Lebensgleichgewicht der einzelnen zwischen ihrem Fähigkeitspotential und den zu dessen Entfaltung notwendigen Bedürfnissen zugrunde. Wenn jeder über den Preis das Seinige als Gegenleistung erhält, dann ist die qualitative Gleichheit, d.h. Gerechtigkeit, erreicht.

«Keine Gleichheit ohne vergleichende Meßbarkeit (Kommensurabilität)!» – Das Meßproblem hat zwei Seiten. Zum einen braucht es ein Meßinstrument, zum anderen eine Verständigung über die Maßeinheiten. Letzteres wird bewirkt durch die durch Lebenserfahrung erworbene Kenntnis der konkreten Lebensverhältnisse aller Beteiligten. Was Menschen können und brauchen, hängt eben ab von der Art der Lebensumstände. Die kleinen, überschaubaren Verhältnisse früherer Lebens- und Kulturgemeinschaften haben es in dieser Hinsicht viel leichter gehabt. Das stete Zusammenleben lieferte von selbst den Erfahrungsstoff für die Wertung der Tauschbeziehungen, die deshalb oft auch langfristig Bestand hatten. In der modernen Weltwirtschaft wird der ursprünglich von persönlichen Beziehungen und Bekanntschaften durchwobene Markt zu einem entpersonalisierten, abstrakten Begriffsgebilde, die Beteiligten versinken in gegenseitiger Anonymität. Ohne Rückgewinnung des lebendurchtränkten Erfahrungspotentials der am Wirtschaftsleben Beteiligten, wird die Preisgerechtigkeitsfrage kaum lösbar sein.

Mit dem Geld steht uns ein ideales Meßgerät zur Verfügung, jedenfalls solange es ausschließlich und selbstlos der Meßfunktion dient. Im Vergleich zum Naturaltausch ermöglicht es die kürzeste aller möglichen Tauschbeziehungen: Mit nur einem Tauschakt (Verkauf und Kauf sind ja nur die Hälften des ganzen Tausches) läßt sich eine von mir hergestellte, aber nicht gebrauchte Ware in eine durch andere hergestellte, aber von mir begehrte verwandeln. Da sich Verkauf und Kauf aber zwischen verschiedenen Personen und zu verschiedenen Zeiten abspielen, muß das Geld die rechtliche Sicherheit verkörpern, daß es im Bedarfsfalle in eine reale Leistung zurückverwandelt werden kann. Daher darf es sich nicht nur um eine nominale Einlösungsgarantie des Geldes handeln, sondern es muß auch die reale Kaufkraft berücksichtigt werden. Eine Inflation wirkt z.B. so, als ob jemand das Meßgerät verstellt hätte. Die Nichtverläßlichkeit des Instrumentes aber erzeugt ein soziales Klima des Mißtrauens in die Zukunft.

Noch problematischer ist die Entwicklung von Geld und Kapital zu einer «Als-ob-Ware» mit eigenen Geld- und Kapitalmärkten. Diese Abkopplung von der sozialen Realität, für die doch letztlich Geld nur ein Ausdruck sein kann, macht das Geld zu einem «unreellen Konkurrenten» des Waren- und Leistungsstromes, dem es die Lebensbedingungen seiner eigenen, abstrakten Wesenheit aufzuzwingen versucht. (Als Beispiel mag einer dieser Geldmärkte, der

Devisenmarkt, dienen. Die irrlichtelierenden Bewegungen der Wechselkurse sind Folgen einer mit Computergeschwindigkeit hin- und herschwappenden, sozial nicht gebundenen Geldkapitalmasse, deren Volumen ein vielfaches der realen Leistungsströme betragen kann. Die dadurch ausgelösten Devisenkursschwankungen aber chaotisieren die Waren- und Investitionsgüter-Ströme, deren Mittel- und Langfristigkeit der Kurzfristigkeit ungebundenen Kapitals hoffnungslos unterlegen ist.) Auf das Meßinstrument und den Meßvorgang übertragen heißt dies, daß das Instrument seine Neutralität und Objektivität eingebüßt hat. Deren Wiederherstellung, die Rückbindung des Geldes in den ausschließlichen Dienst sozial-realer Leistungsströme, ist deshalb ebenfalls eine Aufgabe, die mit der Lösung der Gerechtigkeitsfrage der Preise eng verkoppelt ist.

«Darum muß alles seinen Preis haben!» – «seinen» meint offenbar den gerechten Preis, denn langfristig wird eine Gemeinschaft nur bestehen können, wenn ihre sozialen Verhältnisse von allen Beteiligten als gerecht empfunden werden. Ist der Weg zur Gerechtigkeit über den komplizierten Preisbildungsvorgang aber der richtige? Wäre es nicht leichter, man würde die Preise, in denen sich Ungerechtigkeiten manifestieren können, einfach abschaffen? Abschaffen könnte man den Geldpreis nur, indem man das Geld abschafft. Sobald man aber nicht am Preisetikett hängen bleibt, erkennt man, daß das Preisfestsetzungsproblem als Ausdruck der Tauschverhältnisse solange da ist, als Leistungen getauscht werden. Preise abschaffen hieße daher entweder Rückfall in alte Formen der Selbstversorgung oder aber Vorwärts zu neuen Zusammenarbeitsformen ohne die bisherige Form des Tauschens, etwa so, daß wir nun alles verschenken würden.

Zweifellos wird die Verteilungsfrage durch den Verzicht des einzelnen auf den Anspruch auf seine Arbeitserträgnisse auf eine sittlich höhere Ebene gehoben. Für die Preisfrage aber ist dies kein Ersatz; denn solange nicht beliebig viele Güter zur Verfügung stehen, muß ja nach wie vor beantwortet werden, wer wieviel erhält. Die schenkende Tugend der Liebe ist nicht die Aufhebung der Gerechtigkeit, sondern ihre Weiterbildung. Einem Menschen kann man weder gerecht werden noch ihn lieben, wenn man ihn nicht kennt. Erkennendes

Bewußtsein ist deshalb die Grundlage sowohl der Gerechtigkeit als auch der Liebe: «Der Weg zum Herzen führt über den Kopf.»[9] Soll die sich verschenkende Liebe nicht Opfer von Absichten, Vorlieben oder Willkür werden, so muß sie erst zum klaren, die sozialen Verhältnisse durchschauenden Bewußtsein erzogen werden. Diese Aufgabe der Erziehung von sozialer Blindheit zur sozialen Wachheit kommt dem Preis zu.

Indem eine Ware einen Preis erhält, tritt sie im sozialen Zusammenhang von Erzeugung und Verbrauch aus dem Dunkel der Empfindung in die Helligkeit unseres Wachbewußtseins. Dieses wache Bewußtsein für das soziale Beziehungsgefüge erreichen wir, indem wir das wirtschaftliche Leben im Momente des Tausches «anhalten», ihm seine Lebendigkeit nehmen. Wieviel vom sozialen Leben scheint noch durch den als bloße Zahl auf einem Etikett vorhandenen Preis hindurch? Es ist daher eine zunächst berechtigte Empfindung vieler Menschen, wenn sie das Preiswesen als sozial erkältend und das «warme» soziale Leben zerstörend wahrnehmen. – Und dennoch: Wer so empfindet, bleibt mit seinem Bewußtsein an der Oberfläche der Preise stehen. Er erkennt nicht, daß dies nur die Schattenseite des Preisbildungsprozesses selbst ist, in dem die Gerechtigkeitsfrage ihren Ausdruck sucht und auch finden kann, wenn wir mit warmer innerer Anteilnahme in die dem Preisgeschehen zugrunde liegenden Wirtschafts- und Lebensvorgänge verantwortlich gestaltend eintreten. Der Preis ist zwar das Ende des Wirtschafts-Lebens, aber zugleich auch der Anfang der Wirtschafts-Gestaltung.

*Freispruch von sozialer Verantwortung –
das Modell der Marktwirtschaft*

In alten Kulturen wie die der Sumerer haben noch Priester im Tempel die richtigen Preise der auszutauschenden Güter festgelegt und damit das soziale Leben nach damaligen Vorstellungen und Empfindungen gerecht geregelt. Wer aber legt den Preis fest zwischen gleichberechtigten Menschen, deren wirtschaftlich-soziale Beziehung nur noch durch den Faden von Verkauf und Kauf gebildet ist?

Vor allem die industrielle Revolution hat die wirtschaftlichen Zustände auf vielfältigste Weise radikal verändert:

- mit den alten Sozialstrukturen zerfielen auch die bisherigen Erfahrungsfundamente der Gerechtigkeitsempfindungen im wirtschaftlichen Austausch;
- für die neuen Produkte und Produktionsverhältnisse waren noch gar keine Erfahrungen da, an denen sich Empfindungen hätten entzünden können;
- die technische Massenproduktion beschleunigte die Arbeitsteilung; dadurch mußte allmählich unsere gesamte wirtschaftliche Existenz durch Verkauf und Kauf geregelt werden, deren zeitlich und personell versetzter Zusammenhang vom einzelnen nicht mehr vollständig erfaßt werden konnte;
- gleichzeitig wurde durch die aufkommende Lohnarbeit der größte Teil der arbeitenden Menschen von den realen Tauschverhältnissen «Ware gegen Ware» ausgeschlossen und mußte sich auf das irreale, menschenunwürdige Tauschverhältnis «Arbeit gegen Ware» einlassen;
- die Tauschpartner entschwanden in der Anonymität und räumlichen Ferne der Weltmärkte, für die man zwar herstellt und von denen man herstellen läßt, deren Spuren sich aber auf den langen Handelswegen verwischen und deren soziale Lebensumstände dadurch der eigenen Erfahrung nicht mehr zugänglich sind;
- Produktion und Verkauf, Konsumtion und Kauf trieben weltarbeitsteilig auseinander, bis sie sich als in Haß-Liebe vereinte und

gleichzeitig getrennte Marktmächte «Angebot» und «Nachfrage» gegenüberstanden;
– Produktionsfreiheit als Erlaubnis, daß jeder alles produzieren darf, wenn er nur einen Käufer findet, und Konsumfreiheit als Berechtigung, jedes Produkt nach Belieben kaufen zu können, wenn man es nur bezahlen kann, zerstörten endgültig alle festen Verbindungen zwischen den Wirtschaftspartnern und machten das Spontanprinzip zur Gestaltungskraft der Sozialordnung. Planende Gestaltung ist für das Ganze nicht mehr möglich und damit auch keine bewußte Preisgestaltung, d.h. kein gerechtes Verhalten mehr.

Verkauf und Kauf sind die beiden sich im Verkehr mit den anderen Mit-Wirkenden der arbeitsteiligen Wirtschaft abspielenden, preisbildenden Hälften eines Tauschvorganges, deren Entsprechung oder Deckungsgleichheit den gerechten Lohn darstellt, weil er den Fortgang des Wirtschaftsprozesses ermöglicht. Das Verblassen der Beziehungen zu den Tauschpartnern rückt die Bedeutung und das Wohlergehen des eigenen Ego immer stärker in den Vordergrund. Die Isolation führt zur ich-zentrierten «Selbstversorgung», die aber jetzt nicht mehr wie früher natural stattfindet (ich produziere für mich, was ich brauche), sondern sich im Umfeld der Arbeitsteilung auf den Gelderwerb richtet. Das Wohlergehen des einzelnen steht jetzt im Vordergrund; die Gerechtigkeit wird zur Selbstgerechtigkeit, zum Egoismus: Wer teuer verkaufen und billig einkaufen kann, ist nicht etwa ungerecht, sondern erfolgreich. Der Egoismus wurde zur wohl für alle Zukunft geltenden alleinigen Triebkraft wirtschaftlicher Betätigung erklärt.[10]

Die moderne Arbeitsteilung schafft extreme Abhängigkeiten und zugleich ein dichtes Netz von Austauschbeziehungen. Wie aber soll eine Gemeinschaft von Gleichberechtigten und Aufeinanderangewiesenen existieren, wenn ihr Fundament der Wille des einzelnen zur Übervorteilung, also zur Ungerechtigkeit ist? Übervorteilungen können nur über die Preise verwirklicht werden; ihre Gestaltung und Beherrschung muß deshalb das Ziel sein. – Mit dem Marktwirtschafts-Modell fand Adam Smith einen Ausweg: Der Preis muß aus der direkten Beeinflussung durch die am Wirtschaftsleben Beteiligten herausgehoben werden.

Der einzelne bemerkt in seinem Lebensumfeld einen Preis, der ihm einen Gewinn verspricht. Diese Aussicht auf einen Preisvorteil aktiviert und beflügelt – gleichsam automatisch –, seinen ständig auf Gewinn lauernden Egoismus zu wirtschaftlichen Handlungen. Doch zunächst handelt es sich nur um eine Gewinnerwartung, einen vorgestellten Gewinn. Solche Vorstellungen aber kann man nach Belieben haben und vervielfältigen. Sorgt man nun dafür, daß die Gewinnaussicht veröffentlicht wird, so daß viele von ihr ergriffen werden, daß niemand daran gehindert wird, sich um deren Realisierung zu seinen Gunsten zu bemühen, wobei keiner vom anderen wissen oder sich mit ihm verständigen darf, dann sind die wesentlichen Marktbedingungen der vollständigen Konkurrenz erfüllt. Die Summe der von jedem erhofften Vorteile ist dabei größer als die Möglichkeit zu ihrer Erfüllung. Da in der Arbeitsteilung aber niemand in seiner Position beharren kann, sondern jeder den Tausch zum Fortgang seiner Existenz benötigt, besteht praktisch Tauschzwang. Die nun einsetzende Konkurrenz um die wenigen Tauschpartner treibt den Preis in die den Erwartungen jeweils entgegengesetzte Richtung, je nach Konstellation sogar weit über den gerechten Preis hinaus. Das Handlungsergebnis widerspricht der Handlungserwartung: Was der einzelne wollte, ist ungewollt der Gemeinschaft in der Person der Tauschpartner zugeflossen. In diesem Prinzip der «gesellschaftlichen Aneignung privater Produktionserfolge» wird geradezu der Sinn der Marktwirtschaft gesehen.[11]

Die Gerechtigkeitsfrage hat nun eine überraschende Wendung genommen. Aristoteles versuchte bereits eine Definition des gerechten Preises und findet sie in einer geometrischen Proportionalität, die besagt, daß die Preise den vollständigen gegenseitigen Austausch der Tagewerke ermöglichen sollen. Gleichzeitig aber ist für ihn die Gerechtigkeit die höchste der menschlichen Tugenden: Keine Gerechtigkeit ohne gerechtes Verhalten.

Ganz anders Adam Smith: Ob wegen der realen, nicht mehr zu überschauenden Verhältnisse oder des unausrottbaren Egoismus in der menschlichen Seele – ein gerechtes Handeln ist nicht möglich, aber auch nicht mehr nötig. Denn der Marktmechanismus als über dem Menschen stehende, mit mathematisch-unbestechlicher Objektivität den Egoismus zur Herausgabe seiner Beute zwingende Instanz sorgt dafür, daß kein Egoismus überbordet. Gerechtigkeit wird so zum Gleichgewicht der Egoismen. (Diese Art, wünschenswerte Zustände nicht von innen, sondern von außen als Paralysierung zweier aufeinanderprallender Kräfte gleichen Wollens, herbeizuführen, ist heute sehr verbreitet, z.B. als Gleichgewicht des Schreckens, in der Tarifautonomie usw.)

Mit der Schaffung des Marktmodells hat Adam Smith versucht, der modernen Menschheit die quälende Verantwortung für die soziale Gerechtigkeit dem Mitmenschen gegenüber abzunehmen. Der Preis für diesen «Ablaß» erscheint klein: Es ist die bedingungslose Unterwerfung unter die Gesetze des freien Marktes. Dafür aber ist plötzlich der Egoismus kein zu verbergender Makel mehr, sondern soziale Pflicht, zu deren Erfüllung man sich offen und stolz bekennen darf.

Der Einsicht, daß das mit dem Marktmodell erreichte Wohlstandswachstum durch den Verzicht auf sittlichen Fortschritt der Menschheit erkauft wird, halten Modelldenker der Marktwirtschaft entgegen, eine solche Anschauung könne nur die Folge eines «idealistischen», aber «unrealistischen» Menschenbildes sein. «Dieses Menschenbild setzt den Glauben voraus, daß der Mensch ein in ständiger Entwicklung auf eine ausgedachte Vollkommenheit hin befindliches Wesen sei. Es offenbart also eine aszendente Anthropologie, die nur als anthropologische Überschätzung bewertet werden kann. Tatsächlich läßt sich ein solch vollkommenes Wesen bisher in der Geschichte, auch in der Geschichte sozialistischer Ordnungen, nicht auffinden und nachweisen.»[12] Diese Feststellung zeigt, neben ihrer nicht stichhaltigen Beweisführung, auf, wie schnell manche bereit sind, um der Rettung eines Wirtschaftsmodells willen den eigentlichen Sinn des Menschseins preiszugeben.

Das Motiv des Egoismus spürt jede für einen Vorteil nutzbare Chance auf und setzt sie in wirtschaftliche Aktivität um; der Egoismus ist nie befriedigt, sondern betrachtet seine Erfolge nur als ermunternde Zwischenstationen auf seinem Strebensweg. Der Markt verteilt die erreichten Erfolge auf die ganze Wirtschaftsgemeinschaft. Der Vorteil des einzelnen verwandelt sich dabei in die Billigkeit für die anderen. Solange der Egoismus nicht ruht, wird auch die Tendenz zur Verbilligung anhalten: Billigkeit ist die neue soziale Gerechtigkeit der Marktwirtschaft. Sie ist objektiv und kommt allen, Egoisten wie Idealisten, in gleicher Weise zugute.

Dem Preis kommt in diesem Modell noch eine zweite wichtige Rolle zu. Er sorgt nicht nur für das kurz- und langfristige Warengleichgewicht, sondern die durch ihn ausgelösten Gewinnaussichten sind auch die Lenkungskraft für die «Produktionsfaktoren» Arbeit, Kapital und Boden. Wo die Gewinnaussichten hoch sind, da wandern diese Faktoren der Rendite wegen hin und sorgen für Produktions- oder Produktivitätsverbesserungen, bis sich auch in der Rendite ein langfristiges Gleichgewicht aller Produktionszweige einstellt und damit eine «gerechte» Verteilung der Produktionsfaktoren.

Ziel des Wirtschaftens ist es, die Bedürfnisse der Menschen durch Produkte zu befriedigen. Daraus würde folgen, daß man seitens der Produktion den Bedarf bereits vorher genau kennen sollte. Ein solches Vorher-Wissen hält man in der Marktwirtschaft für nicht möglich und nicht nötig. Die Kraft der Nachfrage zeigt sich vielmehr im Preis, dessen Attraktivität die Produktion ansaugt. Da der Egoist seine wirtschaftlichen Entscheidungen ausschließlich auf *sein* Verhalten zum Preis stützt und stützen muß, kann er nicht wahrnehmen, was seine Konkurrenten und seine Kontrahenten für sich entscheiden. Diese soziale Blindheit führt zur Ungleichgewichtigkeit von Angebot und Nachfrage. Der Marktmechanismus sorgt nun kurzfristig für ein Gleichgewicht, in dem der Preis so angepaßt wird, daß er Angebot und Nachfrage nachträglich zur Deckung bringt. Da die Produktion dann schon stattgefunden hat, handelt es sich lediglich um einen arithmetisch-quantitativen Ausgleich der Ungleichgewichtigkeit, wie er z.B. stattfindet, wenn der Kaufmann zu den Feiertagen seinen Gemüsestand durch Preissenkungen räumen möchte. Dieses Räumungsgleichgewicht bedeutet marktwirtschaftlich gleichzeitig auch Marktgerechtigkeit.

Aristoteles kannte zwei Arten von Gerechtigkeit, das gerechte Verhalten (austeilende Gerechtigkeit als Tugend) und das Wiederherstellen der Gerechtigkeit nach ungerechtem Verhalten durch die Rechtsprechung (ausgleichende Gerechtigkeit). Die austeilende Gerechtigkeit strebt dabei von vornherein gerechte Preisverhältnisse an; bei der ausgleichenden Gerechtigkeit gibt der Richter dem durch einen ungerechten Preis Benachteiligten so viel vom Überschuß des Übervorteilenden zurück, daß sich schließlich ein Vorteilsgleichgewicht ergibt. Dieser Ausgleich erfolgt arithmetisch proportional, jedoch erst nachträglich, Kraft höherer Instanz. So wird deutlich, daß die Marktwirtschaft durch und durch ein Modell juristisch hergestellter Gerechtigkeit ist, allerdings in eigenartiger Ausprägung: Erst fordert sie den Wirtschaftenden zum Egoismus und damit zum Unrecht der Übervorteilung auf (bzw. sie unterstellt, daß alles wirtschaftliche Handeln tendenziell ungerecht ist), um dieses Unrecht anschließend durch den «überpersönlichen Richter», den Markt, über den Marktpreis arithmetisch wieder auszugleichen. Das soziale Leben wird zur permanenten Gerichtsverhandlung, die den Angeklagten ständig freispricht, seinen Vorteil aber konfisziert.

Den bisherigen Ausführungen kann man nun entgegenhalten, daß die Praxis doch längst über das abstrakte Modell hinausgeschritten sei. Allerdings, denn schon längst findet die Wissenschaft keine vollkommenen oder freien Märkte mehr vor; die Bewußtseinsgrenze zwischen den Marktpartnern wird durch Absprachen, Werbung oder Marktforschung längst überschritten; der Staat wirtschaftet überall mit, lenkt Investitionen oder beeinflußt Marktkorrekturen; Unternehmen produzieren mehr bei fallendem Preis oder konkurrieren unter Herstellkosten gegeneinander; die Sozialpolitik ist an die Stelle marktwirtschaftlicher Gerechtigkeit getreten und korrigiert, was der Markt nicht kann usw. Obwohl die Liste der Verfehlungen fast beliebig erweitert werden könnte, hat sich das Marktmodell dennoch mit seinen Basisvorstellungen vom ungezügelten und unverbesserlichen Egoismus und der freien Konkurrenz tief in das Vorstellungsleben des einen Teils der Menschheit eingefressen. Wenn die soziale Praxis ständig zur Korrektur und Veränderung drängt, dann muß doch wohl am Denkmodell etwas nicht stimmen. Ein neuer Denkansatz ist längst fällig, aber in welche Richtung?

*Gerechtigkeit rational planen –
das Modell sozialistischer Wirtschaften*

Das komplexe Gebilde einer modernen Marktwirtschaft entspricht keinem vorgedachten Gesamtplan; vielmehr ergibt sich das Ganze als Folge unzähliger spontaner Einzelentscheidungen. Indem einerseits das Motiv wirtschaftlichen Handelns an den zweifellos im Menschen vorhandenen und im Gefolge stärker werdender Persönlichkeitsentfaltung wie als deren notwendiger Schatten auftretenden Egoismus gefesselt wird, andererseits durch den «Markt-Prozeß» der Konkurrenz die Früchte der egoistischen Betätigung der Allgemeinheit in Form langfristig gesicherter Billigkeit der Produkte zugeführt werden, kann der Gegenstand des individuellen Strebens völlig frei bleiben. Es braucht keine Planungsbehörde: Le monde va de lui même. Dies gilt auch für die Gerechtigkeit der Preise; ein individuelles Gerechtigkeitsempfinden würde den Gang der Marktwirtschaft nur empfindlich stören.

Solange sich solche Gedanken auf das Warengeschehen mit seinen Tauschvorgängen beziehen, eignet ihnen eine große Schlüssigkeit und sicher auch manches historische Verdienst. Die theoretische Ausklammerung der realen Lebens- und Produktionsverhältnisse aber hatte bis heute wirkende gravierende Folgen. Teilt man nämlich die Wirtschaftswelt in «Angebot» und «Nachfrage», so müßte dies doch eigentlich alle Arbeitenden mit einbeziehen, denn alle sind zur Lebensführung auf Verkauf und Kauf angewiesen. Was aber hat jemand zu verkaufen, der in einer Fabrik angestellt ist und dort nur einen kleinen Anteil an einem Produkt leistet? Eine wirklichkeitsgemäße Antwort hätte lauten müssen: Verkauft wird das gemeinsame Produkt, und jeder einzelne erhält daran seinen Anteil. Statt dessen wurde die Arbeit vom Produktionsvorgang abgelöst und zu einem separaten, aber unwirklichen Markt, dem «Arbeitsmarkt», gemacht, auf dem sich «Arbeitgebende» und «Arbeitsuchende» gegenüberstehen, wobei der Marktpreis der «Lohn» ist. Durch den Arbeitsmarkt wurde der arbeitende Mensch selbst zur Ware gemacht; die im Bauernstand sich vollziehende langsame Aufhebung der Leibeigenschaft kehrte in der Industriearbeit auf neue Weise wieder.

Durch die Abkopplung des Lohnes vom Verkaufserlös konnte sich nun der Lohn nur nach den Konkurrenzverhältnissen der Arbeitsuchenden richten. Und wie im allgemeinen Marktwirtschaftsmodell der unaufhaltsame Trend zur Billigkeit verankert ist, so gilt dies natürlich auch hier. In der Folge entstanden Verelendungstheorien, deren schlüssigste das «eherne Lohngesetz» von Ferdinand Lassalle ist. Es formuliert den modelltheoretischen Schluß, daß unter dem Diktat des Arbeitsmarktes das absolute Existenzminimum zum langfristigen Lohngleichgewicht wird. An die Stelle der Preisgerechtigkeit war die Lohnungerechtigkeit getreten.

Wem gehört die Differenz zwischen Warenpreis und Lohn als Preis des Arbeitsmarktes? Im Sinne der Arbeitsteilung ist das Unternehmen eine Produktionsstätte, wo Arbeiter mit Hilfe von Werkzeugen und Maschinen, durch Arbeit und Verstand, unter der zusammenführenden und organisierenden Leitung von Unternehmern Waren herstellen (Güter für andere). Die Zeit bis zum Verkauf der fertigen Produkte, aber auch die Anschaffung der Produktionsmittel, müssen in der Regel durch während dieser Zeit anderswo nicht gebrauchtes – Kapital vorfinanziert werden. Während man beim Lohn die Arbeiter rücksichtslos den neuen Strukturen der Arbeitsteilung aussetzte, wurden in bezug auf das Kapital die alten Eigentumsstrukturen um so mehr geschützt: Ein Unternehmen gehörte ausschließlich der einen Gruppe der Beteiligten, den Kapitalgebern. Aus dem Eigentum aber leitete sich natürlich auch der alleinige Anspruch auf die Erträge des Verkaufes ab. Da in der Anfangsphase meistens der Unternehmer selber (oder Angehörige) der Eigentümer war, ist seine Rolle von

Anfang an mit der Eigentumsfrage unselig verknüpft. – Angesichts der katastrophalen Lage der Arbeiter in den Industriebetrieben war es nur ein kleiner und verständlicher Schritt zu der Aussage: Die Vorenthaltung des gerechten Anteiles am Verkaufswert ist Betrug am Arbeiter, die Aneignung durch Unternehmer und Kapitalgeber ist gesellschaftlicher Raub (privare = rauben).[13] Wenn auch die theoretische Erklärung der Zustände durch Marx und Engels in entscheidenden Punkten fragwürdig ist das – Erlebnis der empörenden Ungerechtigkeit war damals so intensiv, daß theoretische Mängel und Fehler dagegen kaum ins Gewicht fielen.

Wie die Väter der Marktwirtschaft, dem Zug des wissenschaftlichen Zeitalters folgend, sich bemühten, ihr Modell des Wirtschaftens naturgesetzlich-mathematisch zu begründen, so auch die Kritiker: Wissenschaftlich wollten sie beweisen, daß die Marktwirtschaft sich selbst zu Tode bringt; daß sie niemals in der Lage ist, dem Arbeiter Gerechtigkeit widerfahren zu lassen; daß vielmehr dieses Problem nur zu lösen ist, wenn die Arbeiterschaft selbst das Wirtschaften in die Hand nimmt. Die Wissenschaftlichkeit des Sozialismus war bis heute das Fundament und der Stolz der sozialistischen Bewegung, wird doch darin «bewiesen», daß das Interesse der Menschheit und das Interesse der Arbeiterklasse naturgesetzlich zusammenfallen. Wie aber wird eine moralische Forderung nach mehr sozialer Gerechtigkeit zu einem Naturgesetz? Dazu müßte man entweder zeigen, daß in der Natur letztlich auch moralische Impulse ausschlaggebend sind, oder man erklärt den Menschen «natürlich», so daß auch in ihm nur Naturgesetzlichkeit wirkt. Marx und Engels wählten den zweiten Weg.

Ausgangspunkt ist der «Dialektische Materialismus». Durch ihn wird das Hegelsche Entwicklungsprinzip der Dialektik von einem Gesetz des Geistes zu einem der Materie gemacht. Menschliches Bewußtsein ist Spiegelung der Materie auf einer qualitativ hohen Stufe. Damit wird der menschliche Geist der naturgesetzlich beherrschten Materie einverleibt. – Im «Historischen Materialismus» wird dieses Prinzip auf die Geschichte übertragen. Das Wirtschaftsleben ist nicht Teil einer Kultur, sondern die Kultur spiegelt die ökonomischen Verhältnisse. Im Schoße alter Verhältnisse reifen neue Produktivkräfte heran, geraten in Widerspruch zum Bestehenden und revolutionieren dieses. Ein solcher Moment ist gegenwärtig erreicht. Die Arbeiterklasse vertritt die neuen Produktivkräfte, das bourgeoise Unternehmertum die überholten Eigentumsverhältnisse; die Revolution beginnt mit der Enteignung der Enteigner (also derjenigen, die dem Arbeiter bisher seinen gerechten Lohn enteignet haben) und endet mit der Übernahme des gesamten Gesellschaftslebens durch die Arbeiterklasse. Jetzt gibt es keine Ausbeutung mehr; die bestehenden Widersprüche sind evolutiv lösbar und führen in Richtung auf einen Kommunismus, wo jeder im brüderlich-friedlichen Zusammenleben nach seinen Fähigkeiten leistet und nach seinen Bedürfnissen verbraucht. – Wie aber soll sich die Gerechtigkeit in der sozialen Wirklichkeit ausgestalten, wenn man nicht schon den dialektischen Nominalismus gelten lassen will, daß eine sozialistische Wirtschaft eben ihrer Natur nach schon gerecht sei?

Während bis vor kurzem in der Kritik des marktwirtschaftlichen Kapitalismus weitgehend Spracheinigkeit im sozialistischen Lager bestand, waren die Vorstellungen und tatsächlichen Maßnahmen zur Erreichung des eigenen Zieles äußerst vielfältig. Es hat sich eingebürgert, auch wenn dies ungenau ist, sozialistische Wirtschaften nach ihrem bisher herausragendsten Merkmal als «Zentralverwaltungswirtschaften» zu bezeichnen, oft aber ungenauer als «Planwirtschaften». – Gegenüber der Arbeitnehmerschaft hatte lange Zeit die marktwirtschaftlich so hoch gelobte «ex post-Gerechtigkeit» der Billigkeit des Marktes als scheinbar objektive Ausrede zur Begründung schwerster Lohnungerechtigkeiten dienen müssen. So geriet denn das Spontanprinzip als Ursache des Marktgeschehens ins Kreuzfeuer der Kritik. Von der an sich richtigen Überlegung ausgehend, daß die Vernünftigkeit das Merkmal des modernen Ich-Menschen ist, wurde nun der Versuch gemacht, die Aufgabe, genau das herzustellen, was gebraucht wird, rational-planerisch in Angriff zu nehmen. Bei der Unmenge der in einem größeren Wirtschaftszusammenhang, z.B. einem Staate, benötigten Waren und Warenbestandteilen ergab sich ein gigantisches Rechenwerk, dessen zeitliche und personelle Dimension ebenfalls planend bestimmt werden mußte. Was braucht wer? Wann? Wieviel? usw. – nichts kann dem Zufall überlassen bleiben. Diese Planungen dürfen nicht unverbindlich sein, da sonst das ganze Wirtschaftsgefüge durcheinander gerät. Die Planung wird deshalb schnell zur Handlungsvorschrift, zur Norm, von deren Erfüllung alles abhängt, ja deren Erfüllung sogar notfalls erzwungen werden muß. An die Stelle der spontanen Wirtschaftsordnung trat somit eine zentral programmierte, deren Gang während der Laufzeit des Planes wegen der gegenseitigen Abhängigkeiten nur schwer zu verändern ist. Die Gerechtigkeit wäre erreicht, wenn der einzelne auch erhält, was er als Bedarf angemeldet hat. Das Preisproblem verwandelt sich in eine reine Zuteilungsfrage, die auch ohne Geld abzuwikkeln wäre. Statt der Preise regiert die Planungsbehörde, wenn nicht sogar -bürokratie.

Damit wird die Gerechtigkeitsfrage mit dem politischen System verknüpft. Gemäß dem Historischen Materialismus ist der Anspruch der Ökonomie auf die Gesellschaft total, da die neuen wirtschaftlichen Verhältnisse auch die Kultur bestimmen sollen. Mit dem Argument, daß weder die gesellschaftlichen Verhältnisse noch die einzelnen Menschen bereits die Reife zum späten Sozialismus bzw. Kommunismus zeigen, wurde von Lenin der Begriff der «Diktatur des Proletariats» durch das «Primat der Partei» ergänzt: Diese hat die Aufgabe und das Recht, in allen gesellschaftlichen Bereichen die führende Rolle zu spielen. Infolge dieser Bevormundung des einzelnen durch die politische Klassenvertretung gewinnt letztendlich doch die obrigkeitliche Normierung die Oberhand. Und da die dialektisch-nominale Interessenidentität (der Staat sind wir; was wir tun, ist damit auch in deinem Interesse) alle Institutionen der Kritik entrückt, entfalten diese bis heute in der Regel ein zur bürokratischen Bevormundung neigendes Eigenleben. Das Gerechtigkeitsanliegen erscheint damit kollektiviert.

Die theoretisch begründete Identität ökonomischer, politischer und kultureller Interessen und ihre tatsächliche Konzentration in der Praxis des Sozialismus, verbunden mit der Feststellung individueller Unreife in bezug auf das für kommunistische Verhältnisse notwendige ethische Verhalten, führten im Namen einer zukünftigen Menschlichkeit zu einer gegenwärtigen Unmenschlichkeit.

So ist ein unaufhörlicher Strom pädagogischer Einflußnahme die Folge, ideologisierend, indoktrinierend, parolen-verkündend, bekenntnis-ablegend usw., der sich für jede Generation wiederholen muß.

Das war und ist die Tragik des wissenschaftlichen Sozialismus, daß er auf einem sittlichen Idealismus aufbaut, gleichzeitig aber durch seinen theoretischen Materialismus die einzige Kraft mißachtet, die allein sittlichkeitsverwandelnd wirken könnte: den Menschen als geistige Individualität. Sittlichkeit leistet der Mensch nicht aus seiner triebhaften Natur, sondern gegen diese. Damit wird das Bemühen um die Überwindung des Egoismus zur Selbsterziehung des Ich, der einzigen Form der Pädagogik, die einem selbständigen Ich angemessen, d.h. menschenwürdig ist. So sehr es im Fortschritt der Menschheit liegt, unsere Vernünftigkeit zur Gestaltungsgrundlage unseres Lebens zu machen, auch und vor allem in der Frage nach sozialer Gerechtigkeit, so nachteilig erweist es sich, wenn Ideen im allgemeinen vorab regeln wollen, was im Konkreten nur durch die Vernunftbetätigung der Beteiligten hervorgebracht werden kann. So wird aus dem Versuch, die gesellschaftliche Gerechtigkeit ex-ante, d.h. im voraus, rational bestimmen zu wollen, eine «ausgedachte Vollkommenheit», die entweder als «anthropologische Überschätzung» wirkungslos illusionär über den Menschen schwebt oder vom einzelnen sittlich-funktionale Unterwerfung verlangt und, bei entsprechender Verankerung im gesellschaftlichen Machtapparat, auch erzwingt. «Man muß sich der Idee erlebend gegenüberstellen, sonst gerät man unter ihre Knechtschaft.»[14]

Der Impuls zur Dreigliederung des Sozialen Organismus

Bisher hat sich gezeigt, daß die Frage nach einem brauchbaren Wirtschaftsmodell nur vor dem Hintergrund unseres *ganzen* Menschseins beantwortbar ist.

Die Marktwirtschaft hat – zumindest uns im Westen – bisher einen ständig wachsenden und dabei absolut oder relativ billiger werdenden Güter- und Leistungsstrom verschafft. Dieses Ergebnis, und nicht das Verhalten des einzelnen, nimmt sie als Ausdruck gesunder und gerechter sozialer Verhältnisse. Doch dieser Wohlstand wird erkauft durch die Preisgabe der Entwicklungsmöglichkeiten des Ich. Dadurch, daß der Mensch dem naturhaften Trieb zum Egoismus zwanghaft verpflichtet bleibt und seinen Mit-Arbeiter nur als Ausbeutungsopfer eigener Interessen oder als neidischen Konkurrenten erleben kann, wird ihm die einzig mögliche Existenzform der Freiheit genommen. Denn frei kann sich nur erleben, wer dem inneren Triebzwang seiner egoistischen Natur mit der zurückdrängenden Kraft seines inneren Wesens gegenüberzutreten vermag und der deshalb seinem Ich-Wesen nach aus einer anderen, der geistigen, Welt stammen muß: Eine abstrakte Ich-Begrifflichkeit oder ein nur eingebildetes Ich könnten eine solche Kraft niemals aus sich heraus entwickeln.

Will die Marktwirtschaft einen sittlichen Naturzustand der Vergangenheit festhalten, so blickt der sozialistische Wirtschaftsimpuls auf einen moralisch-hochstehenden Menschen der Zukunft hin, der aber offensichtlich – angesichts der gegenwärtigen Verhältnisse – in dieser Qualität noch nicht existiert, der aber entstehen muß, wenn die soziale Gerechtigkeit endgültig für jeden gesichert werden soll. Der vermeintliche Nachweis der naturgesetzlichen Zwangsläufigkeit dieser sittlichen Höherentwicklung aber hat die Ich-Realität in eine bloße Spiegelungsfunktion stofflicher und ökonomischer Vorgänge aufgelöst. Ein Spiegelbild-Ich aber ist weder freiheitsfähig – dazu müßte es ja unabhängig von den sich spiegelnden Vorgängen sein – noch entwicklungsfähig, denn dazu müßte eine existentielle Selbständigkeit vorliegen. In die so weltanschaulich erzeugte Wesensleere des menschlichen Inneren müssen daher die Entwicklungsziele einer besseren Welt von morgen parolenhaft-programmierend von außen an den einzelnen herangebracht werden, um den Willen zur Arbeit für diese Ziele zu motivieren. Dazu braucht es eine Gruppe Menschen – in der Regel die Partei –, die die Zukunft rational vorwegdenkt und sie in Handlungsvorgaben für den einzelnen umsetzt. Die Vernunft der Leitenden wird selbst zum Zwang, indem sie den einzelnen zum Erfüllungsgehilfen eines übergeordneten Planes und damit die Arbeit zur verpflichtenden Norm macht.

Aus den bisherigen Betrachtungen ergibt sich die eigenartige Denkkonsequenz, daß die im Inneren der heutigen Menschen auftauchende Forderung nach sozialer Gerechtigkeit auf der Grundlage allgemeiner Gleichheit im Rahmen der bisherigen beiden Modelle nur zu erfüllen ist, wenn das Ich entweder geleugnet oder aber in eine niedere Vorform zurückgebunden wird. Das soziologische Grundgesetz beschriebe keinen Entwicklungsweg, sondern eine Sackgasse, sobald die «freie Entfaltung der Bedürfnisse und Kräfte des einzelnen» nicht nur für einige, d. h. elitär, sondern für alle gelten soll.

Und doch liegt der Sachverhalt anders. Die Unzulänglichkeiten der bisherigen Lösungen ergeben sich nämlich gerade daraus, daß auf das seine Selbständigkeit suchende und sich zur Erscheinung bringende «Ich» mit den Augen bisheriger, nun überholter Gesellschaftsformen geblickt wird. *Nicht ein Gesellschaftssystem ist zu finden, das trotz «Ich» funktioniert, sondern eines, das dieses Ich als realen Ausgangspunkt des sozialen Geschehens nimmt und aus dessen Kräften sich so organisiert, daß sich darin das «Ich» entfalten und sozialgestaltend betätigen kann.* Eine solche Form des sozialen Organismus vermag nur zu denken, wem das «Ich» zur geistigen Realität wird und wer dessen Entwicklungsgesetze erforscht und durchschaut. Die Übereinstimmung sowohl mit der inneren Situation des gegenwärtigen Menschen als auch mit den Erfordernissen des gesellschaftlichen Lebens ist deshalb das Wirklichkeitskriterium sozialer Ideen, dem sich gerade der von Rudolf Steiner formulierte Dreigliederungsgedanke verpflichtet weiß. Die Form eines dreigegliederten sozialen Organismus ist nichts, von dem man andere überzeugen muß; sie wird vom einzelnen gefordert, wenn er sich selbst und sein Verhältnis zu anderen Menschen besser verstehen lernt. Nicht die Menschheit soll für die Ideen eines einzelnen gewonnen werden, sondern in den Ideen des einzelnen spricht sich das Streben der gegenwärtigen Menschheit aus.[15]

Der Zusammenhang des sozialen Organismus mit der seelischen Situation des gegenwärtigen Menschen zeigt sich der inneren und äußeren Beobachtung. Das Vorstellen, Fühlen und Wollen der einzelnen wurden bis vor kurzem geprägt durch den Glauben an die Überlieferungen der religiösen Weltanschauungen, durch das Fühlen in Art und Sitte der Kulturgemeinschaft und durch das Wollen, ein harmonisch in die Gemeinschaft eingefügtes, nützliches und anerkanntes Mitglied der bestehenden sozialen Verbände zu sein. Diese «naturhafte» Einheit des menschlichen Seelenlebens haben wir selbst aufgelöst. Es ist unser Ich selbst, das sich gegen die Bevormundung solcher kollektiver Vergangenheits-Konventionen auflehnt und kraft eigener gegenwärtiger Erkenntnis – Geistgegenwart – sein Leben einrichten möchte. Indem das Ich die bisherige, naturhafte Mischung der Seelenkräfte trennt, muß es selbst einheitsbildend tätig werden. In der Trennung liegt die Vorbedingung der neuen höheren Einheit. Und was nach innen gilt, gilt auch nach außen, d.h. für den sozialen Organismus. Dieser hat zu trennen, was aus den verschiedenen Kräftequellen strömt, damit das soziale Leben des einzelnen den von ihm ichhaft bestimmten Verlauf nehmen kann.

Der Zusammenhang mit der leiblichen Situation des gegenwärtigen Menschen ergibt sich aus der Frage, wie denn der menschliche Leibes-Organismus gestaltet ist, damit das Ich in ihm zu bewußten Vorstellungen der Welt, zu individuell erlebten Gefühlen und zu in die Welt eingreifenden Willenshandlungen kommen kann. Eine geisteswissenschaftliche Menschenkunde zeigt nun, daß die Leiblichkeit nicht ein physikalisch-chemisches Einheitsgebilde ist, sondern eine Kräftepolarität, die durch eine rhythmisierende Mitte verbunden ist. Dabei findet das Vorstellen seinen leiblichen Ausdruck in dem Sinnes-Nerven-System, das im Kopfe eine Art Zentrum hat; das Wollen dagegen findet seine leibiche Konzentration im Stoffwechsel-Gliedmaßen-System des unteren Menschen; das rhythmische System von Herz-Blutkreislauf und Atmung aber verbindet beide Polaritäten in einer dynamischen Mitte.[16] Einen ähnlichen Aufbau hat auch der soziale Organismus: Zwischen dem Geistesleben, dessen Charakter durch und durch Bildung und Pflege des individuell-menschlichen

Geistes ist, und dem Wirtschaftsleben, das ausschließlich der Erzeugung, dem Verbrauch und der Zirkulation von Waren und Dienstleistungen für die Gesamtheit zugeordnet ist, steht das Rechtsleben, das beide Bereiche trennend vor Übergriffen schützt und verbindend ihre Übergänge ermöglicht. Allerdings steht der soziale Organismus quasi auf dem Kopf, d.h. er «ernährt» sich durch das, was der einzelne an Impulsen und Bedürfnissen in das soziale Leben hereinträgt.

Der Vergleich mit der menschlichen Leiblichkeit ist nicht analogiehaft zu verstehen, als ob eine Verpflanzung einer auf einem Feld passenden Tatsache auf einen anderen Zusammenhang erfolgen solle, sondern als «das völlig andere, daß das menschliche Denken, das menschliche Empfinden lerne, das Lebensmögliche an der Betrachtung des naturgemäßen Organismus zu empfinden und dann diese Empfindungsweise anwenden könne auf den sozialen Organismus».[17]

Die geistige Situationsentsprechung zeigt sich im Beobachten und im Durchschauen der sozialen Vorgänge selbst. Seit zwei Jahrhunderten empfinden wohl alle Menschen eine tiefe Sympathie mit den Idealen der Französischen Revolution, «Freiheit», «Gleichheit» und «Brüderlichkeit»; seit dieser Zeit wird aber auch verzweifelt nach Lebensformen gesucht, in denen alle drei Ideale gleichzeitig gelebt werden können. Die Aufgabe auch nur eines davon empfinden wir zu Recht als schwere Verunstaltung unseres eigenen Wesens als auch der Sozietät, in der wir leben. Und doch scheint die Praxis nur eine Teilrealisierung zuzulassen. Wie oft hören wir in der Welt, man müsse sich zwischen Freiheit (liberalmarktwirtschaftliche Systeme) und Brüderlichkeit (sozialistische Systeme) entscheiden. Und die doch in allen Verfassungen verankerten Gleichheitsrechte sind überall in der Welt schwer angeschlagen durch die Verbindung von Recht setzenden Staatsinstanzen mit allerlei Interessen und Machtimpulsen. Gerade die Möglichkeit dieser Verquickung im Einheitsstaat, in dem profan nachgeahmt wird, was früher spirituell notwendig und berechtigt war, führt in die Ohnmacht des einzelnen, sofern er nicht an der Mehrheits-Macht Anteil hat. Was so im undifferenzierten sozialen Leben nicht möglich ist, die gleichzeitige Existenz aller drei

Ideale, würde sich sofort anders stellen, wenn die sozialen Lebensbereiche des Geisteslebens, des Rechtslebens und des Wirtschaftslebens getrennt und damit in ihre eigentliche Funktion zurückgebunden würden. Dies käme im Interesse der angestrebten Entwicklung einer Befreiung von sachfremden Machtausübungen gleich. – Es läßt sich auch prinzipiell, der hier gewählten Einleitung entsprechend, zeigen, daß die zuerst aufgetretene und rechtlich formal verankerte Gleichheit gar nicht verwirklicht werden kann und sogar in ihr Gegenteil umschlägt, wenn nicht nach der geistig-individuellen Seite hin Initiativfreiheit gewährt und nach der wirtschaftlichen Seite hin der Gemeinsamkeitsaspekt der Zusammenarbeit verstärkt wird.[18] Hier mündet der kurze Abriß in das Thema der assoziativen Wirtschaft, deren Wesen vom Wirtschaftsleben mit allem Nachdruck gefordert wird.

Die weiteren Ausführungen werden unausgesprochen immer unter einem Gesichtspunkt stehen müssen: Wie erfahren die einzelnen Menschen eine Förderung ihrer Bedürfnisse und Kräfte durch den sozialen Organismus?

Assoziationen – Grundlage wirtschaftlicher Selbstgestaltung

Es wurde bereits betont, daß die Arbeitsteilung der modernen Wirtschaft das gesamte individuelle Leben von Austauschvorgängen abhängig macht. Diese «Vermarktung» des Menschen ist aber gleichzeitig nur Ausdruck eines Für-einander-Daseins und eines gegenseitigen Auf-einander-angewiesen-Seins, deren Zusammenspiel und Ausgestaltung auf menschenwürdige Art nur durch Zusammenarbeit geschehen kann. Die Marktwirtschaft mit ihrem darwinistischen Denkansatz des «Kampfes ums Dasein» kann dem, getrübt durch Vorurteile, nicht Rechnung tragen. Unter dem Blickwinkel unbedingter und vollständiger Konkurrenz ist ein Gespräch zwischen Vertretern beider Markthälften weder möglich noch nötig, zwischen Teilnehmern jeder Marktseite unter sich dagegen gefährlich, weil konkurrenzmildernd und damit preisverteuernd. So liegt für Adam Smith bereits ein die Allgemeinheit schädigendes Kartell in der Luft, wenn zwei Unternehmer nur schon zum Tee zusammenstehen, während Silvio Gesell in der mit jeder Absprache verbundenen Teilung der Erträgnisse eine Schwächung der Antriebskraft des Egoismus befürchtet. Kaum untersucht wurden bisher die Bedingungen, unter denen ein Gespräch über den Graben des Marktes, der Angebot und Nachfrage trennt, hinweg möglich und sogar sinnvoll und wünschenswert wäre.

Was bisher theoretisch nicht lösbar erschien, nämlich die Zusammenarbeit zwischen den «Teuer-verkaufen-Bestrebungen» des Produzenten und den «Billig-einkaufen-Bestrebungen» des Konsumenten, ist gerade Ausgangspunkt assoziativen Wirtschaftens. Denn die bewußtere Durchdringung des Wirtschaftslebens im Hinblick auf gesunde und gerechte Verhältnisse ist nicht möglich, wenn diese soziale Wirklichkeit einen Bewußtseinssprung, eine Art sozialer Erkenntnisgrenze, in sich trägt, dessen Überschreitung nicht möglich wäre. Schon ein unbefangener Blick zeigt doch die Verständigung zwischen dem, der einer Sache bedarf, und demjenigen, der gewillt ist, sie herzustellen, als selbstverständlich und unverzichtbar. *Assoziationen sind Verständigungsorgane zwischen den beiden Polen Produktion und Konsumtion. Aus der Spannung gegensätzlicher Interessen bei gleichzeitiger gemeinsamer Intention, daß nämlich der Leistungs- und Austauschvorgang tatsächlich zustande kommt, ergibt sich die fruchtbare wirtschaftliche Zusammenarbeit zu einem Mehr, während das Gespräch zwischen gleichgerichteten Interessen zu einem Weniger führt.* – Über das gemeinsame Verwirklichungsinteresse von Fähigkeiten und Bedürfnissen hinaus liegt eine weitere, wenn auch oft vergessene Gemeinsamkeit darin, daß ja letztlich jeder sowohl Verkäufer (als Leistender) als auch Käufer (als Verbrauchender) ist, wenn auch nicht für dasselbe Produkt. Vor allem die Art der Lohn-für-Arbeit-Zahlung hat bei den meisten Menschen das Gefühl für diese Interessenübereinstimmung korrumpiert. – Weiterhin gibt es im sozialen Prozeß einen idealen Vermittler, den Handel im weitesten Sinne. Er ist weder Hersteller noch Verbraucher. Ihm ist nur wichtig, daß der Prozeß zustande kommt (Umsatz). Das kann er nur zuwegebringen, wenn er beide Seiten vermittelt. Dazu ist er deshalb in der Lage, weil er beide Interessenseiten und ihre Möglichkeiten in größerer Vielfalt kennt als diese selbst. In den Assoziationen werden deshalb Vertreter des Zirkulationswesens ebenfalls vertreten sein. Die Verständigung aber wird geradezu unumgänglich, wenn die Vertreter der Assoziationen für den größten Teil der Marktteilnehmer repräsentativ sprechen können. Finden dann die Vereinbarungs-Gespräche statt, bevor es noch zu wirtschaftlichen Handlungen größeren Ausmaßes kommt, dann entstehen gestaltbare Freiräume. – Jetzt kann sich das wirkliche Interesse entfalten: Es geht gar nicht um die Übervorteilung des anderen, sondern um die bestmögliche Verwirklichung, um die Ermöglichung eines benötigten Leistungsprozesses.

Assoziative Prozesse der angedeuteten Art können sich allerdings nur dann entwickeln, wenn keiner der Wirtschaftspartner Vorrechte von außerhalb der wirtschaftlichen Vorgänge beansprucht. Dies aber ist vor allem beim heutigen Eigentumsrecht an Produktionsmitteln – wozu auch Grund und Boden gehört – der Fall. Erst wenn die privatvermögensrechtliche Verwertungsmöglichkeit entfällt, d.h. die Produktionsmittel «unverkäuflich» werden, wird sich ein Zustand herausbilden können, in dem sich auch die Rechte eines Unternehmers nicht aus dem Eigentum, sondern allein aus seiner unternehmerischen Funktion bestimmen. – Damit würde auch der Weg frei für ein neues Verhältnis zwischen Unternehmer und Mitarbeiter; aus dem Lohn als Entgelt für geleistete Arbeit würde ein vereinbarter Anteil am gemeinsam erwirtschafteten Erträgnis. Die Arbeitsbedingungen dagegen sind nicht länger Verhandlungsgegenstand der Tarifparteien, sondern werden außerhalb der Wirtschaft im Geistesleben entschieden und vom Rechtsleben verbindlich erklärt. Immer muß der dienende Charakter des Wirtschaftslebens aufrechterhalten werden. – Diese und ähnlich wichtige Fragen müssen hier zurücktreten, um das direkte Preisgeschehen weiter verfolgen zu können.

So wie Marktwirtschaftler der verständigen Kooperation und der daraus folgenden Ablösung des bewußtlosen Marktmechanismus durch bewußt gestaltete Prozesse theoretisch mißtrauen, so skeptisch sehen die Vertreter von Zentralverwaltungswirtschaften die praktische Einbeziehung des einzelnen in das Plangeschehen. Wo etwas nicht planbar ist, wo Arbeit nicht normativ berechnet werden kann, wo der Mitarbeiter nicht genau die Funktion ausfüllt, die ihm der Plan zuordnet, da sind Planung und Planungserfüllung potentiell gefährdet. – Das Assoziationswesen dagegen ist auf Anti-Funktionärstum gebaut: Assoziationen werden gebildet aus den im Wirtschaftsleben Tätigen oder doch ihren Repräsentanten. Eigene Erfahrung und tätige Verantwortung sind Voraussetzungen der Teilnahme. Nicht die Vernunft wird in einem Plan abstrahiert und konzentriert, sondern die möglichen Träger der Vernunft selbst treffen sich. Die Vernünftigkeit wird nicht zur die Zukunft bis ins Detail regelnden Zwangsnorm, sondern die einzelnen geben ihren Handlungen geistes-gegenwärtig die Richtung zur Vernünftigkeit. Nicht ein wesenloser, blutleerer Plan wird Zentralinstanz der Wirtschaftsführung, sondern Assoziationen als Stätten konkreter Menschenbegegnung, an der allein sich lebendiges Interesse und Verständnis entfalten können. Diese Begegnungen aber führen nicht in erster Linie zu Plänen, sondern zu Verträgen, deren Verträglichkeit stiftende Geste die «Kräfte und Bedürfnisse des einzelnen zur freien Entfaltung» kommen läßt.

Ein Erkenntnis-Urteil bilden wir, indem wir die uns entgegentretenden Einzelheiten unserer Sinneswahrnehmungen mit dazu passenden, den Zusammenhang herstellenden Begriffen durchsetzen, die wir durch unser aktives Denken hervorbringen. Indem wir so aus zwei Hälften die ganze Wirklichkeit zusammenfügen, leben wir mitten in ihr. – Die soziale Wirklichkeit aber reicht weiter als unser individuelles Tun: Der Bogen vom Produzenten bis zum Konsumenten mit seinen vielen Verästelungen und Querverbindungen umfaßt eine Fülle tätiger Menschen, von denen der einzelne nur ein Stück der Wirklichkeit bildet. Dieser fehlende Teil läßt sich nicht allein denken, so daß unser individuelles Urteilsvermögen versagt, falsch wird. Eine Ganzheit läßt sich im Sozialen nur bilden, wenn die verschiedenen Erfahrungsträger sich assoziativ im Gespräch zusammenfinden, wenn ihre Teilwirklichkeiten zusammenkommen und so ein soziales Bildurteil bei den Beteiligten entsteht und lebt. – Erfahrung vollzieht sich in ungezählten Einzelerlebnissen, bleibt aber keineswegs bei ihnen stehen. Vielmehr verdichten sich die Einzelheiten und werden immer mehr zu einem Empfindungs- und Urteilsorgan gegenüber bestimmten Situationen. Auf dieses Organ bauen die Assoziationen, um es nun in den Beratungen um Vergangenheitsverständnis und Zukunftsziele zur Geltung zu bringen. Die so gewonnene Bewußtseinslage wird nun zum Ausgangspunkt individueller Handlungsentschlüsse. Erst durch assoziative Beratungen kommt der einzelne in die Situation, auch auf dem sozialen Felde den Zustand seiner Menschenwürde herzustellen, nämlich aus Erkenntnis zu handeln. – Die Einbeziehung der Erfahrung als Fundament sozialer Urteilsbildung ist unerläßlich, wenn diese lebensgemäß sein soll. Mit der Wertschätzung der Erfahrung kommt auch die Wertschätzung der Erfahrungsträger zurück. Niemandes Erfahrung ist letztendlich ersetzbar, weil sie ganz individuell erlebt ist. Gerade in der Zeit immer besserer computertechnischer Datenverarbeitung ist die Rückgewinnung des Erfahrungselementes, das allerdings der Beratung durch ein freies und die Wesenstiefe der Welt nicht ausschließendes Geistesleben bedarf, eine zentrale Aufgabe als Gegengewicht zur rein technischen Machbarkeit.

Die Arbeit der Assoziationen würde selbstverständlich das Konkurrenzprinzip weitgehend außer Kraft setzen; für einen Marktwirtschafter gleichbedeutend mit dem Ende wirtschaftlich-technischen Fortschritts und Anfang vom Untergang. Natürlich ist es zunächst eine Wahrheit, daß Organismen unter Lebensgefahr mehr leisten können als im «normalen» Leben. Sie können es aber nicht immer, sonst droht der Kollaps, von dem man sich bei fortgeschrittener Auszehrung nicht mehr erholt. Wie bilanziert man die Lebensangst im Verhältnis zu den Leistungssteigerungen? Verpufft nicht auch ein großer Teil der Kräfte gerade für den Überlebenskampf? So läßt sich beobachten, daß einerseits unter dem konkurrierenden Kostendruck die Rationalisierung viele Produkte in der Herstellung immer billiger macht, während gleichzeitig der Verkaufs- und Werbeaufwand laufend steigt. Aber selbst unterstellt, es würde in einer assoziativen Zukunft weniger geleistet und vor allem weniger schnell: Wo auf der Welt steht die Wettkampfbahn, über die die Menschheit zu eilen hat, wer bestimmt die Länge der Laufbahn und vor allem die Zeit, in der sie geschafft werden muß? Und wer wäre das Kampfgericht, das über die angemessene Leistung entscheidet, und wer der Funktionär, der zum Wettkampf aufruft und den Startschuß gibt? Solche Spiele samt Regeln denkt sich nur aus, wer im Menschen selbst keine Motivationskraft zu seiner eigenen Weiterentwicklung findet. Er wird in assoziativen Vereinigungen nur lethargische Menschen vermuten, denen man den Egoismus verboten hat und die deshalb in Untätigkeit oder Halbherzigkeit verfallen müssen. Er übersieht aber dabei, daß solche Verhaltensweisen gerade die Folgen marktwirtschaftlichen Verhaltens sind, daß sich aber dennoch ein neuer Impuls erheben kann, sobald der soziale Prozeß auf das Fundament wahrhaft menschlicher Begegnung gegründet wird.

Sollen die Wirtschaftsverhältnisse stabilisiert werden, dann ist das nur möglich durch höchstmögliche Flexibilität, wenn gleichzeitig Impuls und Bedürfnisfreiheit erhalten werden sollen. Diese Flexibilität, der das heutige Beharrungs-Sicherheits-Denken entgegensteht, ist sozial nur zu erreichen, wenn die Veränderungen nicht existenzbedrohend sind. Assoziationen könnten dazu Erhebliches leisten: Sich vermindernder Konkurrenzdruck verlangsamt die sozialen Umschichtungsprozesse; die vermögensrechtliche Ausgrenzung nimmt Druck von den Unternehmen und erleichtert Kooperationen oder auch Kapazitätsstillegungen; überbetriebliche Finanzsolidarität würde das erreichen, was innerhalb von großen Konzernen als Diversifikation betrieben wird; Produktionsverlagerungen wären einfacher zu bewerkstelligen und damit auch vorhandene Produktionsstätten gezielter auslastbar usw.

Auch im letzten Falle wird sich die Motivfrage stellen. Denn bei reinem Egoismus würden solche Einrichtungen nicht möglich sein, es sei denn, es handele sich nur um einzelne, deren Verhalten sich am Gesamtgefüge abschleifen könnte. Das befürchtete Motiv-Vakuum aber wäre nur denkbar, wenn man administrativ assoziatives Verhalten «anordnen» würde. Dies kann aber nicht im Sinne des hier Gesagten liegen. Assoziationen, als Organe des Wirtschaftslebens, können eine solche innere Umorientierung zwar ermöglichen, aber nicht bewirken; vielmehr muß dies von einem am Interesse und Verständnis des Menschen orientierten Bildungswesen kommen. Assoziationen aber schaffen die konkreten Begegnungsorte sozialer Interessen, an denen dieses Verständnis sich vertiefen, wachsen und konkretisieren kann. In dieser Hinsicht sind Assoziationen die Bewußtwerdungs- und Bewußtseinsorgane des Wirtschaftsorganismus; indem sich hier Handlungsimpulse entzünden, zeigt sich ihre Willensseite. In dieser Doppelheit aber wirken sie harmonisierend zwischen Konsumtion und Produktion, Bedürfnispol und Kräftepol des Wirtschaftslebens.

Wie aber sieht das Preisgeschehen und damit das Problem der Gerechtigkeit aus, wenn wir assoziatives Wirtschaften annehmen können?

Die Preisbestimmung als Zentrum der Wirtschaftsverwaltung

Zusammengefaßt ergeben sich bisher die folgenden wesentlichen Funktionen von Assoziationen:

- In ihnen sind die Vertreter der Produktions-, Handels- und Verbraucherinteressen gleichermaßen und gleichberechtigt vertreten. Denn der Weg vom Bedürfnis bis zu seiner Befriedigung bildet *einen* Zusammenhang.
- Die Vielzahl der Interessen und die gegenseitigen Verflechtungen und Verbindungen führen auch zu verschiedenen Assoziationen und einem daraus entstehenden Geflecht assoziativer Verbindungen.
- Jede Assoziation ist für den Teil des Wirtschaftslebens, aus dem sie herauswächst, autonom verantwortlich. Für Fragen, die über die einzelne Assoziation hinausgehen, werden sich entsprechende Gremien bilden. Größenordnung, Art der Repräsentanz usw. der Assoziationen ergeben sich im Praktischen, wenn man sich immer

wieder auf die grundsätzlichen Zielsetzungen des Assoziationswesens besinnt.
- Die Arbeitsteilung weist jedem ein kleines Stück sozialer Wirkensmöglichkeit zu. Die hier gemachten Erfahrungen bringen die einzelnen in das assoziative Leben ein. Erst im Zusammenklingen dieser Teilstücke zur sozialen Wirklichkeit können sich gültige soziale Urteile bilden, aus denen soziale Handlungen entspringen werden.
- Die Einbeziehung des Erfahrungsprinzips verhindert Funktionärstum. Mitsprechen soll nur, wer selbst aktiv gestaltend und verantwortend im Wirtschaftsleben steht.
- Durch Assoziationen wird das Konkurrenzprinzip in eines der solidarischen Zusammenarbeit verwandelt. Die daraus folgenden möglichen Synergieeffekte sind unübersehbar. Die dazu notwendige Voraussetzung, das Interesse am anderen Menschen und seinen Existenzbedingungen, kann durch die Begegnungsform der Assoziationen verstärkt und verbreitet werden.
- Eine assoziativ sich lenkende Wirtschaft übernimmt, innerhalb durch das Rechtsleben beschlossener Spielregeln, die Verwaltung der Geldverhältnisse.

Bisher wurde die Notwendigkeit der Preisbildung betont, im Gegensatz zur Zentralverwaltungswirtschaft. Dagegen wurde die Art des Preisbildungsprozesses der Marktwirtschaft kritisiert. Welche Änderung würde eine assoziativ gelenkte Wirtschaft für die Preisbildung mit sich bringen? An dieser Stelle kann natürlich keine vollständige Preistheorie geleistet werden. Sie wäre aber auch in der bisherigen Art gar nicht mehr nötig. Denn die Spitzfindigkeiten bisheriger Preistheorien kommen gerade daher, daß man von außen gesetzmäßig wirkende Bestimmungsgrößen für das Preisgeschehen sucht, weil der Preis nur so eine «objektive», d.h. berechenbare und durch den Marktmechanismus auch zu vollziehende Größe bleiben kann. Das meiste dieser Rechenkunststücke aber fällt weg, wenn sich die ins Preisgeschehen verwickelten Partner zur Beratung zusammensetzen und selbst aussprechen, was sonst nur gerechnet wird. Volkswirtschaftlich gesprochen: Der Preis ist nicht mehr nur die Funktion von Angebot und Nachfrage, sondern steht selbst zur Disposition.

Diese Auflösung der bisherigen Marktgleichung entspricht auch unserem gesunden Verständnis von den Aufgaben der Wirtschaft: Wie und unter welchen Bedingungen können die vorhandenen Bedürfnisse durch Produkte befriedigt werden, was sollen sie kosten, und wie erreicht man, daß die Bedürfnisträger dies auch bezahlen können? Gegen diese Entwicklung wird eingewendet, daß es doch wichtig sei, mit dem Preis wenigstens eine klar definierbare Größe im sonst schon so unruhigen Wirtschaftsprozeß zu haben. Seine Einbeziehung in die planende Vorstellungswelt mache alles relativ. – Der Einwand betrifft eine halbe Richtigkeit, insofern er die Frage nach der Möglichkeit einer Bewußtseinsorientierung beinhaltet. Das Relative aber ist der normal-gesunde Zustand des Sozialen: die Relation, die Beziehung der Menschen zueinander. Insofern ist auch die Wirtschaftswissenschaft eine Beziehungswissenschaft, das Wirtschaftsleben eine Beziehungsgestaltung. «Alles fließt» ist ein Erlebnis des Eintauchens in die konkreten, nie stillstehenden Lebensverhältnisse von Wesen. Für den intellektuell bewußten Menschen erscheint so die soziale «Verwesentlichung» als Bedrohung seiner Bewußtseinssituation, die sich gern an Klar-Definierbarem festhält. Und tatsächlich würde dieser für uns heute notwendige Bewußtseinszustand in dem fließenden Strom des sozialen Lebens verlorengehen, würden nicht gleichzeitig die Organe ausgebildet werden, die uns schwimmfähig machen, d.h. die es uns erlauben, unseren Kopf «über Wasser» zu halten. Diese Organe der bewußten Wahrnehmung für die lebendigen Strömungen des Wirtschaftlich-Sozialen sind die Assoziationen.

Bevor eine kurze Übersicht über die verschiedenen Verhaltensweisen der hier behandelten Wirtschaftsmodelle innerhalb des Preisgeschehens folgt, stellt sich jedoch noch einmal die Frage nach dem «Was» des Preises. – Obwohl uns der Preis als konkreter Geldbetrag pro Mengeneinheit einer Ware ins Bewußtsein tritt, erweist er sich als völlig inhaltsleer, so als ob man ein Preisschild in einer unbekannten exotischen Währung liest. Einen Inhalt gewinnen wir erst, wenn wir uns Klarheit darüber verschafft haben, was alles mit dem Betrag zu kaufen ist. Erst wenn man den Einzelpreis in die Beziehung zu allen anderen Preisen setzt, das Geld-Einkommen zur Kaufkraft, steht man in der sozialen Wirklichkeit. Preise drücken daher Austauschbeziehungen aus. – Es soll hier auch erinnert werden, daß nur Waren oder Leistungen einen Preis haben können; tragen andere Verhältnisse Preise, z.B. Arbeit, Produktionsmittel usw., so liegen Schein-Preis-Verhältnisse vor. Ebenfalls gilt, daß nur diejenigen Beziehungen sozial diskutiert und geregelt werden können, die auch die soziale Wirklichkeit erreichen; ein Gut, das nicht verkauft werden soll, ist keine Ware; die Wertschätzung, die ich persönlich einer Ware gegenüber habe, ist Privatangelegenheit, wenn sie sich nicht in einem Kauf äußert. Nur was Menschen sich gegenseitig leisten, kann deshalb auch Gegenstand der Preisbildung sein.

Im Preis kommen wirtschaftliche Vorgänge zur Ruhe und ermöglichen damit anschauend-urteilendes Bewußtsein. Soweit dies die Vorgänge der abgelaufenen Wirtschaftsperiode betrifft, handelt es sich um einen Endpunkt (der Herstellvorgang ist abgeschlossen, der Einkommensprozeß des Käufers löst sich im Kauf auf). Gleichzeitig aber bedeutet der Preis auch einen neuen Keimpunkt für die nächste Wirtschaftsperiode. Der Hersteller wird sich mit dem erhaltenen Geld die Voraussetzungen für eine erneute Produktion schaffen können, ebenso wie der Käufer jetzt zum Verbraucher wird und damit die Kräfte stärkt, die ihn seinerseits zu einem Produktionsvorgang, wenn auch auf anderem Gebiete, führen. Bezahlen heißt im Prinzip wiederbeauftragen, Zahlungen haben Kreditcharakter.[19]

Die entscheidende Frage ist nun, wie hoch denn der Preis sein soll. Zunächst hängt dies von der Intensität ab, mit der unser Fähigkeitsimpuls sich der Produktion eines Gutes widmet und mit der auf der anderen Seite Menschen ein Bedürfnis erleben und diese Produkte tatsächlich nachfragen. Dieser Spannungszustand, dessen Überbrückung überhaupt das Wirtschaftsleben in Gang hält, hat aber seine Wurzeln einerseits in den allgemeinen Produktionsbedingungen (d.h. wie lange wird gearbeitet, mit welchen Fähigkeiten, mit welcher technischer Unterstützung, wie rationell usw.), andererseits aber, auf der Seite des Käufers, in den allgemeinen Lebensbedingungen, dem Lebens«standard». In diesem Kontext gilt die Forderung des gerechten Preises: Für den Verkäufer muß der Preis eigentlich soviel Einkommen schaffen, daß er und seine zu ihm Gehörenden davon solange leben können, bis wiederum eine verkäufliche Ware entstanden ist; für den Käufer muß der Preis so sein, daß er ihn aus seinem Einkommen bezahlen kann. Beide Bedingungen zusammen erfüllen erst die Voraussetzung einer sich fortsetzenden Warenproduktion. – In der Wirtschaftswissenschaft hat man oft versucht, die Produktionsbedingungen unter dem Gesichtspunkt des dabei entstehenden Arbeitsaufwandes als mehr objektive Seite des Preisgeschehens anzusehen, das Verbraucherverhalten dagegen als subjektive. Solche Gesichtspunkte sind zu eng, denn hinter den Lohnkosten eines Unternehmens stehen wieder die allgemeinen Lebensbedingungen, und hinter den Lebensbedingungen des Käufers stehen wieder die Produktionsverhältnisse seiner Betätigung. Beide Seiten sind gleich objektiv und subjektiv, ja diese Unterscheidung entsteht erst durch die Arbeitsteilung und wird im Preisprozeß wieder aufgehoben. Der Preis selbst ist gar nicht die Wirklichkeit, sondern diese liegt nach zwei Seiten über ihn hinaus und wird nur durch ihn repräsentiert.

Mit einem treffenden Vergleich kann man die Preise mit Thermometeranzeigen vergleichen.[20] Wie das Quecksilber zeigt das Geld als Geldpreis den Zustand, die «Temperatur», des sozialen Prozesses an. Und niemand wird auf den Gedanken kommen, das Thermometer oder das Quecksilber selbst als die Kälte oder Wärme anzusehen, noch als deren Ursache. Wollen wir also ein Bewußtseinsbild des sozialen Prozesses, muß der Preis sich so frei bilden können, wie Kälte oder Wärme an das Thermometer herankönnen. Es ist der reale Preis, vergleichbar dem kurzfristigen, Ausgleich herstellenden Marktpreis der Marktwirtschaft.

Wir nehmen die Temperaturanzeige aber nicht einfach hin, sondern versuchen durch allerlei Maßnahmen, einen uns angenehmen Zustand herzustellen. Wir haben eine Zielvorstellung, die sich nicht nach der äußerlich vorgefundenen Temperatur richtet, sondern nach den Bedingungen unseres eigenen Wesens. Nach der Differenz zwischen realer Temperatur und gewünschter Temperatur richten wir unsere Maßnahmen ein. Und auch hier wird niemand glauben, etwas Wesentliches dadurch zu bewirken, daß er z.B. bei Kälte ein Streichholz an das Thermometer hält. Allenfalls verursacht er, daß jemand beginnt, sich über seinen eigenen Zustand unklar zu werden, weil er sein fröstelndes Gefühl nicht mit dem unvermutet hohen Thermometerstand zusammenbringen kann. – So macht es auch im Sozialen keinen rechten Sinn, Preise direkt ändern zu wollen. Und auch hier bilden sich Assoziationen eine Vorstellung über einen sozial gerechten Preis. Die Deckungsgleichheit von realem Preis und gerechter Preisvorstellung ist das erklärte Ziel assoziativer Wirtschaft. – Dazu gehört einerseits eine genaue und umfängliche Preisbeobachtung, die durch die mitwirkenden Vertreter der Produktions- und Lebenszusammenhänge auch die «Innenseite» der Verhältnisse einschließt. Die Wirkensmöglichkeiten – wie Heizen oder Kühlen – gehen grundsätzlich in zwei Richtungen. Liegt der reale Preis über dem Zielpreis, so kann man entweder die Produktmenge erhöhen, d.h. mehr Arbeit und die dazu notwendigen Sachinvestitionen leisten, oder aber die Produktivität, je nach Analyse der Ursache (zu große unbefriedigte Nachfrage oder zu teure Produktion). Liegt der reale Preis unter dem Zielpreis, so wird man das Gegenteil tun, allerdings mit dem wesentlichen Unterschied, daß ein einmal erreichtes Produktivitätsniveau nicht mehr verlassen wird. Dies würde keinen Sinn machen; der so entstehende zusätzliche Gewinn, quasi volkswirtschaftlich veranlaßt, würde in einer assoziativen Wirtschaft sowieso nicht ins Private versickern.

Zusammengefaßt ergibt sich folgendes ungefähre Bild der Preisverhältnisse:

1. Marktwirtschafts-Modell

Interpretation eines tatsächlich vorhandenen Preises: Ein Preis hat sich unter dem Einfluß von Angebot und Nachfrage sowie der Konkurrenzverhältnisse so gebildet, daß er kurzfristig das Gleichgewicht zwischen beiden Seiten herstellt, also den Markt räumt. Damit wird die Mengendiskrepanz zwischen individuellen Vorstellungen und gesamtwirtschaftlichen Notwendigkeiten ausgeglichen, da es eine übergeordnete Planungsinstanz ja nicht gibt. Außerdem hat jedes Unternehmen theoretisch die Möglichkeit, mengenmäßig bis zur Größenordnung der Gesamtwirtschaft zu wachsen, wenn auch zu Lasten der Konkurrenz.

Zielfindung: Der tatsächliche Preis, mit dem die vergangene Wirtschaftsperiode abschließt, wird unverändert vom einzelnen als Planungsgröße der zukünftigen Periode übernommen. An diesem Datum kann er persönlich nichts ändern; er muß seine Produktion in bezug auf Menge und Produktivität daran ausrichten. Er wird versuchen, seinen Gewinn unter dieser Vorgabe zu maximieren. Das gesamtwirtschaftliche Gleichgewicht liegt außerhalb seines Gesichtskreises; Gleichgewicht kennt er nur ex post.

Folgen: Durch die Summe der unabgestimmten Einzelhandlungen entsteht durch die Konkurrenzsituation eine preisumkehrende Tendenz, die mit größter Wahrscheinlichkeit zu einem neuen Ungleichgewicht führt. Dieses neue Ungleichgewicht löst nun gegenläufige Einzelhandlungen aus usw. – Die Pendelbewegung des Preises schwingt unter optimalen Bedingungen um einen verborgenen Gleichgewichtspreis zwischen Angebot und Nachfrage. Die eine Begrenzung der Pendelbewegung liegt in der Kaufbereitschaft der Konsumenten, die andere in den Herstellungskosten der Betriebe. Die letztere aber erweist sich als nach unten veränderbar durch unternehmerische und technische Innovation. Wird nur für genügend Konkurrenz gesorgt, so gleitet der Punkt, um den die Marktpreise pendeln, immer weiter in die Billigkeit und erzeugt auf diese Weise erzwungenermaßen Kaufkraftsteigerung und somit Wohlstand für alle. Diese Billigkeit ist nicht das angestrebte Ziel der Handelnden, sondern die Folge der Konkurrenz. (Deshalb werden von den Produzenten auch alle Möglichkeiten genutzt, diesen Fall in die Billigkeit zu verhindern.)

2. Zentralverwaltungswirtschaften

Interpretation eines tatsächlich vorhandenen Preises: Da in der Planwirtschaft versucht wird bzw. wurde, Bedarf und Produktion ex ante ins Gleichgewicht zu planen, dazu aber mit den realen Größen gerechnet werden muß, gibt es für Preise im Sinne der Marktwirtschaft eigentlich keinen Platz Diese werden in der Regel auch nur als Übergangsproblem des Sozialismus angesehen und vor allem eingesetzt, um eine gewisse Konsumfreiheit gegenüber einer reinen Zuteilung zu gewährleisten. Der tatsächliche Preis ist der politisch gewollte und administrativ verfügte.

Zielfindung: Da sich der Preis durch Marktvorgänge offiziell nicht verändern kann, scheidet er als Bewußtseinshilfe aus. Überprüfungen ergeben sich nur aus Veränderungen im politischen Prozeß oder aber aus bekanntwerdenden realen Überschuß- bzw. Mangelproblemen. – Auch die Planwirtschaften kennen einen zweiten Preis, nämlich den Schwarzmarktpreis als Preis eines Nebenmarktes. Er gleicht die Spannungsintensität aus, die offiziell unberücksichtigt bleibt; die außerordentliche Höhe liegt meist an der schwierigen Beschaffung der Schwarzmarktwaren. Dieser Marktpreis ist natürlich ungewollt und ungeliebt, wenn auch notgedrungen geduldet. Das Leben läßt sich eben nicht gegen den Willen der Beteiligten administrieren. – Wird in einer Planwirtschaft dennoch mit Geld und Preis gearbeitet, entsteht daraus das Problem, daß sich Geldmenge und Warenangebot auseinanderentwickeln, was zu schwierigen Steuerungsfragen führt, vor allem in bezug auf die Empfindsamkeit von Menschen gegenüber ihrem Ersparten.

Folgen: Wenn nicht Änderungen aus anderen Gründen erfolgen, ist der neue Preis auch der alte. Die ökonomische Entwicklung der vergangenen Periode hat ihn nicht berührt, weil sie ihn nicht berühren kann. Will man dabei nicht auf die Dauer den Boden unter den Füßen verlieren, müssen umfängliche Schattenrechnungen darüber geführt werden, «was denn die Dinge eigentlich kosten müßten».

3. Assoziative Wirtschaft

Interpretation eines tatsächlich vorhandenen Preises: Der tatsächliche Preis ist derjenige, der sich im freien Verkehr der am Wirtschaftsleben Beteiligten herausbildet und ein Abbild der sozialen Wirklichkeit ist. Hier neigt sich die assoziative Wirtschaft dem Pol der Marktwirtschaft zu. Am deutlichsten wird dies bei der Landwirtschaft, deren unplanbare Erzeugnismengen wegen der «Launen» der Natur am stärksten reinen Marktkräften ausgesetzt sind (Nahrungsmittel verderben am schnellsten). Im industriellen Bereich dagegen eröffnet eine unverdeckt miteinander arbeitende Wirtschaft vielfältige Möglichkeiten, zu frühe und damit nicht absetzbare Produkte zu vermeiden, bis hin zur Fertigung auf Bestellung. – In dieser frühen Phase kennt nun die assoziative Wirtschaft ihren zweiten Preis. Er ist eine vorgestellte Zielgröße, die durch den gemeinsamen Beratungsprozeß innerhalb der Assoziationen kollektiv entsteht und in der sich die Erfahrungen der Produktions- und Lebensverhältnisse wiederfinden.

Zielfindung: In diesem *vorgestellten* Preis ist die Zielgröße für den tatsächlichen Preis vorgegeben. Die Deckungsgleichheit beider Größen ist das Gleichgewicht, das ex ante veranlagt wird. Entsprechend unserer Auffassung, daß man die Realität verändern muß, schlagen die an den Assoziationen Beteiligten vor, mit welchen Maßnahmen sie selbst eine Anpassung der tatsächlichen Verhältnisse an die erwünschten vornehmen wollen. So entstehen Verträge zwischen den Mitgliedern oder auch zwischen Assoziationen, in denen sich der Kurs zum gewollten Ziel manifestiert und stabilisiert.

Folgen: Nur was nicht durch gezielte Maßnahmen, die sich auf die erwähnten Möglichkeiten der Veränderung von Produktion und Produktivität beziehen, erreicht wird, muß dann am Ende einer Wirtschaftsperiode marktartig ex post ausgeglichen werden. Wirtschaftsperiode meint hier, wie auch vorher, nicht eigentlich einen bestimmten Zeitpunkt, sondern richtet sich nach Produktionszeiten oder Verbrauchsdauern, also den inneren Rhythmen des Wirtschaftsgeschehens.

Solch aphoristische Darstellung wird nun in manchem das Gefühl auslösen, daß es sich, je nach eigenem bisherigen Standort, dabei entweder um einen Einstieg in die Planwirtschaft oder um einen Rückfall in die Marktwirtschaft handelt. Wenn damit gesagt werden soll, daß die assoziative Wirtschaft an beide Strömungen anknüpft, dann ist damit etwas durchaus Richtiges bemerkt. Denn es ist sachlich richtig, daß es beide Elemente, den Ausgleich des Gewordenen im realen Preis und die auf soziale Erfahrung gestützte Vernünftigkeit eines Zielpreises, braucht, um das Wirtschaftsleben so zu gestalten, daß es, ohne die Freiheit des Geisteslebens und die Gleichheit des Rechtslebens zu zerstören, auf seinem Felde die allgemeine und zugleich individuelle, d.h. aber brüderliche Existenzsicherung bewirken kann.

Es soll auch noch einmal betont werden, welche Schwierigkeiten entstehen, wenn sich in diese wirtschaftlichen Zusammenhänge Rechtsansprüche einmischen, die einen Anteil der Erträgnisse für sich beanspruchen, ohne zu ihrem Zustandekommen leistungsmäßig beigetragen zu haben. Damit wird vor allem auf die Eigentumsrechte aufmerksam gemacht, die nur allzuschnell in Eigentumsunrechte umschlagen. Wer glaubt, an dieser Stelle die Marktwirtschaft verteidigen zu müssen – und beim Eigentum sind wir alle ängstlich, etwas einzubüßen –, der sollte doch über den Widerspruch nachsinnen, daß z.B. gegenwärtig gerade die freie Käuflichkeit von Unternehmen zur Angebotskonzentration führt, die den Konkurrenz-Marktmechanismus im Warenbereich zerstört. Solche Preisfälschungen, zu denen natürlich auch noch andere wie z.B. Konkurrenz mit Niedriglohnländern u.a. kommen, verderben die sozialen Urteils- und Handlungsmöglichkeiten. Mißtrauen gegen alles und jeden ist die Folge. Assoziatives Wirtschaften allein ist in der Lage, vertrauensbildend zu wirken; seine Bewußtseinsbildung legt um die Austauschverhältnisse der Wirtschaft eine Art Schutzmantel, der dem einzelnen die Sorge um seine Existenz erheblich mindern, ja vielleicht aufheben kann. Weniger für den, der im Sozialen nur eine Anmeldestelle für eigene Ansprüche sieht, sondern für den, der etwas für andere leisten will, was diese benötigen, und dem deshalb die Bedingungen geschaffen werden, dies auch tun zu können; im Interesse der anderen!

Abschließend muß noch der Einwand behandelt werden, wie sich ein solcher Wirtschaftsraum assoziativen Wirtschaftens denn im Rahmen der internationalen Konkurrenz verhalten solle, die doch nicht dem eigenen Einfluß unterliegt. – Es gehört in die hier vertretene Haltung, im nationalen Element etwas Sachfremdes und Störendes, ja Überholtes für die Wirtschaft zu sehen. Das assoziative Wirtschaften ist weder national noch international, sondern einfach menschlich-wirtschaftlich. Dennoch kann es sinnvoll sein, ökonomische Grenzen zu errichten, damit nicht «gute soziale Qualität durch schlechte verdrängt wird» (in Abwandlung des Gresham'schen Geldgesetzes). Nur würden daraus andere Konsequenzen gezogen. Als wichtigste wäre m. E. zu nennen, daß die durch Zölle oder Abschöpfungen einzunehmenden Gelder nicht den inländischen Finanzen zuzuschlagen wären – darüber freuten sich schon die alten Fürsten –, sondern zur Entwicklung der Weltwirtschaft benutzt werden müßten. Denn dort liegt ja auch der Grund ihrer zu großen Billigkeit.

Von der Gerechtigkeit zum objektiven Gemeinsinn

Aristoteles gab mit seinen Betrachtungen über gerechte Preise bereits mit intuitiver Klarheit die einzuschlagende Richtung an: Jeder ist Produzent und Verbraucher zugleich; wenn er dasjenige, was er herstellt, nicht mehr selbst verbraucht, sondern an andere verkauft, so wird diese Einheit zerrissen; der Preis muß diese Einheit wieder herstellen, so daß sich letztlich Tageswerk gegen Tageswerk, Lebenswerk gegen Lebenswerk tauschen; um dies zu gewährleisten, müssen sich die Preise umgedreht proportional zu den Produktivitäten verhalten (wenn einer 10 Hüte macht, ein anderer in der gleichen Zeit einen Rock, dann kostet ein Hut 1/10 von einem Rock); damit wird aller individuelle Vorsprung an Fähigkeiten und alle Verbesserung an Produkt und Produktivität jeweils der verbrauchenden Seite zufließen und damit die Lebensverhältnisse verbessern; dies entspricht aber den Bedingungen der Gerechtigkeit und des Gerechtigkeitsempfindens, daß nämlich jeder das Seinige nach bestem Vermögen zur Versorgungslage der Gemeinschaft beiträgt. Der Preis ist also hier weder ein Ausdruck des Arbeitsaufwandes, noch ein Ausdruck der persönlichen Wertschätzung eines Gegenstandes, sondern allein ein soziales Phänomen, eine Beziehungsregelung. Der Preis ist das Kernstück aller Kaufverträge, ein «Verträgnis» im Vertrag.

So wesentlich dieser Ansatz auch noch heute erscheint, er muß in die Gegenwart hinein fortentwickelt werden unter dem Gesichtspunkt moderner, Ich-bezogener und Ich-gegründeter Sozialverhältnisse. Einige der wichtigsten Fortbildungen durch ein assoziatives Wirtschaftsleben seien hier noch erwähnt:

1. Es wurde gezeigt, daß sich in der Preisbildung letztlich Arbeits- und Lebensbedingungen gegenübertreten und durch die Lebenserfahrung von Käufer und Verkäufer in eine gerechte Beziehung gebracht werden. Diese übergreifende Lebenserfahrung ist in der modernen Arbeitsteilung nicht mehr automatisch gegeben: Zum einen ist es die weltweite Ausdehnung des Bezugsrahmens, zum anderen ist es die ungeheure Beschleunigung der sozialwirtschaftlichen Entwicklung, die die für das Wirksamwerden der Erfahrung notwendige Konstanz der Verhältnisse verunmöglicht. Dies gilt nicht nur für die Arbeitsbedingungen, wo Erfahrung in mancher Beziehung heute bereits als Behinderung der Aufnahme neuer Arbeitstechniken gilt, sondern auch für die Verbrauchsverhältnisse, die sich immer mehr individualisieren und damit keinen Vergleich mehr zulassen.

Hier setzt die assoziative Wirtschaft an, indem sie der arbeitsteilig bedingten sozialen Zersplitterung ein Organ einbildet, durch das sich die Splitter wieder zum Ganzen bilden können. Assoziationen bauen auf Lebenserfahrungen auf und bieten gleichzeitig auch die Möglichkeit ihrer Erweiterung. Sie fördern damit die Möglichkeit, in die sozialen Verhältnisse anteilnehmend einzutauchen und dadurch die Erlebnis-Grundlagen für das Gerechtigkeitsempfinden zu legen. *Assoziationen müssen ersetzen, was früher die Lebensverhältnisse selbst enthielten.*

2. So wie die «austeilende Gerechtigkeit», d.h. das gerechte Verhalten, vom einzelnen nicht mehr ausgeübt werden kann, so auch die «ausgleichende Gerechtigkeit». Wer setzt den gerechten Preis fest und ahndet den Verstoß dagegen? In durchschau- und durchlebbaren Arbeits- und Lebensbedingungen braucht es keine Instanz, da die Verhältnisse für alle so durchsichtig sind, daß jeder gravierende Verstoß gegen die Gerechtigkeit als Betrug erlebt und gebrandmarkt würde. Heute sind zwar auch die Preise öffentlich, die dahinterstehenden Lebensverhältnisse aber nicht oder kaum bekannt, vor allem aber ohne jeden Einfluß auf die Kaufvorgänge. Ebenso ist ein ungerechter Preis ein soziales Kavaliersdelikt und nur dann ein Klagegrund, wenn irgendwelche staatlichen Bestimmungen verletzt wurden. Jede andere Regelung würde, wie bereits ausgeführt, aus allen wirtschaftlich Tätigen Dauerkriminelle machen, da ein Einzelurteil im sozialen Beziehungsgefüge tendenziell immer falsch sein muß.

Die Marktwirtschaft versucht deshalb, den Markt als «oberste Gerichtsinstanz» einzusetzen, die Planwirtschaften dagegen die den Plan erstellende und verwaltende Behörde politischer Überordnung. Aber die Vernunft schwebt nicht über den Menschen, sondern wird von ihnen getätigt. Assoziationen, als Versammlung der Träger von zusammengehörenden Arbeitsprozessen, sind nicht nur Organe der Erfahrung, sondern auch der Vernunft. Auf der Grundlage der Erfahrung greift die Vernunft ein, aber nicht aus über- oder außermenschlichen Bereichen, sondern durch die Vernunftbetätigung der Assoziationsmitglieder. Die dem einzelnen nicht bewußten Marktkräfte werden immer mehr ins Bewußtsein gehoben und damit verantwortlich gestaltbar; die Vernünftigkeit von Plänen wird in das vernünftige Handeln der einzelnen versenkt. Indem man gemeinsam berät, worauf es im Großen ankommt, wird jeder im Kleinen wissen, was er zu tun hat, damit das Große erreicht wird. Der Bezug zur Ganzheit zeigt sich dem außenstehenden Betrachter als soziale Vernünftigkeit; die Tatsache, daß dies durch die Handlungsimpulse einzelner bewirkt wird, läßt die Vernunft dezentralisiert wie selbsttätig erscheinen. Assoziationen sind in diesem Sinne keine Zentralbefehlsorgane; wenn sie etwas zentral entscheiden, werden sie es deshalb tun, weil die Vorgänge an diesen Stellen eine solche Entscheidung fordern.

3. Damit verändert sich die Art, wie bisher Gerechtigkeit im Wirtschaftsprozeß gelebt hat oder modellhaft leben soll. Handlungsimpulse sind immer nur individuell. Die Tugendhaftigkeit der Gerechtigkeit muß sich zwar in unserer Handlung zeigen, sie wird aber nicht mehr von innen, quasi persönlich gebildet, sondern entsteht peripher, d.h. aus dem sozialen Umkreis. Nicht auf die persönliche Gesinnung allein kommt es an, sondern diese muß sich in der Gestaltung der Prozesse und Verhältnisse verobjektivieren. Die Preisungerechtigkeiten können auf die Dauer nicht durch karitative Gesten ausgeglichen werden, sondern müssen durch assoziative Menschengemeinschaften zum Gerechteren hin verändert werden. Dadurch erhalten die sozialen Beziehungen, die im Preis ihren Ausgleich finden, den Charakter der Gerechtigkeit, zu dem sie zwar veranlagt sind, den sie aber selbst nicht zum Ausdruck bringen können. Dieses Scheinen des Preises im Glanze der Gerechtigkeit erweist damit das assoziative Wirken als künstlerischen Prozeß, die Gerechtigkeit als Ästhetik des sozialen Lebens, den sozialen Organismus als Kunstwerk, ganz in Fortbildung dessen, was Schiller erstrebte.

Indem so der Wirtschaft durch die Selbstverwaltung innerhalb der Dreigliederung die Verantwortlichkeit der Preisgestaltung und damit die Verwirklichung und der Schutz der sozialen Gerechtigkeit anvertraut wird, stellt sich natürlich sofort die Frage, wie diejenigen Menschen einbezogen werden, die nicht in der Produktion wirtschaftlicher Güter und Leistungen stehen. «Wer nicht arbeitet, soll auch nicht essen» – dieser Leninsche Zynismus entspricht zwar durchaus dem Denken des dialektisch-historischen Materialismus, ist aber ernsthafter Diskussion unwürdig. Und selbst, wer jeden Hinweis auf Geist und Moral ablehnt, wird schon aus Klugheit gut beraten sein, die Verwirklichung dieses Grundsatzes nicht zu wünschen. Denn die Statistik zeigt, daß nur ein Drittel der Bevölkerung erwerbstätig ist (in der alten BRD ca. 25 Mill.); und die Lebenserfahrung bemerkt, daß die beiden Hauptgruppen der Nichterwerbstätigen Kinder und Pensionierte sind, also in Lebensphasen stehen, die wir selbst durchlaufen, weshalb sich das Leninsche Verdikt auch gegen seinen Anwender wenden würde. – Aus systematischen Gründen werden hier drei Hauptgruppen in aller offenlassender Kürze angesprochen.

Da ist zunächst die Gruppe derer, die noch nicht (Jugendliche), gerade nicht (Kranke) oder nicht mehr (Pensionierte) im Wirtschaftsprozeß stehen. Ihr Einkommen kann daher auch nicht aus dem gegenwärtigen Preisprozeß stammen. Es muß deshalb als Anteil aus dem Sozialprodukt so genommen werden, wie die Einkommen der Tätigen. Es kommt dabei wesentlich darauf an, daß sie an diesem Verteilungsprozeß direkt beteiligt sind und nicht ihr Entgelt aus Abgaben aus dem Einkommen der Tätigen entsteht. Nur so können diese Einkommensströme mit den richtigen sozialen Empfindungen begleitet werden. Wie eigenartig muß es doch in den Ohren klingen, wenn heute suggeriert wird: «Der Abgaben sind genug» und damit auch dieser Teil der Einkommen gemeint ist, der derzeitig aus diesen Abgaben finanziert wird. Es ist eben sozial falsch gedacht, wenn jemand glaubt, daß es seine Großzügigkeit ist, die diesen Menschenkreis am Leben erhält; denn dieser Einkommensanteil hat ihm nie zugestanden. Im Zeichen des Individualismus müssen alle ihren Anteil *ursprünglich* erhalten.

Eine zweite Gruppe sind diejenigen, die in öffentlichen Staatsfunktionen ihren Arbeitsbeitrag an die Gesamtheit leisten, z.B. als Beamte. Sie müssen ebenfalls aus Mitteln der Allgemeinheit erhalten werden. Da ihre Funktion aber nicht durch ihr Menschsein, sondern durch ihre soziale Stellung bedingt ist, wird dafür das Steueraufkommen die angemessene Finanzierungsform darstellen. – Üblicherweise wird heute die Steuer vom Einkommen berechnet, wobei aus Gerechtigkeitsgründen die Steuer überproportional zum Einkommen steigt. Dieses heute perfektionierte System führt wiederum zu völlig schiefen sozialen Empfindungen, die sich heute, wenn auch aus sehr egoistischen Gründen, in der Klage ausdrücken, daß «Leistung bestraft» würde. In der Klage liegt phänomenologisch etwas Berechtigtes. Unterstellt, daß durch assoziatives Wirken in einem zur Dreigliederung tendierenden sozialen Organismus die gröbsten Ungerechtigkeiten in der Einkommensbildung beseitigt sind, so ist ein höheres Einkommen, gebildet aus Anteilen aus den Geldrückflüssen für den Verkauf von Produkten oder Leistungen, nur der Ausdruck für eine besonders intensive oder ertragsreiche soziale Betätigung. Die Kaufrechte des auf diese Weise erhaltenen Geldes sind freiwillig überlassen, aber sozial noch nicht ausgeübt. Wer nichts kauft, beansprucht auch nichts, sondern hat nur die Bedarfsansprüche anderer befriedigt. Es besteht deshalb zunächst überhaupt kein Anlaß, eine Steuer auf dieses Einkommen zu erheben.

Das eigentliche Problem entsteht erst in der Geldverwendung. Was jemand ausgibt, d.h. an Leistungen und damit an sozialer Arbeit beansprucht, daran allerdings läßt sich der Steuergedanke anknüpfen. Die Ausgabensteuer entspricht der Realität des sozialen Lebens wesentlich besser; mit ihrer Hilfe können Beanspruchungsunterschiede innerhalb vertretbarer Grenzen ausgeglichen und damit die Tendenz zu gerechten Verhältnissen von der Verbrauchsseite her unterstützt werden. Nicht weil einer viel leistet, muß er einen größeren Anteil abgeben, sondern weil er mehr beansprucht. Auch hier wird die Empfindung wieder auf die richtige Spur gebracht. – Eine Teilfrage davon ist diejenige nach der Besteuerung des nicht ausgegebenen Geldes, des Geldvermögens. Da es sich um soziale Rechte handelt – denn Geld für sich ist nichts –, die aus einer Verpflichtung anderer Menschen zur Gegenleistung bestehen, muß sichergestellt sein, daß diese Rechte auch fristgemäß eingelöst werden oder verfallen. Und auch hier ist die unbegrenzte «Haltbarkeit» von Geldvermögen wiederum die Ursache für das Nichtentstehen richtiger sozialer Empfindungen. (Auf diese Frage des Geldes weiter einzugehen, ist hier nicht möglich. Grundsätzlich aber ist es ja durchaus im Rechtsleben bekannt, daß soziale Anspruchsrechte nicht unendlich dauern dürfen. Eine ausführliche Darstellung wird im letzten Aufsatz dieses Buches gegeben.[21]) Ersparnis ist also zunächst ein Stau in der Zirkulation des Geldes, der negativ wirkt. Kann aber das so ersparte Kapital von anderen zwischenzeitlich sozial wirksam genutzt werden – wie es z.B. bei Investitionskrediten der Fall ist –, so wird die stauende Wirkung sogar zu einer Verbesserung der sozialen Verhältnisse benutzt: Der dafür zu zahlende Zins gleicht die Steuerabgabe aus. Die Kapitalerhaltung ist damit äußerlich gewährleistet, aber innerlich erneuert, dynamisiert. – Keine Steuer aber fällt für denjenigen an, der seine Rechte überträgt auf andere, also verschenkt, unabhängig vom Zweck. Während bei der Einkommensteuer der Nachweis z.B. der Gemeinnützigkeit erbracht werden muß und damit allerlei sachfremde Überlegungen die Schenkungsströme behindern und umleiten, bedarf es bei einer Ausgabensteuer keiner Kontrolle. Damit werden freie Strömungsverhältnisse geschaffen, die für die dritte Gruppe nun von besonderer Bedeutung sind.

Diese Gruppe betrifft diejenigen Menschen, die Träger des Geistes- und Kulturlebens im Beruf sind. Bei Aristoteles noch war die Ökonomie eine untergeordnete Wissenschaft, kaum des freien Menschen würdig. Die Repräsentanten damaliger Kultur lebten gerade nicht aus der eigenen ökonomischen Betätigung, sondern aus den Verfügungsrechten über landwirtschaftliche Güter und Gewerbe oder aus sonstigen Rechtspfründen. – Heute ist das Geistesleben nicht mehr für bestimmte Menschengruppen reserviert. Die finanzielle Freistellung erfolgt vielmehr durch die «Bezahlung» wie bei anderen Gütern auch und durch freiwillige Zuwendungen (Schenkung). Nur dasjenige Geistes- und Kulturleben hat noch Berechtigung, das durch die Bedürfnisse von Menschen und deren Bereitschaft, es finanziell zu ermöglichen, getragen wird. Deshalb kann die Wirtschaft nur danach streben, dem einzelnen die dazu notwendigen Mittel zu verschaffen, das Rechtsleben dagegen ihre Übertragungsmöglichkeit zu sichern. Zweifellos würde ein solches Prinzip die Kulturlandschaft zunächst erschüttern und verändern, und mancher mag dabei den Verlust ihm liebgewordener Einrichtungen befürchten. Dennoch würde damit der einzig gesunde Boden eines modernen Geisteslebens betreten; denn im Geistigen ist das Konkurrenzprinzip zu Hause, das mit der assoziativen Wirtschaftsweise aus dem Wirtschaftsleben verdrängt werden soll. Einen von der freien Ermöglichung losgelösten Unterhaltsanspruch gibt es im hauptamtlichen Geistesleben nicht: Man kann nur berufen werden.

Gegenwartstendenzen

Die beschriebenen Einrichtungen oder Maßnahmen, die den mehr grundsätzlichen Ausführungen verdeutlichend hinzugefügt wurden, sind nicht Bestandteil «der» assoziativen Wirtschaft, sondern Lösungen, wie sie der Verfasser für möglich hält. Was wirklich zu geschehen hat oder was geschehen wird, werden jeweils die Menschen zu entscheiden haben, die aus den sich entwickelnden Verhältnissen die Möglichkeit und die Kompetenzen zur Gestaltung suchen und erhalten, wobei in vielen Fällen die Praktikabilität erst erprobt werden muß oder Nachbesserungen zur Erreichung gewünschter Ziele zu erfolgen hätten. Nur darf sich das Verhältnis nicht umkehren: Wer nur deshalb etwas macht, weil es praktikabel ist, der gleicht dem, der die Zielscheibe dorthin trägt, wohin er gerade gezielt hat.

Die Offenheit der assoziativen Wirtschaft für die Kreativität der an ihr und in ihr Beteiligten kann geradezu als Einladung zur Mitarbeit betrachtet werden. Man muß keine Eide auf Programme ablegen, sich zu nichts Vorgegebenem verpflichten – Führer ist allein das umfassende Verständnis sozialer Vorgänge und die Bereitschaft, an den Verhältnissen und Erfahrungen der Mit-Arbeiter im sozialen Organismus mit warmem Interesse teilzunehmen. Deshalb würde man als auf diesem Felde Arbeitender nur allzuoft gerne die Fragen «Wie soll dies oder jenes...?» an die Fragesteller zurückgeben, vor allem, wenn es sich um fach- und sachkundige Vertreter des Wirtschaftslebens handelt. In ihren Erfahrungen ruhen viele Antworten in noch keimhaftem Zustande.

Schaut man auf die gegenwärtigen Tendenzen, so sieht man viele Verhaltensweisen auftreten, die in die Richtung der assoziativen Wirtschaft weisen. Im Osten wird gerade in jüngster Zeit verstärkt von wirtschaftlicher Ausrichtung der Betriebe gesprochen und auch gewirkt, d.h. doch wohl: Kosten und Erträge sollen zur Urteilsbildung stärker herangezogen und damit das Preisgeschehen in den Vordergrund gerückt werden. Der Zentralplan soll stärker auf die Eigenverantwortlichkeiten verlagert werden. Man erkennt also, daß nur der einzelne der kraftvolle Träger von Handlungsimpulsen sein kann, was er aber nur ist, wenn er sich mehr und mehr die Ziele seines Handelns sèlbst setzen kann. – Im Westen dagegen werden die Marktkräfte immer mehr durch kooperative Willensbildungen, vor allem über die Wirtschaftspolitik, durchzogen. Preis- und Mengenabsprachen, vor allem im grenzüberschreitenden Verkehr oder bei notleidenden Industrien, sind die Regel. Die gewaltigen Kartell- und Konzernbildungen führen dazu, daß vormals außerbetriebliche und damit den Marktprozessen unterworfene Vorgänge zu innerbetrieblichen werden und damit der unternehmerischen Planung, aber auch der Solidarität unterliegen. Da werden Kapazitäten weltweit geplant und aufeinander abgestimmt; da werden Betriebsverluste des einen Unternehmens durch Gewinn anderer ausgeglichen, was, als Vorschlag bei Nichtkonzernbindung, als sozialutopische Verstiegenheit gebrandmarkt würde; da werden internationale Bankkonsortien rivalisierender Geschäftsbanken zur gemeinsamen Problemlösung gebildet; da übernehmen soziale Gemeinschaften – die Staaten – die Finanzierung von Zukunftsentwicklungen, subventionieren soziale Übergänge wie z.B. in der ehemaligen «DDR» usw. Alle Maßnahmen sind im Kern unverträglich mit der Marktwirtschaft und ihrer zur «Gerechtigkeit» führenden Konkurrenz. Dennoch weigert sich die Nationalökonomie, diese Entwicklung nicht nur defensiv – als «Sündenfälle» des Marktsystems –, sondern auch aktiv in Richtung auf assoziative Wirtschaft weiterzudenken. Damit entsteht eine gefährliche Situation. Da nämlich das Prinzip des Einkommensegoismus nach wie vor besteht, gleichzeitig aber die Konkurrenz immer weiter eliminiert wird, so fehlt der «soziale» Korrekturmechanismus, und der Egoismus wird sich im sozialen Prozeß weiter und weiter ausbreiten und bedienen können.

Hier zeigt sich eine der wichtigsten Aufgaben gegenwärtiger Wirtschaftsgestaltung Der Egoismus wurde bisher immer als «wesentlichste», «einzige», «kräftigste» oder «naturhaft veranlagte» Triebkraft wirtschaftlicher Betätigung betrachtet, d.h. als Wachstumskraft. Die Konkurrenz war sein Bändiger. Fällt letztere weg, so bleibt reines Wachstum übrig: Wachstum ohne Formbildung aber bedeutet Wucherung. Während wir in der Medizin mit allen Mitteln die

Krebswucherung bekämpfen und dabei verzweifelt nach dem Verursacher suchen, ist es im Sozialen umgekehrt. Dort betätigen wir immer kräftiger die Verursachungskräfte: Wir fordern Wachstum, weil man Wachstum will; wir machen Schulden, damit die Wirtschaft läuft; wir verbrauchen, damit die Produktion sich steigern kann; wir investieren um der Rendite willen und weil Geld vorhanden ist; wir verkaufen Rüstung um der Arbeitsplätze willen; wir verbilligen um des Gewinnes willen. Wohin wir schauen, lösen sich die sozialen Betätigungskräfte aus ihrem ursprünglichen sozialen Zusammenhang, sind um ihrer selbst willen da, bei genauerer Betrachtung sogar wegen ihrer parasitären Nebenwirkungen Macht und Reichtum. Der Mediziner sieht in der sich bildenden Geschwulst keinen erfreulichen Zuwachs an Körpersubstanz, sondern eine Bedrohung des Lebens. Im Sozialen dagegen wird noch immer jede Wachstumsmeldung begrüßt, weil Wachstum bereits mit Lebensfortschritt gleichgesetzt wird. Wir könnten im Sozialen viel von den Ärzten lernen.

Aber auch umgekehrt: denn der soziale Prozeß zeigt, wie man diese zentrifugalen Wachstumskräfte vor der Entartung schützen kann, indem sich ihnen die zentripetalen Gestaltungskräfte aus der Peripherie des assoziativen Zusammenarbeitens entgegenentwickeln. Wir selbst tragen diese Kräfte in uns. Wir müssen sie betätigen und können es auch, sobald wir aufmerksam werden, daß wir nicht nur ein egoistisch-naturhaftes Wesen an uns tragen, sondern gleichzeitig auch, kraft unserer geistigen Ich-Existenz, die es überwindenden, alles verwandeln könnenden Erkenntniskräfte. Der Impuls zur assoziativen Wirtschaft ruft diese Kräfte zur Wirtschaftsgestaltung auf, ohne Illusionen von «Raschheit» und «Einfachheit» der notwendigen Änderungen zu nähren, aber auch ohne der resignativen Untätigkeit derjenigen das Wort zu reden, die aus mangelnder Geistgewißheit im Bestehenden verharren wollen.

Die Unverkäuflichkeit
von Grund und Boden –
Vorschlag für ein neues Bodenrecht

Vorbemerkungen

Mit großer Regelmäßigkeit begleitet die Frage des Bodenrechtes die Menschheit durch die letzten Jahrtausende. Immer wieder zeigt sich seit der Zeit, da Grund und Boden nicht mehr von den Tempeln aus verwaltet wurde und nach und nach in das private Eigentum überging, daß als Folge dieser Eigentumsverhältnisse die Menschen und Völker in schwerste Krisen bis zur Leibeigenschaft gerieten, aus denen Landreformen immer nur zeitweise herausführten. Lag früher der Schwerpunkt mehr bei der Landwirtschaft, so sind durch die gewaltige Industrialisierung die Probleme der Gewerbenutzung und infolge der Verstädterung die Wohnungsproblematik hinzugekommen. – Die Frage der Bodennutzung ist eng verkoppelt mit der Frage der Bodenpreise. Gerade in den letzten Jahren wurde ein sprunghafter Anstieg der Landbeschaffungskosten registriert, der jedes normale Maß übersteigt und dessen finanzielle Belastungen die sozialgerechte Bodennutzung fast zum Erliegen bringen. So wurden in der Bundesrepublik Deutschland im Jahre 1989 nur noch 180.000 von 450.000 benötigten Wohnungen gebaut. Wer Boden erwerben will, kann gar nicht so schnell sparen, wie die Preise steigen. – Während in der Schweiz eine heftige öffentliche und politische Diskussion über die weitere Bodenrechtsentwicklung entbrannt ist, fehlt sie in Deutschland noch weitgehend. Auch die Parteien haben sich dieser Frage in den letzten 20 Jahren noch kaum angenommen, weder die rechten noch die linken. Interessante Ausarbeitungen innerhalb der SPD, z.B. «Für ein soziales Bodenrecht» von Volker Hauff, Hartmut Dieterich und Peter Conradi, scheiterten bereits parteiintern. Die

Autoren dieser Studie bemerken jedoch zu recht: «*Die Diskussion über eine Reform des Bodenrechtes steht erst am Anfang; sie wird an Gewicht und Schärfe zunehmen... Gesellschaftliche Veränderungen werden uns nicht geschenkt.*» – Die Entwicklung in der ehemaligen DDR bot eine große und dringende Gelegenheit, das Problem von Grund auf neu anzupacken. Aber die Diskussion hat nicht stattgefunden. Sie wiederum in Gang zu bringen, ist Ziel dieses Aufsatzes.

Während die Notwendigkeit einer Veränderung der Bodenrechtsverhältnisse also immer dringender wird, sind Richtung und Weg zur Veränderung sehr umstritten. Je nach Ausmaß der Besorgnis, der Beurteilung der Ursachen der Entwicklung und des Verständnisses des Bodenrechtes reichen die Vorschläge von Markthilfen über sozialorientierte Subventionen oder steuerliche Eingriffe bis zur Infragestellung des gesamten Bodenrechtes. Der vorliegende Entwurf ist radikal, d.h. er geht an die Wurzel der Problematik. Damit wird eine Perspektive gewonnen, die einzelnen zu ergreifenden Maßnahmen einen inneren Zusammenhang gibt. Soweit diese Maßnahmen konkretisiert werden, soll dies nur als Beispiel und Vorstellungshilfe dienen, tatsächliche Entscheidungen aber nicht vorwegnehmen.

Der Vorschlag wird manchem Leser ungewohnt erscheinen. Vielleicht darf aber angesichts der Größe des Problems erwartet werden, daß ihn die Leser zunächst unvoreingenommen prüfen. Da wir in der Bodenrechtsfrage nicht neutral, sondern auf irgendeine Weise betroffen sind, sind es vor allem die Auswirkungen auf unsere eigene Position, die sich schattenhaft vor die Unvoreingenommenheit legen. Aber ohne Veränderungsbereitschaft aller wird es so oder so keine Lösung geben.

In dem hier vorgelegten Vorschlag wurde vor allem Wert auf die *soziale Machbarkeit* gelegt. So weit dies im jetzigen Stadium der Entwicklung abzusehen ist, stellen sich dabei keine unüberwindbaren Hindernisse in den Weg. Im Gegenteil, die Radikalität des Vorschlags ermöglicht relativ einfache und überschaubare Lösungen vieler Fragen, die bei einer regulierten Marktlösung nur schwer beantwortbar sind. – Der leitende Grundsatz dabei war, daß die angestrebte Lösung zugunsten der sozialen Gemeinschaft nicht zu einer unzumutbaren realen Schädigung des einzelnen führen darf (Entschädigungsgrundsatz GG Art. 14 Abs.3). *Das Nichteintreten spekulativer Zukunftserwartungen dagegen wird nicht als unzumutbarer Schaden angesehen.*

Natürlich lassen sich auch symptombekämpfende Einzelmaßnahmen wie z.B. Vorkaufsrechte oder Erleichterungen bei der Enteignung im Rahmen von Bauplanungs- oder Baugesetzen der Gemeinden durchführen. Sie werden jedoch die Entwicklungsrichtung der Krankheit des Bodenmarktes nicht entscheidend verändern. Vielmehr besteht die Gefahr, daß ab einem bestimmten Punkt selbst ein solcher Vorschlag wie der vorliegende wegen der erreichten Größenordnung sozial nicht mehr machbar ist. Dann werden Krisen den Gang der Bodenrechtsgestaltung diktieren. So fragt z.B. die Berner Zeitung vom 24.6.90: «Kann nur eine Rezession die Bodenpreise drücken?» Der Verfasser ist der Auffassung, daß das Warten auf eine überdies ungewisse Krisenlösung menschenunwürdig und die *gegenwärtig noch bestehende Handlungsfreiheit eine Verpflichtung zur Handlung ist.*

Eine spezielle Tragik zeigt sich an der Entwicklung in den neuen Bundesländern nach der Wiedervereinigung Deutschlands. Selbst wenn man die Entschädigungspflicht staatlicher Enteignungen bejaht, so ergibt sich doch keine Notwendigkeit daraus, den Boden wiederum in alte Rechtsverhältnisse zurückfallen zu lassen. Gerade weil der Boden durch die neuen Nutzer nicht im alten Sinne erworben wurde, wäre es ein leichtes gewesen, ein neues Nutzungsrecht einzuführen. Selbst das Grundgesetz bietet ja in seinen Eigentumsparagraphen die Möglichkeit dazu: § 14 – «Eigentum verpflichtet» – § 15 – «Grund und Boden, Naturschätze und Produktionsmittel können zum Zwecke der Vergesellschaftung durch ein Gesetz, das Art und Ausmaß der Entschädigung regelt, in Gemeineigentum oder in andere Formen der Gemeinwirtschaft überführt werden». Die Verfasser der Studie «Für ein soziales Bodenrecht» stellen in Übereinstimmung mit der Rechtslage fest: «Das Grundgesetz läßt damit zu jedem Zeitpunkt die gesellschaftlich notwendige inhaltliche Bestimmung des Eigentums zu, und zwar durch einfaches Gesetz.» Daß eine Änderung von den Verantwortlichen gegenwärtig nicht gewollt wird, ist eine Tatsache; die umständliche Rechtfertigung des Grundsatzes «Rückgabe vor Entschädigung» dagegen nur eine Verschleierung dieses Wollens. Lieber nahm man die jetzt auftretenden Schwierigkeiten in Kauf, als im Bodenrecht einen Schritt nach vorn zu tun. – In den anderen ehemals sozialistischen Ländern ist die Diskussion noch nicht zu Ende. Aber auch hier tut der Westen alles, unser bisheriges Bodenrecht der Käuflichkeit von Grund und Boden einzuführen. Es ist Aufgabe dieses Aufsatzes zu zeigen, warum es sich dabei um einen folgenschweren sozialen Rückschritt und keineswegs um einen Fortschritt handelt.

Zur Situation

Der Bodenpreis hat sich in den letzten Jahrzehnten vervielfacht. Wurden früher noch Zuwächse von wenigen DM pro qm registriert, rechnet man gegenwärtig nur noch in 10er- und 100er-Sprüngen. «In manchen Großstädten muß ein Bauwilliger für den Quadratmeter Boden bereits heute mehr als 500 DM zahlen, in besseren Lagen gut das Doppelte. Selbst fernab der Stadtzentren werden winzige Bauplätze für 200.000 DM gehandelt» (Spiegel 11 /1990). Der Grundstücksanteil an den Wohnungskosten erreicht manchen Orts bereits Größenordnungen von 30 – 50 %. Wären nicht die immensen Subventionen – von Mietbeihilfen, Baukostenzuschüssen, Zinssubventionen bis zu Steuervergünstigungen –, so käme jeder Wohnungsbau zum Erliegen. Dennoch sind Neubauwohnungen für Normalverdiener unerschwinglich geworden. Dabei sind die Folgen des Kaufkraftentzugs durch die Umverteilung innerhalb der Einkommen (höhere Belastung durch das Haus oder die Wohnung = Einschränkungen an anderer Stelle) noch gar nicht berücksichtigt.

Innerhalb der gewerblichen Wirtschaft schlagen sich die erhöhten Bodenpreise durch höheren Kapitaleinsatz beim Erwerb nieder. Industrieansiedlungen müssen daher von den Gemeinden subventioniert werden, wenn sie noch wirtschaftlich sein sollen. Die Tatsache, daß vor allem seit langem existierende Unternehmen billigst erworbenen Altbesitz an Grund und Boden haben, verzerrt den Wettbewerb zu Neugründungen sowohl durch die geringe Kostenbelastung als auch die damit verbundene einfache Möglichkeit gesicherter Kapitalbeschaffung.

In der Landwirtschaft ist es überhaupt unmöglich geworden, den Kaufpreis aus den landwirtschaftlichen Erträgen zu verzinsen oder zu amortisieren, und dies in einer Zeit, wo in der Landwirtschaft große Umstrukturierungen in Gang sind und deshalb viele Landübertragungen anstehen (besonders im Zusammenhang mit dem biologischen Landbau). Da gleichzeitig die landwirtschaftlichen Erzeugerpreise aus sozialpolitischen Gründen niedrig gehalten werden, öffnet sich eine immer größere Kosten-Ertrags-Schere, die zu einer Existenzbedrohung wird. Auch hier ist noch gar nicht berücksichtigt, daß gegenwärtig immense Schenkgelder aufgebracht werden müssen, um Höfe zu entschulden oder freizukaufen, Schenkgeld, das andernorts dringend für Kultur- und Sozialaktivitäten gebraucht würde, statt im Grund und Boden zu verschwinden.

Die hohen Bodenpreise machen es den Gemeinden und Städten immer schwerer, kommunale Aufgaben zu erfüllen, da die Entschädigungswerte, die sich in Deutschland am Baulandpreis, d.h. dem Verkehrswert, orientieren, jedes Vorhaben gewaltig verteuern. Die Stadt München mußte für ihren Grundbedarf an Gemeinschaftseinrichtungen (Straßen, Schulen, Grünanlagen usw.) von 1958 – 1968 612 Mill. DM ausgeben. Dieselbe Fläche hätte, bei konstanten Preisen des Jahres 1958 nur 117 Mill. ausgemacht. So muß z.B. Straßenfläche zum Verkehrswert entschädigt werden, obwohl die Straße als Erschließungsmaßnahme den Verkehrswert des Grundstücks in der Regel wesentlich erhöht. Raumplanungsverfahren werden dadurch an den Rand der Durchführbarkeit gedrängt. Ähnlich geht es auch allen Trägern von sozialen und kulturellen Impulsen, die mit dem Boden ja keine produktiven Einnahmen erzielen.

Die steigenden Bodenpreise beanspruchen aber auch in immer stärkerem Maße die Kapitalmärkte und drücken die Hypothekenzinsen in die Höhe. Bei Zinssätzen von 10 % und mehr geraten selbst Menschen mit guten und hohen Einkommen in Schwierigkeiten. Die zahlreichen Zwangsversteigerungen sprechen eine deutliche Sprache. – Boden dient den Banken aber auch gleichzeitig als Sicherung von Krediten. Während steigende Bodenpreise die Sicherung erhöhen und neuen Kreditspielraum gewähren, wächst die Abhängigkeit von der Preisentwicklung. Der große Zerfall der amerikanischen Sparkassen – was allein den staatlichen Haushalt der USA wohl an die 500 Mrd. Dollar kosten wird – wurde vor allem durch den Landpreisverfall ausgelöst. Man kann nur ahnen, was geschieht, wenn eine solche Entwicklung z.B. in Japan einsetzen sollte. Die Auswirkungen wären erheblich größer als bei einem Börsencrash.

Alle Gruppierungen zusammen geraten damit in einen immer größer werdenden Leistungs- bzw. Kostendruck und erhöhen ihrerseits wiederum den Druck auf Preise und Einkommen. *Die im gegenwärtigen Bodenrecht vorgesehene freie Verkäuflichkeit von Grund und Boden schlägt für immer mehr Mitglieder in unserer Gesellschaft in eine faktische Nichtkäuflichkeit um.* Der Bodenpreis wird zu einer Behinderung, ja zur Verunmöglichung der sozialen Bodennutzung. – Daß noch keine Protestwelle das Land durchläuft, liegt auch an der Tatsache, daß der steigende Bodenpreis gleichzeitig auch alle bisherigen Landeigentümer zu Vermögenden macht, zumindest auf dem Papier. Dies gilt nicht nur für Eigentümer von zur Umzonung anstehendem Landwirtschaftsland und die großen Immobilienspekulanten, sondern in gleichem Maß für die vielen Eigenheimbesitzer, die schon Ludwig Erhard als Garanten der bürgerlichen Marktordnung sah und förderte. Sie glauben, daß der Vermögenszuwachs ihres Grundstückes die allgemeine Situationsverschlechterung im sozialen Leben für sie persönlich mehr als aufwiegt. *Sie übersehen aber dabei, daß dieser Vermögenszuwachs die Krankheitsursache selbst ist, und daß das vermeintliche Vermögen nur real einlösbar ist solange der soziale Organismus noch gesund ist.* Allein auf den Grund der Gesunderhaltung der sozialen Verhältnisse ließe sich ein neues Bodenrecht zurückführen. Es gibt jedoch noch viel tiefer liegende Gründe.

Boden ist keine Ware

Der Marktbegriff wurde für die Regelung des Waren- und Leistungsaustausches ersonnen: Leistung tauscht sich im Verhältnis der Preise gegen Leistung. Die Tatsache, daß das Geld dazwischen tritt und den Tauschakt halbiert, ändert an dieser Situation im Grundsatz nichts. Es könnte im ersten Moment ja so scheinen, als ob der Käufer beim Kauf keine Gegenleistung bietet, sondern eben «nur» Geld. Er kann dieses aber nur erworben haben, indem er bereits vorher einem anderen seine Leistung verkauft hat. Zu Waren, d.h. zu tausch- und damit verkaufsfähigen Leistungen aber kommt man nur durch eigene wertschaffende Arbeit. *Boden aber ist kein vom einzelnen erzeugtes Gut* (allenfalls kann man ihn als Kulturergebnis der Menschheit ansehen) *und damit auch keine Ware, der Übertragungsvorgang somit auch kein Kaufakt.*

Damit ein Markt funktioniert, müssen Angebot und Nachfrage reaktionsfähig sein, da nur durch Gegenreaktionen der Preis für alle in erträglichen Grenzen bleibt. Aber auch dies ist beim Boden nicht gegeben. Er läßt sich weder insgesamt vermehren (oder nur in sehr engen Grenzen, z.B. durch Urbarmachung, Erschließung, Bebauungsdichte-Vorschriften usw.), noch läßt er sich ausgleichend transportieren. Verfügbares Land in einer abgelegenen Region läßt sich nicht zur Verbilligung in einer Metropole einsetzen. Demgegenüber steht bei wachsender Bevölkerung ein wachsender Bodenbedarf. Dabei kann das Wachsen auch örtlich begrenzt auftreten, z.B. durch die Anziehungskraft von Zentren, d.h. sogenannten Dichtezonen oder Ballungszentren. So leben z.B. in der Bundesrepublik heute ca. 50 % der Menschen auf nur 7 % der Bodenfläche. Dies gilt aber auch bei Veränderungen der Wohnkultur, z.B. mehr Einzelraumbedarf pro Kopf, Verselbständigung von Jugendlichen, Zunahme von alleinstehenden alten Menschen, Singlebewegung usw. Die einzig mögliche Reaktion der «Nachfrager» wäre nur das Nichterwerben. Was aber macht man ohne Wohnung? Bei ihr gibt es keine Substitution, kein Ausweichen. *Statt Marktausgleich gibt es auf dem Bodensektor nur die Einbahnstraße der Verteuerung.* (Der oft geäußerte Hinweis, daß es doch immer wieder Preiszusammenbrüche gäbe, beweist nicht etwa das Gegenteil, sondern zeigt nur, daß neben der stetigen Entwicklung noch ein stark spekulatives, Sprünge verursachendes Element mitwirkt.)

Daß es sich beim Boden nicht um eine beliebige Ware, sondern um eine soziale Besonderheit handelt, ist überall in unserer Rechtsordnung spürbar, z.B. beim Grundbuchrecht, beim Steuerrecht oder beim Erbrecht. Nicht umsonst wird er auch in Artikel 15 GG ausdrücklich erwähnt. So heißt es z.B. in einem Beschluß des Bundesverfassungsgerichtes vom 12.1.1967 (1 BvR 169/63): «Die Tatsache, daß der Grund und Boden unvermehrbar und unentbehrlich ist, verbietet es, seine Nutzung dem unübersehbaren Spiel der Kräfte und dem Belieben des einzelnen vollständig zu überlassen; eine gerechte Rechts- und Gesellschaftsordnung zwingt vielmehr dazu, die Interessen der Allgemeinheit beim Boden in weit stärkerem Maße zur Geltung zu bringen als bei anderen Vermögensgütern...Es liegt hierin (im Hinblick auf das Wohl der Allgemeinheit, d.Verf.) die Absage an eine Eigentumsordnung, in der das Individualinteresse den unbedingten Vorrang vor den Interessen der Gemeinschaft hat.» Man muß sich wohl auch in diesem Augenblick darin erinnern, daß «die Bundesrepublik Deutschland ein demokratischer und sozialer Bundesstaat ist». Gerhard Leibholz, Richter am Bundesverfassungsgericht, hat oft darauf hingewiesen, daß das Bekenntnis zum Sozialstaat darin die gleiche Bedeutung wie das Bekenntnis zum Rechtsstaat habe.

Wenn Boden aber keine Ware ist, dann kann man ihn auch nicht einfach verkaufen und kaufen. Er ist im eigentlichen Sinne unverkäuflich, d.h. seine Übertragung muß kaufpreislos erfolgen.

Die Umverteilungswirkung des Bodenpreises

Es erscheint manchen Menschen spitzfindig, wenn man Wert darauf legt, daß Boden keine Ware ist. Es zeigt aber nur, daß man mit solchen Begriffen nichts Rechtes anfangen kann, weil man ihre Sozialwirkung nicht klar genug vor Augen hat. Der Begriff Ware ist sozial verknüpft mit dem Leistungstausch (s.o.). Was aber tauscht sich beim Verkauf von Grund und Boden?

In der Volkswirtschaft wird Boden als Produktionsmittel beschrieben. Der Wert eines Produktionsmittels aber bestimmt sich allein nach dem Nutzen, den man mit seiner Hilfe erzielen kann. Es kommt nur darauf an, was man daraus oder damit macht. *Bodeneigentum ist daher seiner Natur nach ein Recht zur Nutzung, ein Nutzungsrecht bzw. Nutzungseigentum.* – Da der Boden nicht erneuerbar ist, darf er auch nur gebraucht, möglichst jedoch nicht im eigentlichen Sinne verbraucht werden. Dies schränkt den Eigentumsbegriff, der in unserer Rechtsordnung an sich ja zur uneingeschränkten Verfügung tendiert, bereits erheblich ein. Die Nutzung des Bodens geht alle an!

Weil Boden nicht hergestellt werden kann, gleichzeitig aber die Erde die Existenzgrundlage aller Menschen ist, deshalb muß er auch zunächst allen Erdenbürgern zur Verfügung stehen. Wenn dies heute nicht der Fall ist, so sind es Herrschafts-, Macht- oder Rechtsverhältnisse, die diese Verteilung bewirkt haben. Zumindest innerhalb unserer Staatengebilde als Rechtsgemeinschaften gilt aber heute das Gleichheitsprinzip der Persönlichkeitsentwicklung. Das Fortdauern alter Herrschaftsprinzipien stellt eine schwere Beeinträchtigung dieser Gleichheit dar.

Andererseits macht es natürlich keinen Sinn, jedem ein gleich großes Stück Land zur direkten Verfügung zu geben. Dies war eher die Geste vergangener, selbstversorgerischer Gesellschaftsstrukturen. Land besitzen bedeutete damals in erster Linie Sicherung der eigenen Existenz. In der modernen arbeitsteiligen Sozialstruktur dagegen arbeiten wir nicht mehr für uns, sondern für andere. Durch diese Form kommen die Früchte des Eigentums jeweils der Allgemeinheit zugute. (So arbeitet z.B. ein Bauer heute für weit über 60 Menschen, da nur 1/3 der Bevölkerung überhaupt erwerbstätig ist und davon nur ca. 5 % in der Landwirtschaft.) – Die Gleichheit, die sich früher als direkter Landanspruch geäußert hat, taucht heute auf als das Recht auf ein Grundeinkommen, das jedem zusteht und ein soziales Auffangnetz gegenüber existenzgefährdender Einkommenslosigkeit bilden soll. *Nicht die Tatsache des Eigentums als Grundlage der sozialen Betätigung kann daher der Gegenstand einer Bodenrechtsänderung sein, sondern allein die Regelung der Vorgänge, durch die das Eigentum diese Sozialwirksamkeit verliert.* Ein solcher Fall ist der Verkauf.

Das Eigentum am Boden kann also nur verstanden werden als Nutzungsrecht des einzelnen, gewährt und bestätigt durch die Gesellschaft. Wird nun Boden verkauft, dann bedeutet dies, daß der alte Eigentümer die Nutzung aufgibt und ein neuer Nutzer in das Nutzungseigentumsrecht eintritt. Der Kaufpreis aber bewirkt, daß der neue Nutzer einen Teil des durch seine Leistung erzielten Nutzens an den Voreigentümer als Nichtnutzer abgeben muß. Ein Stück des Ertrages ist umverteilt worden zugunsten des nicht-mehr-leistenden Voreigentümers. Volkswirtschaftlich nennt man einen Ertrag, der ohne Gegenleistung erzielt wird, eine Rente. Früher hätte man dazu ehrlicher Tribut gesagt. Je höher der Bodenpreis steigt, um so größer ist der Umverteilungseffekt. Wenn also z.B. ein Bauer den Erwerbspreis seines Landes nicht mehr aus dem Ertrag erwirtschaften kann, dann heißt dies, daß der gesamte Ertrag von dem Voreigentümer beansprucht wird, obwohl der zum Ertrag nichts mehr beiträgt. Er ist auf moderne Form ein Leibeigener geworden, obwohl wir der Auffassung sind, wir hätten diese Verhältnisse schon im 19. Jahrhundert abgeschafft. – Der Zustand nach dem Verkauf stellt sich also für Käufer und Gesellschaft schlechter dar als vorher. *Im Gegensatz zu allen anderen Kauf-Tausch-Vorgängen wird beim Verkauf von Grund und Boden eine Nichtleistung bezahlt.* Deshalb kann man die Verkäuflichkeit von Boden mit voller Berechtigung einen Krebsschaden des sozialen Lebens nennen.

Dagegen wird eingewendet, daß zum einen ja der Verkäufer seinerseits in der Regel bereits etwas für das Grundstück bezahlt habe, das er mit Zins zumindest beanspruchen könne, und daß zum zweiten ja eine Verzichtsleistung des Verkäufers vorliege, die abgegolten werden müsse. – Es ist ja eine Selbstverständlichkeit, daß bei einer Grundrechtsänderung tatsächlich geleistete Aufwendungen zurückerstattet werden müssen, da sie nach gültiger Rechtsordnung erlaubt waren. – Anders sieht es bereits beim Zins aus. Wenn der Vergleich gezogen wird, daß der Kaufpreis in der gleichen Zeit bei der Bank eine bestimmte Verzinsung erzielt hätte, dann übersieht man dabei, daß dem ja der Nutzungswert des Grundstückes in der gleichen Zeit entsprochen hat, der dem Sparer nicht zur Verfügung stand. Man kann nicht die Leistung und das Geld beanspruchen. *Zins ist deshalb nicht entschädigungspflichtig.* Wer aber sein Grundstück nicht genutzt hat, ist der Gemeinschaft eine Leistung schuldig geblieben. Daß diese ihn deshalb entschädigen sollte, kann wohl niemand im Ernst verlangen.

Damit ist auch schon das Verzichtsmotiv angesprochen. In einer freien Gesellschaft ist auch jeder frei, seine Lebensverhältnisse zu wechseln. Selbstverständlich kann jemand das Nutzungseigentum am Boden aufgeben, wenn er es nicht mehr nutzen will. Ein Anspruch auf einen Teil des Ertrages des nächsten Eigentümers kann daraus nicht begründet werden. (Eine gewisse Übergangsausnahme ist die Landwirtschaft, wo der Altbauer noch mit auf dem Hof lebte und daher auch von dessen Ertrag erhalten wurde. Im Zuge versicherungstechnischer Lösungen der Altersfürsorge auch in der Landwirtschaft wird auch dies hinfällig.) – Ebenfalls klar müßte an sich sein, daß real getätigte Investitionen mit ihrem Zeit- bzw. Restwert erstattet werden. Bei diesen Beträgen handelt es sich nicht um einen Kaufpreis, sondern um eine Umfinanzierung, bei der nur die Kreditgeber ausgetauscht werden. Der Grundirrtum der Verzichts-Argumentation wird erst eingesehen, wenn man sich klarmacht, daß das Bodeneigentum eine Zusprechung der Gesellschaft ist und nicht eine eigene Leistung. (Insofern ist es die Gemeinschaft, die auf etwas verzichtet, nämlich die Leistung des Eigentümers. Wenn schon, dann müßte sich der Verkäufer rechtfertigen, warum er die versprochene Nutzung nicht leistet.) *Wer möchte, daß die Freiheit des Um-*

gangs mit Boden als Wert erhalten bleibt und nicht mit seiner eigenen Freiheit endet, der muß die kaufpreislose Übertragung von Grund und Boden fordern. Dies wäre auch die Folgerung aus Artikel 2 des Grundgesetzes, das die Beschränkung der Freiheitsrechte des einzelnen dort beginnen läßt, wo die Rechte anderer verletzt werden. Die Käuflichkeit des Bodens ist eine permanente Verletzung der Rechte aller anderen.

Die Wirkung von Pacht, Baurecht und Beleihbarkeit

Daß, wenn der Verkauf unberechtigt ist, auch die Beleihbarkeit des Kaufpreises betroffen ist, erscheint selbstverständlich. Denn die Hypotheken dienen ja zur Absicherung des kreditierten Kaufpreises. Bei einer kaufpreislosen Übertragung von Boden wären diese Grundpfandrechte auch nicht nötig. (Anders ist es dagegen mit der Hausfinanzierung. Aber auch hier kann das Grundstück selbst nicht mehr als geldwertmäßige Sicherheit verwendet werden, da es keinen Verkaufspreis mehr hat.) – Gerade die Grundpfandrechte haben den steigenden Bodenpreis erst möglich gemacht, indem die immensen Kaufsummen über Jahrzehnte vorgestreckt werden können und, paradoxerweise, gleichzeitig zu ihrer eigenen Sicherheit dienen. Die Beliebtheit der Grundpfandrechte, gestützt durch rechtliche und steuerliche Sonderbehandlung, bei Kreditgebern kommt daher, daß der Kredit damit vom Schicksal der bodennutzenden Initiative unabhängig wird. Mag der Eigentümer zahlungsunfähig werden oder das Unternehmen pleitegehen, das Grundstück behält seinen Wert, ja wird immer wertvoller. Hier zeigt sich z.B. auch der Unterschied des Bodens zu anderen Produktionsmitteln. Eine Maschine wird mit der Zeit ihrer Nutzung immer wertloser, der Boden wird wertvoller. Die Sozialfunktion des Bodens kann deshalb weder unter der allgemeinen Theorie der Waren noch unter derjenigen der Produktionsmittel verstanden werden.

Bei Pacht und Baurecht ist die Rentenbildung durch Inanspruchnahme des Eigentumsrechtes bei gleichzeitiger Nichtleistung noch offensichtlicher als beim Kauf. Beide Überlassungsformen erfreuen sich bei steigenden Bodenpreisen auch steigender Beliebtheit. Der Vorteil des Pächters bzw. Baurechtnehmers liegt darin, daß er den sonst notwendigen Kaufpreis nicht aufbringen muß. Es ist, als ob der Verkäufer selbst den Kredit gewährt. Für den Verpächter bzw. Baurechtgeber liegt der Vorteil darin, daß er in den Genuß einer Verzinsung kommt, ohne die Immobilie zu verlieren. Über Zinsanpassungen nimmt er an den allgemeinen Wertsteigerungen teil und kann die Summe der Wertsteigerungen später immer noch durch einen Verkauf realisieren. Man wird zwar nicht mit einem Schlage reich, wie beim sofortigen Verkauf, ist dafür aber lebenslang versorgt. Deutlicher kann der Umverteilungseffekt von den Tätigen zu den Untätigen gar nicht zum Ausdruck gebracht werden. Beide Übertragungsformen wären mit einem neuen Bodenrecht der Unverkäuflichkeit des Bodens hinfällig.

Grundzüge eines neuen Bodenrechtes

Wie aber müßte ein zeitgemäßes sozial gestaltetes Bodenrecht aussehen?

1. Ziel
Grund und Boden sind unverkäuflich. Die Übertragung von Grund und Boden erfolgt kaufpreislos. Nicht berührt davon ist die Käuflichkeit der Bebauungen.

2. Nutzungseigentum
Grund und Boden werden zu diesem Zweck in Gesellschaftseigentum überführt. Dieses soll jedoch so gestaltet werden, daß der jeweilige Nutzer wie ein bisheriger Eigentümer gestellt wird, mit Ausnahme der Kaufpreiserhebung bei Nutzungsaufgabe. Diese Eigentumsform könnte man Nutzungseigentum, Treuhandeigentum oder

«Eigentum im sozialen Fluß» nennen. Es werden demokratisch-legitimierte Organe gebildet, die die Eigentumsrechte der Gesellschaft wahrnehmen.

3. Übertragung des Eigentums
Der bisherige Eigentümer wird automatisch neuer Eigentümer. Die weitere Eigentumsübertragung kann jeweils durch den bisherigen Eigentümer selbst erfolgen. Eine gesellschaftliche Einrichtung, die den Boden verwaltet, greift nur ein, wo noch kein Erstnutzer bestellt ist (unbebautes Land), wo der bisherige Eigentümer selbst keinen Nachfolger bestellt hat oder wo übergeordnete gesellschaftliche Nutzungsgesichtspunkte geltend gemacht werden müssen. Das Nutzungseigentum am Boden folgt automatisch dem Eigentum der Bebauungen.

4. Entschädigung
Die bisherigen Eigentumsrechte werden in der Höhe der tatsächlichen Anschaffungskosten entschädigt, wobei für Altbesitz Mindestregelungen getroffen werden können. Die Entschädigungsleistung ist vorrangig zum Abbau vorhandener Grundpfandrechte zu verwenden. Die Banken stellen die Rückflußmittel ihrerseits den Einrichtungen zur Verfügung, die die Entschädigungsleistungen zu erbringen haben.

5. Nutzungsabgabe
Für die Überlassung des Bodens wird eine Nutzungsabgabe festgelegt, deren Höhe an sozialen Gegebenheiten und Notwendigkeiten orientiert werden kann. Die Nutzungsabgabe sollte für bestimmte soziale Aufgaben zweckgebunden werden, sie soll keine allgemeine Finanzierungsquelle staatlicher Einrichtungen bilden.

6. Finanzierung der Entschädigung
Die Entschädigungsleistung wird bis zur völligen Tilgung aus der Nutzungsabgabe finanziert. Danach kann die Nutzungsabgabe völlig frei von Kostenüberlegungen festgesetzt werden.

7. Wirkung

Mit der Verabschiedung des Bodenrechtes würde der Boden sofort kaufpreisfrei. Durch die Wirkung der Entschädigungsleistung bliebe jedoch die Bodenbelastung in bisheriger Höhe bis zu ihrer Tilgung praktisch bestehen. Die Wirkung käme dem Einfrieren der Bodenpreise gleich. Die Entschädigung bedeutet in Wirklichkeit eine erneute Umverteilung. In einer Generation könnte jedoch der Boden von den Kaufpreisbelastungen befreit sein. Die Länge des Tilgungszeitraumes ist für die Wirksamkeit der Maßnahme fast ohne Belang. Im Folgenden sollen die einzelnen Komponenten dieser Neuregelung kurz beleuchtet und erläutert werden.

Nutzungsabgabe statt Bodenpreis

Die Übertragung des Bodens von der Gesellschaft auf den einzelnen zur alleinigen Nutzung schließt alle anderen Gesellschaftsmitglieder davon aus. Zwei Gründe sprechen dafür, für diese Übertragung eine Nutzungsabgabe zu erheben. Zum einen ist es zwar so, daß die realen Leistungen einer produktiven Nutzung z.B. bei Landwirtschaft und Gewerbe der Allgemeinheit zufließen, aber sie fließen ja nicht kostenlos. Vielmehr bleiben die zugeflossenen Erträge privat und stehen zur Einkommensbildung der Beteiligten zur Verfügung. Deshalb muß eine Abgabe dafür sorgen, daß ein gewisser Ausgleich zu den Nichteigentümern geschieht. Zum anderen sollte der eigentumsrechtliche Gebrauch des Landes, und dies gilt vor allem für konsumtive Zwecke wie das Wohnen, so sparsam wie möglich geschehen. Die Nutzungsabgabe hätte hier die Wirkung einer Verbrauchssteuer. Besonders würde sich dies bei unbebauten Grundstücken zeigen. Für sie würde ebenfalls die Nutzungsabgabe erhoben. Da es keine Möglichkeit gibt, diese Kosten über einen späteren Verkaufspreis wiederum hereinzuholen, würde nur derjenige solche Grundstücke halten, der sie zu einem späteren Zeitpunkt selbst nutzen will.

Die Nutzungsabgabe würde eine Art *Nutzungsausgleich* herstellen, denn ihre Erträge fließen nicht wie bisher den privaten Verkäufern zu, sondern gesellschaftlich-sozialen Zwecken. Ihre Wirkung wäre ungefähr wie diejenige einer Verpachtung von Land oder die Baurechtsvergabe durch eine Gemeinde. Die Nutzungsabgabe ist auch keine Abgeltung von Kosten (bis auf die Übergangszeit der Entschädigungsleistung). Sie kann frei festgesetzt werden nach gesellschaftlichen Bedürfnissen, z.B.

- bevorzugte Lagen – hohe Abgabe; schlechte Lage – niedrige Abgabe;
- hohe Flächenbeanspruchung – hohe Abgabe; sparsamer Flächenverbrauch – geringe Abgabe;
- Einfamilienhaus – hohe Abgabe; Mietwohnungsbau – geringe Abgabe;
- hohe ökologische Belastung – hohe Abgabe; ökologische Anstrengungen – geringe Abgabe;
- Verschlechterungen der Nutzungsqualität z.B. durch Straßenbau, Fluglärm usw. können durch Abgabesenkungen schnellstens berücksichtigt werden. So ließen sich auch öffentliche Anliegen wieder leichter realisieren. Umgekehrt können bei Qualitätsverbesserungen durch z.B. bessere Infrastrukturen usw. auch Abgabeerhöhungen ausgesprochen werden.
- Gemeinnützige Einrichtungen bräuchten keine oder nur eine ermäßigte Nutzungsabgabe zu entrichten;
- *öffentlich benötigte Flächen wären entschädigungs- und abgabefrei;*
- die Landwirtschaft könnte ebenfalls abgabefrei arbeiten, da ihre Arbeit zur Kulturlanderhaltung sowieso benötigt wird.

Damit ist wenigstens angedeutet, welche Flexibilität eine Nutzungsabgabe zuläßt, um die Bodennutzung im Sinne des allgemeinen Verständnisses zu gestalten. In besonderen Situationen wäre es sogar möglich, *die Höhe der Nutzungsabgabe im Sinne einer öffentlichen Ausschreibung meistbietend zu bestimmen.* In diesem Falle könnte sich natürlich ebenfalls eine hohe finanzielle Bodenbelastung ergeben, immerhin aber würden die Erträge der Gesellschaft zufließen und nicht im Privaten verschwinden.

Die Nutzungsabgabe wäre sinnvollerweise zweckgebunden. Zum einen könnten damit gesellschaftliche Bodennutzungen finanziert werden. Dem Gedanken des Nutzungsausgleiches aber würde besser entsprechen die Bindung an soziale Verwendungen in Richtung derjenigen Bevölkerungsgruppen, die sich nicht aus Eigentätigkeit erhalten können, z.B. Sozialhilfen an einkommensschwache Personen, Altersfürsorge, Jugendpflege usw. Ein einfaches Einstellen in die öffentlichen Haushalte als Einkunftsquelle wäre abzulehnen. – Ein weiterer Vorteil der Nutzungsabgaberegelung wäre der Wegfall sämtlicher Bodensteuern, die einen immensen Verwaltungsaufwand erfordern, und ihr Ersatz durch eine einzige Rechnung. (Davon nicht betroffen sind die Fragen, die mit den Liegenschaften verbunden sind. Eine Steuerausfallrechnung darf also nur die unmittelbar mit dem Boden verbundenen Steuern berücksichtigen. Auch Abgaben für öffentliche Leistungen, z.B. für Eigentumsübertragungen, können, wenn auch in veränderter Form, erhalten bleiben).

Übertragung von Eigentum

Bisher wurde der Boden durch den bisherigen Eigentümer auf dem Bodenmarkt verkauft. Wenn nun kein Kaufpreis mehr für den Übertragungsvorgang des Grundstückes erhoben wird und damit kein Markt mehr besteht, wer bestimmt dann den nächsten Nutzer? Wird nicht jeder Übertragungsakt jetzt zu einem bürokratischen Verwaltungsakt der Einrichtung, an die der Boden zu Händen der Gesellschaft übertragen wurde?

Als Träger der Eigentumsrechte bieten sich zwei Möglichkeiten an. Zum einen könnten die Gemeinden und Städte selbst Träger werden. Dafür spricht zunächst, daß diese ja auch Träger der Raum- und Bebauungsplanung sind. Beide Aspekte der Bodenfrage lägen also in einer Hand und würden sich ideal ergänzen. – Gerade dieser Gesichtspunkt aber spricht auch gegen eine solche Regelung. Denn die Integration in die allgemeinen Kompetenzen könnte auch als Verstärkung der Interessenverfilzung angesehen werden. Gerade einige größere Städte haben dazu schon negative Beispiele geliefert.

Besser wäre es, die Bodenverwaltung in eine öffentlich-rechtliche Körperschaft einzubringen, deren Bürger-Vertreter sogar in gesonderten Wahlen legitimiert werden könnten. Damit könnte der parteilich-orientierten Gemeindeverwaltung eine Institution der Bürger-Selbstverwaltung gegenübergestellt werden. Da diese ja aus demselben geographischen Raum stammt, würden auftretende Widersprüche nur die tatsächliche Situation einer Region zum Ausdruck bringen und damit zu einem Mehr statt einem Weniger an Demokratie führen. – Es wäre auch denkbar, daß solche Institutionen sich auch zu größeren regionalen Formen der Zusammenarbeit finden.

Es wurde bereits darauf hingewiesen, daß diese gesellschaftlichen Eigentumsrechte solange praktisch still liegen, als nicht Handlungsbedarf entsteht. Da der Verkauf von Liegenschaften nach wie vor möglich ist und die Grundstücksrechte dabei automatisch mitwandern, ist *in allen diesen Fällen keinerlei Eingriff der Trägergesellschaft notwendig und auch möglich*. Das aber betrifft den allergrößten Teil der Transaktionen. Hier besteht nur eine Informationspflicht. Sinnvollerweise erhält die Trägergesellschaft jedoch ein Vorkaufsrecht, vor allem im Hinblick auf raumplanerische Vorhaben. – Das Zuteilungsproblem stellt sich eigentlich nur im Hinblick auf noch nicht genutztes Land. Dort aber ist es nicht anders, als heute schon praktiziert wird. Überall, wo Gemeinden Land verkaufen oder verpachten, muß auch heute schon entschieden werden, wer Eigentümer bzw. Besitzer werden soll. Diese Zuteilungsfrage wird sogar noch viel einfacher, da sie sich nur noch auf ein Nutzungseigentum bezieht und keine Vermögenswerte mehr betrifft. Gerade beim Verkauf durch Gemeinden entsteht ja heute die Schwierigkeit, daß die Vergabe dem neuen Eigentümer ein zukünftiges Vermögen zu Lasten der öffentlichen Hand zuspielt, was sozialpolitisch mehr als bedenklich ist und bereits viele Skandale ausgelöst hat. – Wer aber der Auffassung ist, daß nur Marktbedingungen die richtige Zuteilung bewirken, indem der Meistbietende den Zuschlag erhält, könnte für eine Regelung eintreten, bei der die Zuteilung in Form einer öffentlichen Ausschreibung oder einer Versteigerung stattfindet, durch die die Höhe der Nutzungsabgabe festgestellt wird. Da in diesem Falle kein Bieter damit rechnen kann, über einen späteren Verkauf etwas von dem Aufwand wieder hereinzuholen, würde der reine Ertragswert oder Nutzungswert die Höhe der Nutzungsabgabe bestimmen und damit auch vernünftig begrenzen. Dies würde sogar durchsichtige und frei zugängliche Verhältnisse schaffen, wie sie heute auf dem Bodenmarkt nicht anzutreffen sind. Überhaupt ist ja festzustellen, daß der bisherige Bodenmarkt den meisten Menschen völlig undurchschaubar ist und von Interessenverfilzungen durchsetzt ist. – Im übrigen würden auch alle institutionellen Nachfrager nach Grundstücken wie Versicherungen, Pensionskassen usw. herausfallen, die nur der Wertsteigerungen der Grundstücke wegen diese kaufen. Das Ersuchen um Nutzungseigentum, um Wohn- oder Gewerberaum zu schaffen, wäre davon jedoch nicht berührt.

Ein wichtiger Einwand zielt in die Richtung eines grauen oder schwarzen Marktes. Würde nicht der nicht mehr vorhandene Bodenpreis praktisch auf den Preis der Immobilie aufgeschlagen werden, so daß die ganze Maßnahme letztlich ins Leere stoßen würde? Dazu muß man bedenken, daß dies vor allem dann gälte, wenn in vergleichbarer Lage noch Bodenpreise existierten. *Wenn aber nirgendwo der Boden einen Preis hat, dann kann sich eine solche Rente auch nicht bilden.* – Allerdings könnte man z.B. auf eine Citylage blicken und darauf verweisen, daß eine gute Publikumslage den Preis einer Immobilie über alle Herstellkosten hinaus nach oben treibt und daß dabei auch der preislose Boden zu keiner Entlastung führt. Da der Lagewert eine Wirkung der Gemeindeverhältnisse ist, so ist es durchaus richtig und sinnvoll, daß hier eine wesentlich höhere Nutzungsabgabe erhoben werden kann als an anderer Stelle. Es könnte die Höhe der Nutzungsabgabe aber auch durchaus an die Höhe des die Herstellungskosten des Gebäudes übersteigenden Verkaufs- oder Mietwertes gebunden werden. Eine hohe Nutzungsabgabe bremst den Preisspielraum beim Gebäudeverkauf. Denn beim Verkauf der Immobilie gilt für den Käufer noch immer die Ertragsrechnung:

Wieviel kann ich an Kosten verkraften? Auch hier wirkt der Wegfall eines späteren Bodenspekulationswertes preisdämpfend. – In allen diesen Fällen würde doch immerhin der gravierende Unterschied zum heutigen Zustand darin bestehen, daß der Aufwand für das Grundstück nicht einem privaten Eigentümer oder Verkäufer, sondern als Nutzungsabgabe der Gemeinschaft zufließt. – Die Informationspflicht über den Verkaufspreis an die Trägergesellschaft, der öffentliche Ausweis der Nutzungsabgabe und das Vorkaufsrecht des Trägers sind weitere Maßnahmen, möglichen Schwarz-Zahlungen entgegenzuwirken. Auch eine rechtliche Regelung, daß bei Bekanntwerden verdeckter Zahlungen oder Forderungen nur diese hinfällig werden, der Vertrag aber bestehen bleibt und nur der Verkäufer entsprechend geahndet wird, würde schlagartig die letzten Lücken verstopfen. Denn die Veröffentlichung von solchen Vereinbarungen nach der Eigentumsumschreibung würde jedes verdeckte Geschäft für den abgebenden Eigentümer zu einem enormen, schwer kalkulierbaren Risiko machen, da er die Übertragung nicht mehr rückgängig machen könnte, das Schwarzgeld nicht mehr erhält und dazu noch büßen muß.

Es sind natürlich immer Fallkonstruktionen denkbar, wo die beabsichtigten Regeln unterlaufen werden können, auch wenn durch die Phantasie der Verantwortlichen vielem davon gegengesteuert werden kann. Einen gewissen Rest an Mißbrauch muß eine Gemeinschaft ertragen können, wenn sie das freiheitliche Verhalten von Menschen ermöglichen will. Gegenüber dem gegenwärtigen Zustand, der durch den Bodenpreis eine Dauerschädigung der Gemeinschaft bewirkt, verlieren diese Restrisiken an Bedeutung. Dennoch werden sie immer wieder argumentativ benutzt, um zu beweisen, daß sich der ganze Umgestaltungsaufwand nicht lohnt, weil es ja auch keine «perfekte» Lösung sei. *Hier aber geht es nicht um ein «perfektes» Bodenrecht, sondern um ein sachgemäß-soziales.*

Zur Entschädigungsregelung

An dieser Frage sind letzten Endes alle Bodenreformmodelle gescheitert. Denn aus unserer Rechtsordnung heraus ist es notwendig, die bisherigen Eigentümer angemessen zu entschädigen. Die dabei in Frage kommenden Rechnungen zeigen gewaltige Summen. In der Studie «Für ein soziales Bodenrecht» wird z.B. für die Entschädigung allein des bebauten Bodens bei 2,4 Mio. ha und einer durchschnittlichen Entschädigung von 50 DM pro qm eine Gesamtsumme von 1.200 Mrd. DM errechnet. Zwischenzeitlich dürfte die bebaute Fläche erheblich größer sein, und auch der Preis von 50 DM pro qm reicht bei weitem nicht. «Diese groben Schätzungen machen deutlich, daß solche Summen – auch bei einer guten Entwicklung der finanziellen Situation – von der öffentlichen Hand nicht aufgebracht werden können.» Bedeutet dies das Ende der Möglichkeit jeder wirklich durchgreifenden Reform? Denn eine entschädigungslose Enteignung wäre weder rechtlich noch politisch durchsetzbar noch wünschbar.

Zunächst muß klar sein, was denn entschädigt werden soll. Dies kann nur der Betrag sein, den der jetzige Eigentümer selbst aufwenden mußte, um den Boden zu erwerben. Bei einer solchen Regelung würden alle Bodennutzer so gestellt, als wären sie von Anfang an Nutzungseigentümer gewesen. Nicht entschädigt werden müßte dagegen die häufig angeführte Verzinsung des investierten Kapitals. Es wurde bereits darauf hingewiesen, daß der Gegenwert der Verzinsung in der Nutzung selbst bereits genossen wurde. Dies im Gegensatz zum Sparer, der seine Zinsen ja gerade wegen des Nutzungsausfalls bekommt. – Nicht entschädigungspflichtig wäre auch der Verkehrswert, also der Wert, der gegenwärtig marktüblich ist, wenn das Grundstück verkauft würde. Es handelt sich ja um einen hypothetischen Wert, zu dessen Entstehung der Grundstücksinhaber nichts beigetragen hat, sondern der allein aus dem sozialen Umfeld entsteht. Weil damit kein Leistungsertrag vernichtet wird, besteht auch keine Entschädigungspflicht seitens der Gemeinschaft. Im Gegenteil wurde ja deutlich gemacht, daß das Beanspruchen des Verkehrswertes die Gemeinschaft dauerhaft schädigt. Gegen den Verkehrswert spricht aber auch die Tatsache, daß er für alle zusammen gar nicht einlösbar wäre, sondern nur für den Einzelfall gilt. (Verglichen mit der Börse würde die Verkehrswertgarantie der Garantie des Tageskurses entsprechen. Dies aber ist völlig unrealistisch, denn der Tageskurs wird nur durch einen Bruchteil der Aktien gebildet. Börsencrashs entstehen ja gerade dann, wenn eine Massenbewegung einsetzt, bei der alle diesen Kurs für sich in Anspruch nehmen wollen.) Und nicht zuletzt spricht gegen den Verkehrswert die Tatsache, daß er im Zeitpunkt des Kaufes ein rein spekulativer Erwartungswert ist. Spekulative Werte aber haben keine Garantie auf ihre Realisierung. Wer mit steigendem Bodenpreis spekuliert, der muß nicht nur mit wirtschaftlichen, sondern auch mit rechtlich-politischen Veränderungen rechnen. Jede Rechtsempfindung würde geradezu auf den Kopf gestellt, wenn man von der Gemeinschaft das Spekulationsziel verbrieft erhielte, dessen Wirksamkeit auch noch zu ihren Lasten geht. – Der einzige rechtlich stichhaltige Einwand wäre derjenige der Ungleichbehandlung. Dies ist ja heute das Problem der Entschädigungsleistung. Weil sie eben nicht alle trifft, deshalb greift die Einzelfallbetrachtung, und deshalb muß der Verkehrswert herangezogen werden. *Eine generelle Umstellung vom Vermögenseigentum zum Nutzungseigentum würde durch die dadurch entstehende generelle Entschädigungspflicht den Verkehrswert als individuellen Maßstab außer Kraft setzen.*

Die Anschaffungswerte liegen im Durchschnitt weit unter den heutigen extrem hohen Verkehrswerten. Dies hängt vor allem davon ab, wie man mit Altbesitz oder ererbtem Eigentum verfährt. An sich gilt auch hier, daß ja der Gegenwert in der Nutzung selbst lag. Dennoch könnte man sich auf einen Mindestentschädigungswert einigen, der allerdings nicht höher als 20 % des Verkehrswertes liegen sollte.

In einem ersten Akt müßte jeder bisherige Eigentümer seine Anschaffungskosten nachweisen. Dazu gehören selbstverständlich auch wertverbessernde Investitionen, nicht allerdings werterhaltende. Dieser Entschädigungsanspruch wird geprüft und durch die Trägergesellschaft bestätigt. – Woher aber soll diese das Geld nehmen? Für den weiteren Gang der Untersuchung unterstellen wir zunächst, daß das Geld vorhanden ist. Die dem bisherigen Eigentümer zufließende Entschädigungsleistung wird allerdings zweckgebunden derart, daß sie vorrangig zur Tilgung noch bestehender Hypotheken auf die gesamte Liegenschaft verwendet werden muß. Eine Splittung in dem Sinne, daß das Grundstück zum belastungsfreien Eigenkapital und die Hypotheken nur dem Haus zugerechnet werden, ist dabei nicht zulässig. Dem Eigentümer entsteht dabei so wenig ein Schaden wie der Bank. Denn wenn der Bodenpreis entfällt und dafür in gleicher Höhe Hypothekarschuld getilgt wird, dann verbessert sich der Deckungsgrad des Kredites. – Das an die Banken zurückfließende Geld würde nun als Gesamtkredit den Trägergesellschaften zur Verfügung gestellt und garantiert die vorher unterstellte Zahlungsfähigkeit. Damit schließt sich der Kreislauf. Dies ist auch geldtechnisch notwendig, da ein Geldliquiditätsstoß von vielen hunderten Mrd. DM die Währungsverhältnisse gewaltig erschüttern würde. So fließen dem freien Geldmarkt nur Beträge in Höhe der jährlichen Tilgungen zu.

Die Kredite der Trägergesellschaften müssen selbstverständlich verzinst werden. Die gesetzliche Regelung des Nutzungseigentums und der Nutzungsabgabe stellen dabei für die Banken die volle Sicherheit des Kredites dar. – Die Zinszahlungen werden aus der Nutzungsabgabe finanziert, die jeder Nutzungseigentümer zu zahlen hat. Dabei könnte für dieses Reformvorhaben unter Mithilfe des Staates und der Bundesbank ein Sonderzins vereinbart werden, der wesentlich unter den gegenwärtigen Maximalzinsen liegt. Zumindest ließe sich ein Prozent für die Tilgung abzweigen. (Bei der Art des Vorhabens wird man davon ausgehen müssen, daß zumindest die staatlichen Instanzen sowie die Notenbank die volle Unterstützung gewähren, geht es doch um einen wesentlichen Beitrag zur Gesundung der Gesellschaft.) In diesem Falle würde sich im Durchschnitt keine Belastungsveränderung ergeben, d.h. daß die Verzinsung und Tilgung der Entschädigungsleistung die bisherigen Eigentümer nicht höher belasten, als es die Anschaffung bereits getan hat. Aber selbst wenn ein Sonderzins nicht zustande käme und die Tilgung zusätzlich als

Prozentpunkt erhoben würde, entspräche dies einer einmaligen Bodenpreisverteuerung zwischen 10 % (bei 10 % Hypothekar-Zins) und 16 % (bei 6 % Hypothekar-Zins) während der Gesamtlaufzeit des Kredites. Praktisch jedoch bedeutet dies einen Stop der Bodenpreise.

Für die Abwicklung des Vorhabens spielt die Tilgungszeit an sich keine Rolle, außer daß die Zinsen über längere Zeit aufgebracht werden müssen. Als sinnvoller Zeitraum könnte sich derjenige einer Generation ergeben. Damit würde das neue Bodenrecht ein regelrechtes *Generationen-Werk*, ein *Generationen-Vertrag*. Da die Nutzungsabgabe eine Dauerabgabe ist, so wirkt sie wie eine gleichbleibende Annuität. Legt man einen Vertragszins zwischen Trägergesellschaften und Banken von 5 % zugrunde, so würde eine 1,5 %ige Tilgungsrate für eine Rückzahlung der Gesamtentschädigung innerhalb von 30 Jahren ausreichen. Unterstellt man einen Zinssatz von 8 %, so würden bereits 0,9 % Tilgungsrate dasselbe Ergebnis hervorbringen. – Während dieser Zeit wird die Nutzungsabgabe nicht wirklich sozial frei, sondern bleibt noch in den Nachwirkungen des bisherigen Bodenrechtes gefangen. Erst nach der Tilgung fließen alle Erträge aus der Nutzungsabgabe in gemeinnützige Aufgaben.

Eine offene Frage ist dabei der Wegfall der Einkünfte, die die öffentlichen Institutionen bisher aus den Bodenrechtsverhältnissen bezogen haben (Gewinn-, Erbschafts-, Vermögens- und Einkommensteuern, auch div. Abgaben). Diese Zahlen liegen wegen der Komplexität der Erfassung noch nicht vor. In aller Kürze lassen sich jedoch folgende Überlegungen anstellen:

1. Zweifellos werden die oben angeführten Einnahmen wegfallen.
2. Wahrscheinlich ergeben sich auch Abgabenausfälle, da nicht mehr die Werte im Mittelpunkt stehen.
3. Dafür entfallen aber auch die Entschädigungsleistungen für öffentliche Nutzungen. Immerhin sind über 55 % der bebauten Fläche für Verkehrswege, Eisenbahnen, Parks und Friedhöfe, Flugplätze u.a. in Gebrauch.
4. Ein großer Teil der Einnahmen wird durch die Verwaltung und Besteuerung des Bodeneigentums ausgegeben. Diese Funktionen

würden sich erheblich vereinfachen. Die Vorteile in bezug auf Raum- und Bebauungsplanung von Städten und Gemeinden lassen sich dagegen schwer beziffern.

Der Kompensationsbedarf der öffentlichen Hand läßt sich auf verschiedene Weise decken. Zum einen könnte die Nutzungsabgabe höher angesetzt werden als zur Verzinsung und Tilgung der Entschädigungsleistung notwendig. Ein günstiger Zinsabschluß mit den Banken würde diesen Spielraum am ehesten schaffen. Zum anderen könnte auch die Tilgung gestreckt werden. Würde z.B. bei einer angenommenen Verzinsung von 5 % die Tilgungszeit von 30 auf 37 Jahre gestreckt, dann stünde bereits ½ % für diesen Zweck zur Verfügung. Eine dritte Möglichkeit zeigt sich durch die Inflationsentwicklung. Eine auch nur 50 %ige Angleichung der jährlichen Nutzungsabgabe an die jeweiligen Inflationsentwicklungen würde, da ja die Kreditbeträge nominal erhalten bleiben, einen zunehmend großen Anteil dieser Abgabe für einen Einnahmeausgleich verfügbar machen.

Die notwendige Höhe der Nutzungsabgabe muß sich in der Entschädigungsphase im Minimum an der Belastung durch Zins und Tilgung orientieren. Insofern korrespondiert sie mit dem *durchschnittlichen* Anschaffungswert der Grundstücke. Bei den früher erwähnten 50 DM pro qm ergäbe dies bei 5 % Zins und 1,5 % Tilgung eine Belastung von 6,5 % oder 3,25 DM pro qm, unterstellt man den vierfachen Preis von 200 DM/qm, entsprechend 13,– DM/qm.

Ein für zusätzliche Tilgung, Einnahmeausfallregelung oder auch zusätzliche Aufgaben zur Verfügung stehender Betrag könnte sich aus folgender Überlegung ergeben. Der entschädigungspflichtige Anschaffungsbetrag ist ja die Berechnungsgrundlage, zu der sich der Eigentümer wirtschaftlich bekannt hat. Wer also zum letzten Verkehrswert gekauft hat, würde zwar diese Summe als Entschädigungswert erhalten, müßte aber auch eine Nutzungsabgabe in % dieses Wertes zahlen. Anders ist es mit demjenigen, der vielleicht vor Jahrzehnten ein Grundstück billig erworben hat. Würde sich dort die Nutzungsabgabe am Entschädigungsbetrag orientieren, so würde sich die Vergünstigung noch immer fortsetzen. – Da die Nutzungsabgabe eigentlich ganz anders begründet wurde und nur durch die Entschädigungsnotwendigkeit mit bisherigen Kaufpreisen verknüpft wurde, so ist einsehbar, daß sie nach unten nicht der Anschaffungspreisregelung folgen kann. Wird nun die Nutzungsabgabe nach gegenwärtigen Einkommens- und Nutzungsverhältnissen festgelegt, dann ist ein Teil der von den Eigentümern, die unter diesem kapitalisierten Wert entschädigt wurden, geleisteten Abgabe in Höhe der Differenz noch frei verfügbar.

Überblickt man diesen geldtechnischen Zusammenhang, dann ergibt sich, daß das o.a. Urteil über die Nichtfinanzierbarkeit so nicht richtig ist. Es ist eben gar nicht nötig, einen solchen Riesenbetrag von z.B. 1.200 Mrd. DM auf einmal aufzubringen. Vielmehr handelt es sich im wesentlichen um eine *Ringbuchung, die lediglich eine Umkehr der Verteilungsprozesse einleitet.* Zwar überwiegt im Beginn der an die Banken abzuführende Zinsanteil. Mit jedem Jahr aber wächst der Tilgungs–Anteil der Nutzungsabgabe, so daß sich die Fließrichtung langsam zugunsten der Gemeinschaft umkehrt. Die Rechnung hat eben erst dann einen Aussagewert, wenn man neben den Entschädigungsaufwand auch die Einnahme der Nutzungsabgabe stellt.

Die hier genannten Zahlen sind alle nur beispielhaft, wenn auch nicht völlig aus der Luft gegriffen. Die wirklichen Werte sind dann festzulegen, wenn die Diskussion ein fortgeschritteneres Stadium erreicht hat. Wichtig ist nur die Einsicht, daß ein solcher Schritt machbar ist, sobald man den Verkehrswert durch den Anschaffungswert ersetzt. (Eine Verkehrswertregelung würde praktisch einen katastrophalen Geldschöpfungsprozeß in Höhe der spekulativen Differenz in Gang setzen.) Die Anschaffungswerte aber sind auch heute schon in der Volkswirtschaft verbucht.

Auswirkungen auf Betroffene

Da jeder Bürger auf irgendeine Weise von der Bodenfrage betroffen ist, stehen die möglichen Auswirkungen auf die eigene Situation meist im Mittelpunkt des Interesses. Von der Vielzahl der Interessen sollen einige wenige, aber charakteristische und häufige herausgegriffen werden.

Gemeinden und Städte: Für die Kommunen sind die Auswirkungen am vorteilhaftesten. Zum einen werden Nutzungszonen- und Bebauungsplanungen einfacher, da der Landanteil frei von Entschädigungsansprüchen ist. – Unbebautes Land wird frei, da die Nutzungsabgabe mangels späterer Kaufpreisentschädigung nur noch von denen aufgebracht wird, die ein kurzfristiges Nutzungsinteresse haben. Im Zweifelsfalle wird es an die Trägergesellschaft ab- bzw. zurückgegeben. – Bei Landvergaben seitens der Gemeinden entfällt der Verdacht auf Begünstigung, da der Boden vermögenslos geworden ist. – Mit dem freien Teil der Nutzungsabgabe werden soziale Aufwendungen finanziert, die bisher von den Kommunen finanziert wurden. Dies führt zu einer erheblichen langfristigen Entlastung der bisherigen Haushalte. (Als Größenordnung sei noch einmal auf die bereits mehrfach erwähnten Zahlen eingegangen. Bei einer unterstellten Entschädigungsleistung von 1.200 Mrd. DM ergäbe dies bei einer anfänglichen Orientierung der Nutzungsabgabe an dieser Zahl eine jährliche Summe von 78 Mrd. DM bei 6,5 %.) Wie hoch der gesamte Einnahmeausfall gegenüber dem bisherigen Boden- und Steuerrecht ist, muß erst noch ermittelt werden. Die entsprechende Kompensation wurde bereits im vorigen Abschnitt besprochen. – Der eliminierte Bodenpreis würde auch unerwünschte Spekulationsnutzungen und soziale Asymmetrien (nur noch Banken und Versicherungen können sich Stadtkerne leisten!) verhindern helfen. – Es würde, wenn die Trägergesellschaften öffentlich-rechtliche Strukturen bekommen, auch ein großes Stück Bürgerselbstverwaltung zurückgewonnen sein.

An dieser Stelle soll noch einmal betont werden, daß die Übertragung der alten Eigentumsrechte an die Trägergesellschaften (oder Gemeinden und Städte) zunächst zu *stillen Rechten* führt. D.h. die Rolle des Eigentümers wird erst dann wahrgenommen, wenn die Kette der Übertragungen von einem Nutzungseigentümer der Liegenschaft auf den anderen unterbrochen wird. Die Trägergesellschaft bleibt also in der Regel im Hintergrund, d.h. daß der Nutzungs-

eigentümer nicht von permanenten bürokratischen Einflußnahmen bedroht werden kann. Entsprechend sind die Nutzungsverträge auch zu gestalten.
Eigenheim-Besitzer: Der bisherige Eigentümer wird *automatisch* auch der Nutzungseigentümer. Für die Wohnsituation ändert sich nichts. – Das *Eigentum am Haus* selbst bleibt, auch vermögensrechtlich, erhalten und kann ohne Auflage verkauft werden, wobei das Nutzungseigentum am Boden ebenfalls automatisch mit dem Käufer mitgeht. – Das Haus kann auch jederzeit vererbt werden. Nur wird der Boden selbst keinen vererbungsfähigen Wert mehr darstellen und damit auch manchen Erbschaftsstreit unnötig machen. Auch die Belastungen durch Auszahlungen von Erbschaftsanteilen entfällt. – Die Aufwendungen zum Erwerb des Grundstücks erhält derjenige, der sein Grundstück gekauft hat, auf Heller und Pfennig zurück. – Bei notwendigem Wohnungswechsel ist das Haus wesentlich leichter zu verkaufen, weil die Finanzierung des Grundstückanteils entfällt.
Mieter: Für den Mieter wird der gestoppte Bodenpreis zu einer wirklichen Entlastung führen, da der Bodenpreis entfällt und durch die Nutzungsabgabe ersetzt wird. Vor allem in den Städten mit ihren extrem hohen Bodenpreisen wird sich dies bemerkbar machen. Dadurch, daß die Nutzungsabgabe zunächst zur Entschädigung der bisherigen Verhältnisse herangezogen werden muß, wird es zunächst vielleicht weniger zu Reduktionen kommen als zu einem Stop der Bodenbelastung. Aber auch das teilweise Einfrieren von Mieten ist ja bereits ein erheblicher Fortschritt. – Die Nutzungsabgabe ist öffentlich und kann, wie bei den Nebenkosten, separat ausgewiesen werden, so daß sie auch als Kostenfaktor durchschaubar bleibt. – Der Erhöhung der Mieten wären bereits dadurch Grenzen gesetzt, daß Bauen ohne Landerwerbskosten leichter möglich wäre. Ohne Landerwerbskosten würden z.B. der Eigenheimbau oder der genossenschaftliche Wohnbau es viel leichter haben. Durch Veränderungen der Nutzungsabgabe könnten solche Entwicklungen auch begünstigt werden. – Die Entlastung des Kapitalmarktes durch den Wegfall der Bodenfinanzierung würde Kapital für die Liegenschaften selbst frei-

setzen und könnte damit einen erheblichen Beitrag zur Wohnungsbaufinanzierung leisten. Der Wohnungsbau könnte neue Impulse erhalten.

Gewerbe und Industrie: Zunächst gilt auch hier, daß die Bodenrechtsveränderung den alten Eigentümer zum Nutzungseigentümer macht. Auch der Erhalt der Investition ist unberührt, ebenso wie deren Verkäuflichkeit. – Insgesamt wird die Situation der Gewerbebetriebe besser, da sie für den Boden keine Investitionsmittel mehr aufbringen müssen. Diese Finanzierungsentlastung wird vor allem für junge Firmen spürbar, während ältere Unternehmen in Grundstücken nicht länger «stille Reserven» sehen können. – Da die Nutzungsabgabe gegenwartsbezogen ist, entfallen damit die heute üblichen Wettbewerbsverzerrungen. – Da die Nutzungsabgabe soziale Steuerungskomponenten enthalten kann, ist es z.B. möglich, bestimmte Entwicklungen wie schadstoffarme Produktion usw. zu begünstigen und zu fördern. – Auch Reserveland bleibt verfügbar, wenn auch mit Belastung durch eine Nutzungsabgabe. Damit werden Betriebe nur das Reserveland behalten, das wahrscheinlich wirklich benötigt wird. Ein Horten macht keinen Sinn, da dadurch kein Vermögenswert entsteht. – Da der Boden keine Vermögensanlage mehr darstellt, wird die gegenwärtige Begünstigung von Banken und Versicherungen, die den Landerwerb gleichzeitig als Vermögensanlage benutzen können und daher zu den preistreibenden Kräften gehören, hinfällig. Der gewerbeverdrängende Effekt in den Städten würde zumindest erheblich gebremst.

Bau- und Immobiliengewerbe: Grundsätzlich wird durch die Entlastung von steigenden Bodenpreisen die Bautätigkeit erleichtert und begünstigt. Steigende bzw. ausreichende Bauvolumen sind das Fundament dieses Wirtschaftszweiges. – Grundstücke sind nicht mehr handelbar und fallen damit für Immobilienfirmen als Handelsobjekte weg. Dagegen bleibt der Handel bzw. die Vermittlung von Liegenschaften bestehen. – Entfallen würde auch die Unsitte, Land aufzukaufen, um sich damit Bautätigkeit zu sichern. Der Wegfall dieser Bindung ist jedoch wünschenswert. – Selbstverständlich könnten auch ganze Überbauungen von Bau- oder Immobiliengesellschaften geplant und durchgeführt werden. Die Landzuteilung bei unbebautem Land durch die Trägergesellschaft muß jedoch am geplanten Objekt entschieden werden. – Dem gesamten Gewerbe entsteht durch die Entschädigungsleistung kein Vermögensschaden. Die spekulativen Erwartungswerte sind durch das Niederstwertprinzip sowieso nicht in den Büchern enthalten.

Kreditgewerbe, Versicherungen und Pensionskassen: Eine Kreditierung von Grund und Boden ist in Zukunft weder möglich noch nötig. Durch die Rückzahlung der bisherigen Bodenwerte werden langfristig enorme Kapitalien frei, die für investive Zwecke zur Verfügung stehen, z.B. für den Wohnungsbau. – Die ständige Gefahr steigender Hypothekarzinsen und damit der plötzlichen Überforderung vor allem der Eigenheimbesitzer entfällt für den erheblichen Bodenanteil ersatzlos. – Auch hier werden alle tatsächlich investierten Werte zurückgezahlt. Es entstehen also bei bisheriger Einhaltung des Niederstwertprinzips keine Bilanzlöcher! Nur erhoffte stille Reserven entfallen. – Da die Entschädigungsleistung vor allem in die Rückzahlung von Hypotheken fließt, erhöht sich der Eigenkapitalanteil und verbessert das Risiko der Bank für die Liegenschaft. Der Kredit an die Trägergesellschaften ist ja gesetzlich abgedeckt. – Alle Rechnungen, die auf zukünftig steigenden Bodenpreisen aufbauen, werden ebenso gegenstandslos wie die vermeintlichen stillen Reserven, insoweit man selbst Boden besitzt. – Eine tatsächliche Verschlechterung der Bankposition ergibt sich nur dort, wo Grundpfandrechte eingetragen wurden, die zur Absicherung von Krediten dienten, die mit dem Grunderwerb nichts zu tun haben. Für diesen Teil praktisch nun ungesicherter Kredite könnte für eine Übergangszeit ein Sicherheitsfond zwischen den Banken gebildet werden.

Öffentliche und gemeinnützige Einrichtungen: Da diese Einrichtungen sowieso schon der Allgemeinheit dienen, wäre eine Nutzungsabgabe nicht nötig.

Landwirtschaft: Gerade bei der Landwirtschaft, die eine besonders enge Verbindung des Bauern zum Land erfordert, soll noch einmal betont werden, daß die Nachfolgeregelung durch den Bauern selbst erfolgen kann und auch sollte. Nur der Verkauf und die Beleihung, sowie Dauerverpachtungen des Bodenanteiles entfallen. – Durch den Wegfall des Bodenpreises ist die Nachfolgeregelung viel einfacher, da die weitere Bewirtschaftung durch den erheblich verminderten Erwerbspreis gesichert wird. Der Erwerbspreis wird sich notgedrungen am Ertragswert des Hofes orientieren und damit eine vernünftige Größenordnung erreichen. (In der Schweiz hält man im bäuerlichen Umfeld den 2-3fachen Ertragswert für einen akzeptablen Preis. Darin enthalten sind ja in der Regel auch die Bauten, nicht jedoch das Inventar. Tatsächlich wird heute jedoch das 8-10 fache verlangt.) – Durch den verminderten Wert und die Nutzungsbindung wird auch die Nachfolgeregelung bei Vererbung leichter gemacht. Fragen wie Ausbildung der Kinder oder Versorgung des Altbauern müssen vor dem Hintergrund der gegenwärtigen Versicherungsregelungen geprüft werden. – Eine Nutzungsabgabe kann, muß aber für die bäuerlichen Betriebe nicht erhoben werden. Dies schon deshalb nicht, weil die Art der tariflich gesicherten Lohnerhöhung in unserer Gesellschaft das bäuerliche Einkommen ständig ins Hintertreffen geraten läßt. Es wäre aber auch möglich, mit einer Nutzungsabgabe einen Ertragsausgleich innerhalb der Landwirtschaft herbeizuführen (z.B. Berg- und Talbauern) oder aber den Verschuldungsgrad der Landwirtschaft durch eine Entschuldungaktion zu verringern. – Der Wegfall von Vermögensgewinnen macht Umzonungsfragen wesentlich leichter besprechbar. Auch Hofarrondierungen wären leichter, da heute fast niemand mehr dem anderen Land dauerhaft überläßt, weil er mit späteren Wertsteigerungen rechnet. Umzonungsgewinne allerdings wird es nicht mehr geben.

Gerade im bäuerlichen Bereich kannte man früher sehr gut das Allmend-Eigentum (in der Schweiz noch sehr verbreitet), das jedem einzelnen zwar eine Nutzung gewährt, nicht aber eine vermögensrechtliche Verfügungsmacht. Auch die Tatsache, daß ein großer Teil des bäuerlichen Landes in Pachtverhältnissen steht, zeigt ja, daß es auf das Nutzungseigentum und nicht auf das Vermögenseigentum im Verkaufsfall ankommt. Ja, die unbestimmte Aussicht auf einen Verkauf verhindert in diesem Falle geradezu die Bereinigung der Nutzungsverhältnisse.

Zusammenfassung

Die kaufpreislose Übertragung von Grund und Boden weckt in manchem Betroffenen das unbehagliche Gefühl, in seiner Rechtsfreiheit «Eigentum ist das unbeschränkte Recht an einer Sache, mit ihr beliebig zu verfahren…» eingeschränkt zu werden. Dagegen muß hier noch einmal nachdrücklich betont werden, daß diese vermeintliche Freiheit zur Unfreiheit des nächsten führt. Die Ausübung eines Rechtes aber kann seinen Sinn nicht darin finden, es für andere außer Kraft zu setzen.

Insgesamt lassen sich die Vorteile einer solchen Bodenrechtsveränderung wie folgt zusammenfassen:

1. Mit der Einführung der Unverkäuflichkeit, d.h. der Umwandlung des bisherigen Eigentums in ein Nutzungseigentum, wird der Bodenpreis schlagartig sofort eingefroren. Die untere Grenze bildet dabei die gesetzlich notwendige Entschädigungsleistung an die bisherigen Bodenkäufer.
2. Innerhalb einer Generation können die zur Entschädigungsleistung notwendigen Prozesse abgeschlossen sein. An der Sanierung der Verhältnisse sind alle beteiligt; eine Sanierung zu Lasten weniger findet nicht statt. Die Frage der Dauer der Sanierung spielt für die Wirksamkeit der Lösung in der Gegenwart keine wesentliche Rolle.
3. Die Investitionsmittel werden in den Nutzungszweck, z.B. den Wohnungsbau gelenkt und nicht bereits zum Bodenerwerb verbraucht.
4. Alle Nutzer werden von dem ständig steigenden Bodenkostenanteil zu einem erheblichen Teil entlastet. Dabei spielt der verzerrende Unterschied zwischen Alt- und Neubesitz keine Rolle mehr.
5. Die fehlenden Kaufpreise des Bodens beseitigen die bisherige Entschädigungsproblematik. Dadurch lassen sich Raumordnungs- und Zonenplanungen ganz anders umsetzen.
6. Kaufpreise für Bodennutzungsrechte stellen eine ständige Umverteilung vom Sozialen ins Private dar. Die neue Regelung eines Nutzungseigentums führt dazu, daß die Nutzungsabgabe sozialen Ver-

wendungszwecken zufließt und damit eine wichtige Mittelquelle für bestimmte Sozialaufgaben wird. Die Nutzungsabgabe ersetzt dabei einheitlich die Fülle der bisherigen Bodenbelastungen, ohne dabei die rein fiskalischen Gesichtspunkte mit zu übernehmen.
7. Die Geld-Kapitalmittel können sich nicht länger am Boden stauen. Damit ist ein aus kreislauftechnischen Gründen unerwünschter Stau von Geldmitteln auf diesem Felde nicht mehr möglich. «Realkredit» wird es nicht mehr geben.

In diesem Aufsatz wurden nur grundsätzliche Fragen und deren mögliche Lösungen erörtert. Zu vielen Punkten gibt es Alternativen oder Modifikationen. Sie hier auszuführen, würde nur den Blick auf die wesentlichen Lösungsschritte verstellen. Vor allem müßten zu einem späteren Zeitpunkt die Auswirkungen auf bestehende Gesetze und Verordnungen geprüft und entsprechende Änderungsvorschläge erarbeitet werden (z.B. BGB, Steuerrecht, Bankengesetze u.a.).

Das Soziale Hauptgesetz –
Der Altruismus als soziale Gestaltungskraft

> Das Heil einer Gesamtheit von zusammenarbeitenden
> Menschen ist um so größer, je weniger der einzelne die
> Erträgnisse seiner Leistungen für sich beansprucht, das heißt,
> je mehr er von diesen Erträgnissen an seine Mitarbeiter
> abgibt, und je mehr seine eigenen Bedürfnisse nicht aus
> seinen Leistungen, sondern aus den Leistungen der anderen
> befriedigt werden.
>
> *R. Steiner: Soziales Hauptgesetz*
> *Geisteswissenschaft und soziale Frage*

Scheinmärkte für Arbeit und Unternehmen

Mit dem Heraufkommen der arbeitsteiligen Wirtschaft sind zwei Fragen in den Mittelpunkt des Geschehens gerückt, die innerlich zusammenhängen und bis heute nicht zufriedenstellend beantwortet wurden: Welche Rolle spielt die menschliche Arbeit? und: Welche Rechtsgestalt sollen die Unternehmen als Ort der Zusammenarbeit haben? Seit dem Inkraftsetzen der Allgemeinen Menschenrechte lassen sich für ihre Beantwortung nicht mehr alte Gesellschafts- und Standesrechte heranziehen, deren Akzeptanz in Zeiten individueller Unmündigkeit noch eine Selbstverständlichkeit war. Die neue Rechtsstaatlichkeit fußt konsequent auf der rechtlichen Gleichheit und darf nicht dazu führen, neue Herrschaftsverhältnisse hervorzubringen oder zu begünstigen. Gerade dies aber ist bei der Arbeit geschehen.

Bis ins 19. Jahrhundert hinein reichen in Europa und Amerika die Leibeigenschafts- und Sklavenverhältnisse, interessanterweise gerade im Bereich der Landwirtschaft. Es war ein gewaltiger Fortschritt durch den Erfolg engagierter Freiheitskämpfer wie von Stein oder Lincoln, diese alten Strukturen ein für allemal aufgelöst zu haben.

Auf das moderne Arbeitsleben übertragen könnte dies ja nur heißen, daß von nun an Arbeitsverhältnisse ausschließlich durch den Vertrag Gleichberechtigter begründet und geordnet werden können. Wer theoretisch noch unverbildet ist, der würde wie selbstverständlich dazu kommen, daß Unternehmer und Arbeiter, Arbeitsleiter und Arbeitsleister, dabei rechtlich auf gleicher Stufe als Mitarbeiter stehen und daß der jeweilige Lohn ein Anteil am gemeinsam erarbeiteten Ergebnis ist.

Stattdessen trat eine andere Entwicklung ein. Das erst gegen Ende des Mittelalters heraufziehende Privateigentum an Grund und Boden wurde zum Ausgangspunkt für die Unternehmensgestaltung unserer Zeit. Es wurde versäumt, für die neuen Produktionsverhältnisse der arbeitsteiligen Wirtschaft neue Sozialformen des Eigentums zu entwickeln. Nicht die zusammenarbeitenden Menschen wurden Eigentümer der «juristischen Person» Unternehmen, sondern ausschließlich diejenigen, die das haftende Gründungskapital geben. Diesen gehören damit auch alle Erträge des Unternehmens. Der Eigentümer seinerseits entscheidet und vereinbart, nun aber nach den Regeln des neu erfundenen «Arbeitsmarktes», wieviel er davon an seine Mitarbeiter in Form des Lohnes abgibt. *Aus Mitarbeitern und Teilhabern wurden Arbeiter und Lohnempfänger.*

Durch die Tatsache, daß die verschiedenen Unternehmensformen eigentumsrechtlich ausschließlich unter Kapitalgesichtspunkten betrachtet werden, ist es auch möglich geworden, Unternehmen und damit «juristische Personen» wie eine Ware zu kaufen und zu verkaufen. Gerade in der Gegenwart hat die Käuflichkeit anstelle freier Kooperationen eine gewaltige Konzentrationswelle ausgelöst. Dabei werden alle Arbeitsverträge automatisch übernommen, so daß ein Unternehmen heute über Nacht mit Mann und Maus an neue Eigentümer verkauft werden kann. *Die freie Verkäuflichkeit der Unternehmen führt somit auch zur Verkäuflichkeit von Menschen.* Dies aber ist nur eine moderne Variante von Leibeigenschaft, die wir doch gerade für abgeschafft hielten. Der Grund ist einsichtig: Wiederum wurde aus Rechtsformen (Unternehmen) und Rechtsbeziehungen (Mitarbeiter) Ware gemacht, die man auf eigenen Märkten, dem

Markt für Eigentumsrechte an Unternehmen, z.B. an der Aktienbörse, und dem Arbeitsmarkt kaufen und verkaufen kann.

Diese zwischenzeitlich gesetzlich verankerten Regelungen haben ungeheures Unheil in die Welt gebracht. Zwischen Unternehmern und Mitarbeitern sind tiefe Gräben aufgerissen worden, die kaum eine Überbrückung zulassen. Bei den heute üblichen Tarifverträgen mit einer Laufzeit von 1 – 1,5 Jahren und den zu ihrem Abschluß notwendigen monatelangen Verhandlungsritualen von «Arbeitgebern» und «Gewerkschaften» wird das Arbeitsleben ein permanenter Arbeitskampf. Wie soll sich aber jemals soziales Wollen entwickeln, wenn die beteiligten Menschen ständig um ihre Arbeitsbedingungen und ihren Lohn kämpfen müssen?

Der Scheinmarkt für Unternehmen (Realkapital) wird im Rahmen des Aufsatzes über das Geld nochmals angesprochen, hier aber nicht weiter vertieft. Zum Thema des Scheinmarktes Arbeit dagegen folgt nun ein Beitrag, der keine systematische Abhandlung der Marktproblematik darstellt, sondern Wege zu einem neuen Verständnis der Arbeit zeigen will. Ausgangspunkt ist dabei das an den Anfang gestellte sogenannte «Soziale Hauptgesetz»: «Das Heil einer Gesamtheit von zusammenarbeitenden Menschen ist um so größer, je weniger der einzelne die Erträgnisse seiner Leistungen für sich beansprucht, das heißt, je mehr er von diesen Erträgnissen an seine Mitarbeiter abgibt, und je mehr seine eigenen Bedürfnisse nicht aus seinen Leistungen, sondern aus den Leistungen der anderen befriedigt werden» (Rudolf Steiner in: Geisteswissenschaft und soziale Frage).

«Ein moralisch hochstehendes, aber zu idealistisches und damit wirklichkeitsfernes Wunschbild» – so lautet nicht selten das Urteil von «Praktikern» über das Soziale Hauptgesetz. Im Gegensatz dazu möchte der folgende Beitrag gerade auf das Lebenspraktische dieses «Gesetzes» hinweisen, vorausgesetzt man will durch die gegenwärtigen Erscheinungen und die sich an der Oberfläche des sozialen Lebens zeigenden Verhaltensweisen hindurch unbefangen auf den geistigen Wesenskern des Menschen und seine Entwicklungsmöglichkeiten und -notwendigkeiten als eine Wirklichkeit im umfassenderen Sinne schauen. Lebenspraktisch heißt dann, dessen Keimeskräfte zu erforschen und auf ihre Wachstums- und Entfaltungsbedingungen hinzuarbeiten.

Individuelle Mündigkeit und gesellschaftliche Bevormundung

Die Verankerung der Allgemeinen Menschenrechte in den meisten Verfassungen unserer Erde kann mit Recht als große Errungenschaft der modernen Menschheit gelten. Und der Kampf um ihre noch längst nicht überall selbstverständliche Anwendung in der Lebenspraxis verlangt weitere Anstrengungen. In diesen Allgemeinen Menschenrechten kommt zum Ausdruck, daß der moderne Mensch reif wird, sich Richtung und Ziel seines Lebens selbst geben zu können. Das war in früheren Zeiten nicht so. Je weiter wir zurückgehen, um so mehr zeigt sich das Individuelle noch ganz eingehüllt in blutsmäßig verbundene Menschengruppierungen. Richtung und Ziel des einzelnen waren von der Religion bis zur wirtschaftlichen Betätigung durch die jeweilige Gemeinschaft geregelt. Diese wiederum war inspiriert durch höhere Mächte, die sich in durch besondere Schulung vorbereiteten oder in auserwählten Blutsbanden lebenden Menschen offenbarten. Die den einzelnen noch einhüllende Wirkung alter Kulturgemeinschaften führte zu der eindrucksvollen Geschlossenheit aller Lebensbereiche, die uns noch heute berühren kann. Frühere Menschen haben dies nicht als Einengung ihrer Persönlichkeit empfunden, so wenig wie ein Kind sein geregeltes Lebensumfeld als Unfreiheit empfindet, ja dieses von außen Geregeltsein für seine Entwicklung solange braucht, bis es «mündig» genug ist, sich diese Regeln selbst zu geben.

So wenig man nun zu einer richtigen Anschauung früherer Verhältnisse kommt, wenn man mit dem gegenwärtigen Mündigkeitsbewußtsein in die Vergangenheit zurückgeht, so wenig findet man eine zeitgemäße Gestaltung des sozialen Lebens, wenn man den Einheitsgedanken alter Gemeinschaften in die Zukunft tragen will. Das Mündigwerden aller Menschen bedeutet eine vollständige Umstülpung des Verhältnisses von Individualität und Gemeinschaft. Mit der Mündigkeitserklärung kommt das Streben nach freier Selbständigkeit zu einem gewissen Abschluß. Jetzt gilt es, die errungene Freiheit zum Quellpunkt des individuellen wie auch des gesellschaftlichen Lebens zu machen.

Zunächst vereinzelt, seit dem Ersten Weltkrieg aber mit epidemischer Rasanz wurden alle gesellschaftlichen Einrichtungen der demokratischen Legitimation mündiger Bürger überantwortet und damit diejenigen entmachtet, die sich bisher zur Führung der Menschen durch übermenschliche Beauftragung, «von Gottes Gnaden», berufen fühlten. Die neue Entscheidungsinstanz ist die demokratische Mehrheit. Diese führt in jedem Lebensbereich, den sie ergreift, zur künstlichen Vereinheitlichung: Die Gleichheit im Mündigsein wird zur Gleichheit von Meinungen und Absichten. Der vom mündigen Bürger und für den mündigen Bürger geschaffene Rechtsstaat entwickelt sich selbsttätig im Namen der Mehrheit zum Unterdrücker der Minderheiten, deren extremste, aber natürlichste Ausbildung der einzelne, die Individualität selber, ist. Dieser Widerspruch eines modernen Gesellschaftswesens auf demokratischer Grundlage läßt sich nur lösen, wenn sich das zur Vereinheitlichung neigende Gemeinwesen aus allen Lebensbereichen zurückzieht, in denen bewußte und verantwortungsvolle initiative Menschen selbst lebensfähige Einrichtungen schaffen können und wollen.

Was die einzelnen zu einer modernen Gemeinschaft verbindet, ist nicht mehr inhaltlicher Art, sondern zeigt sich in der Vielfalt der Entfaltungsmöglichkeiten individuellen Wirkens. Sucht man auch nach dem Mündigwerden aller Menschen noch eine inhaltliche Einheit des Gemeinwesens mit Hilfe demokratischer Institutionen durchzusetzen, so werden die alten Herrscherthrone aus der Zeit der Nichtmündigkeit restauriert und «von Volkes Gnaden» durch Herrscher in bürgerlichen Kleidern besetzt, denen die Tatsache der Mehrheit das stärkste und jede Handlung rechtfertigende Argument ist. Und je mehr diese, auf Mehrheitslegitimation gestützt, ihre eigenen Meinungen und Absichten zur Geltung bringen, um so mehr machen sie aus den Allgemeinen Menschenrechten ihre besonderen.

Der Einwand, daß eben viele Menschen ihre Freiheit noch gar nicht verantwortungsvoll zu nutzen verständen und deshalb gemeinschaftliche Regelungen ihnen als Stütze dienen müßten, darf in keinem Falle als Begründung zur Verhinderung von Einzelinitiativen dienen.

Nach der einen Seite hin muß also das demokratische Gemeinwesen, will es die Mündigkeit aller Bürger in soziale Wirklichkeit verwandeln, Freiraum für das sich selbst verwaltende Ausleben individuell-geistiger Lebensimpulse aus sich heraussetzen. Neben die Gleichheit tritt die Freiheit. Dies gilt zunächst auch für die andere Seite des Gemeinwesens, das Wirtschaftsleben, denn Fähigkeiten und Bedürfnisse sind beides Wesensäußerungen individueller Art. Zu welchen gewaltigen Produktivitätsentwicklungen die Freisetzung des individuellen Potentials im Rahmen der Arbeitsteilung geführt hat, beweist der Augenschein unseres Wohlstands.

Sowohl Freiheit für Fähigkeiten und Bedürfnisse als auch aus der Rechtsgleichheit fließende Regelungen z.B. der Arbeitsbedingungen reichen jedoch als Grundlage eines modernen Wirtschaftslebens nicht aus. Zum einen ist es die Arbeitsteilung selbst, die entsprechend der vollzogenen Teilungen Zusammenarbeit verlangt. Da als weitere Konsequenz der Arbeitsteilung meine Leistungen gar nicht mehr für meine Bedürfnisse bestimmt sind, meine Leistungen sich also erst über Verkauf und Kauf mit denen anderer tauschen müssen, entsteht zusätzlich die Frage nach einem *gerechten* Preis und damit nach der sozial gerechten Verteilung der Früchte der Zusammenarbeit. Der demokratische Staat gerät auf diesem Feld ebenfalls in einen Widerspruch. Läßt er dem Freiheitsimpuls des einzelnen in Form unbeschränkt sich auslebender Egoität freien Lauf, dann besteht die Tendenz, daß dieser selbstverständlich für seine Bedürfnisse möglichst viel für das in Anspruch nimmt, was seine Fähigkeiten geschaffen haben. Da er diese Früchte seiner Arbeit von anderen einfordern muß, schlägt die Freiheit des einzelnen vom Standpunkt des Sozialen aus in Anspruchs-Egoismus um und zerstört die Grundlagen der Zusammenarbeit. Will aber der Staat aus Gleichheitsgründen das Wohl aller von vornherein vor Schäden bewahren, so müßten demokratisch die individuellen Rechte erheblich beschnitten und damit auf wirtschaftlichem Gebiet ein Entmündigungsprozeß betrieben werden. Die Diskussion nun, ob das Wirtschaftsleben das alleinige Wirkensfeld individueller Egoität sein darf oder von der Gesellschaft her kollektiv geregelt werden muß, beherrscht die Wirtschaftswissenschaft seit ihrem Bestehen.

Beide Fragen, diejenige nach der Form der Zusammenarbeit und diejenige der gerechten Verteilung der Leistungen, gehören innerlich so zusammen, wie Fähigkeiten und Bedürfnisse zwei Seiten eines Wesens sind. Der angedeutete Konflikt läßt sich nur lösen, wenn im Wirtschaftsleben ein Individualverhalten bis in die Gestaltung der sozialen Einrichtungen Platz greift, das sich am Wohl der Gesamtheit der Menschen und damit auch am Zustandekommen sozialer Gerechtigkeit orientiert. Man kann ein solches Verhalten Brüderlichkeit nennen. Brüderlichkeit ist die Ergänzung der rechtlichen Gleichheit auf dem Feld des Wirtschaftslebens. Sie ist wie die Freiheit ebenfalls eine Konsequenz des Mündigkeitsverhaltens, und ihre praktische Ausgestaltung ist notwendig, wenn sich die Würde des Menschen auch in der sozialen Wirklichkeit behaupten soll. Das Soziale Hauptgesetz beschreibt brüderliches Verhalten und seine Konsequenzen für die so miteinander verbundenen Menschen. Dem steht das Dogma vom Egoismus entgegen.

Der Egoismus – eine Naturkonstante?

Das Wirtschaftsleben ist das Ergebnis bewußter und gewollter menschlicher Arbeit und damit von allem Anfang an ein Stück menschlicher Kultur. Zwar werden die Stoffe und Kräfte der Natur zur Produktion von Gütern und Leistungen benutzt, Antriebe und Motive menschlicher Arbeit und des wirtschaftlich-sozialen Verhaltens dagegen entstammen dem menschlichen Seelenleben. Damit ragt die Wirtschaftswissenschaft einerseits in den Bereich der Naturwissenschaft und andererseits in denjenigen der Wissenschaften vom Menschen. Um eine möglichst exakte Wissenschaft zu werden, hat sie schon früh nach berechenbaren Zusammenhängen im menschlichen Beziehungsgefüge, d.h. nach «Naturgesetzen» des sozialen Lebens, gesucht.

Wonach richtet sich der Mensch im Wirtschaftsleben? In einer Zeit der zur Eigenständigkeit erwachenden, gleichzeitig jedoch auch von alten geistigen Impulsen abgeschnittenen und sich fortlaufend weiter abschneidenden Individualität lautete die Antwort: «nach sich selbst.» Vom Hintergrund des naturwissenschaftlich-materialistischen Menschenbildes aus interpretiert, bezeugt sich darin der Selbsterhaltungs- und Selbstbehauptungstrieb des Menschen, der ihn im Daseinskampf überleben läßt: Dieser Überlebenstrieb ist der stärkste aller Triebe, der eigene Vorteil das ihm entsprechende und damit auch stärkste Motiv.

Mit der Ansicht vom «Homo oeconomicus», dem Menschen, der innerlich zwanghaft jeden Vorteil sucht und für sich wahrnimmt, glaubt man, einen unumstößlichen Fixpunkt innerhalb der menschlichen Wesenheit gefunden zu haben, der als naturhafte Konstante den Seelen aller Menschen gemeinsam ist und sich damit der statistischen Berechenbarkeit so erschließt, wie das Naturphänomene auch tun. «Daß die statistischen Gesetze der Wirtschaft letzten Endes auf menschlichen Anlagen und Handlungen beruhen, ändert nichts an diesem ihrem Charakter (eines Naturgesetzes, d. Verf.). Ihre Geltung bleibt unerschüttert, solange die für das Wirtschaftsgeschehen maßgebende Haltung des Menschen sich nicht ändert. Diese Haltung ist der Selbsterhaltungstrieb (Egoismus), d. h. der wirtschaftliche Existenzkampf und das Streben nach wirtschaftlichem Vorteil mit allen erlaubten Mitteln, der unnachgiebige Wille, eine Sache, von der man selbst nicht den geringsten Nutzen hat (durch die Arbeitsteilung, d. Verf.), die aber der andere aus irgendwelchen Gründen heftig begehrt, ihm nicht etwa umsonst zu überlassen, sondern nur gegen den höchstmöglichen Kaufpreis, der sich herausschlagen läßt.»[1] Für andere zu arbeiten und mit ihnen zu teilen wäre danach schon im Ansatz eine Verwässerung des Selbsterhaltungstriebes: «Wer mit einem Genossen arbeitet, ist schon weniger ausdauernd als derjenige, der die Frucht der Arbeit allein genießt. Sind es 10-100-1000 Genossen, so kann man den Arbeitstrieb auch durch 10-100-1000 teilen;

soll sich gar die ganze Menschheit in das Ergebnis teilen, dann sagt sich jeder: auf meine Arbeit kommt es überhaupt nicht mehr an, sie ist, was ein Tropfen für das Meer ist. Dann geht die Arbeit nicht mehr triebmäßig vonstatten; äußerer Zwang wird nötig.»[2] Und ein anderer Autor sagt: «Der Eigennutz soll in der Hauptsache den Antrieb zur Arbeit geben. Darum muß alles, was diesem Antrieb mehr Kraft und Bewegungsfreiheit geben kann, unterstützt werden ... Das ist der Grundsatz, von dem man ausgehen und den man mit unerschütterlicher Folgerichtigkeit anwenden muß, unter Verachtung kurzsichtiger philanthropischer Entrüstung und der kirchlichen Verdammnis.»[3]

Der Mensch war, ist und bleibt vermutlich auch für alle Zukunft ein «Egoist» – das ganze Gebäude heutiger Wirtschaftswissenschaft ruht letztlich auf diesem nicht ökonomischen, sondern weltanschaulichen Axiom vom Wesen des Menschen. Soweit sich ein solches Urteil auf die Beobachtung menschlichen Verhaltens stützt, ist ja nicht abzuleugnen, daß der Egoismus gegenwärtig ein alles überwucherndes Motiv wirtschaftlicher Betätigung darstellt. Nun ist aber die Entwicklung der Mündigkeit untrennbar verbunden mit derjenigen der menschlichen Vernunft: Freies Handeln und Verantwortlichkeit sind ohne denkendes Bewußtsein nicht vorstellbar. Und nur von diesem könnte das triebhaft veranlagte Motiv des Egoismus durch andere Motive ersetzt werden. Dann müßte aber im menschlichen Denken eine Kraft zur Wesensverwandlung und zur sozialen Umgestaltung liegen.

Egoismus und Arbeitsteilung

Treibende Kraft hinter dem wirtschaftlichen Egoismus sind unsere Bedürfnisse, von denen ein großer Teil sogar so eng mit unserer Leiblichkeit verbunden ist, daß deren Nichtbefriedigung unsere leibliche Existenz in Frage stellen würde. An sie sind wir gefesselt, solange wir eine Leiblichkeit brauchen und daher auch erhalten müssen. Eine andere Frage aber ist, ob uns dieser Egoismus der Leiblichkeit zwingt, uns auch in der Menschengemeinschaft, dem sozialen Umfeld, egoistisch zu verhalten.

Solange übergeordnete Gemeinschaftsimpulse dem einzelnen seinen Lebensplatz zuwiesen und seiner Seele einen geistigen Standort gaben, war der Egoismus für das soziale Gefüge verkraftbar, ja er wirkte sogar tendenziell in die Richtung der Weltentwicklung im Hinblick auf die Absonderung zur Selbständigkeit. Seit aber diese Selbständigkeit errungen wurde und damit das Wohl und Wehe der Gemeinschaft vom Verhalten des einzelnen abhängt, kann der Egoismus die Rolle einer sozialen Bildekraft seinem Wesen nach gar nicht mehr spielen. An diesem Punkt setzt nun eine der großartigsten sozialen Entwicklungen der letzten Jahrhunderte ein, die Arbeitsteilung, in der der einzelne nicht mehr für sich, sondern für die anderen, die man zusammengefaßt als den «Markt» bezeichnet, arbeitet. Seine Produktion dient ihm nur noch mittelbar zur Bedürfnisbefriedigung, indem er sich im Verkauf die zum Kauf notwendigen Geldmittel verschafft. Je weiter dieser Prozeß fortschreitet, um so stärker kommt das in ihm veranlagte Prinzip zum Vorschein: Alles, was ich produziere, ist für andere Menschen bestimmt; alles, was ich brauche, haben andere für mich hergestellt. Auf der Leistungsebene ist dieses Prinzip heute weitgehend realisiert. Die Arbeitsteilung zwingt in ihrer sozialen Urgebärde zur Hingabe der Leistung an andere Menschen. Diese hingebende Gebärde nennt man altruistisch, selbstlos, im Gegensatz zur an sich raffenden Gebärde des Egoismus. *Die Arbeitsteilung erweist sich damit als soziale Einrichtung, als «Schule zur Selbstlosigkeit».* Der einzelne kann gar nicht anders als für die Gesamtheit arbeiten: «Nicht ein Gott, nicht ein sittliches Gesetz, nicht ein Instinkt fordert im modernen wirtschaftlichen Leben den Altruismus im Arbeiten, im Erzeugen der Güter, sondern einfach die moderne Arbeitsteilung. Also eine ganz volkswirtschaftliche Kategorie fordert das.»[4]

Durch die Arbeitsteilung allein wird aus dem Egoisten noch kein Altruist. Da der Egoismus im Wirtschaftsleben auf der Produktebene in der beschriebenen Weise stark gefesselt erscheint (auch wenn er viele Wege sucht, doch immer wieder an sein Ziel zu kommen), konzentriert er sich nämlich heute auf den Moment des *Leistungstausches*, der sich ja notwendigerweise vollziehen muß. In *Verkauf und Kauf* kann der Egoist nach wie vor sein Glück versuchen, aus der Bedürfnislage des anderen den bestmöglichen Preis herauszuschlagen und damit das Austauschverhältnis menschlicher Leistungen zu seinen Gunsten zu verschieben. Nicht mehr im Produkt, sondern im Preis und Lohn lebt sich der Egoismus gegenwärtig aus. Dort müssen wir ihn als nächstes aufspüren.

Das «wirtschaftliche Prinzip» – Produktivitätsentfaltung und Kontraproduktivität

«Mit einem Minimum an Aufwand ein Maximum an Ertrag erreichen» – dieses Prinzip wird oft zum Credo des «homo oeconomicus» erhoben, mit Hilfe dessen er das Optimum seiner Vorteilsbestrebungen erreichen will und kann. Bei diesem Prinzip nun kommt es genau darauf an, in welchem Lebensbereich es gelten soll.

Bezieht man es auf die Güter- und Leistungserzeugung, so zeigt sich sofort seine Fruchtbarkeit. Denn konsequent angewandt, führt es zu folgenden Effekten:

1. Es bewirkt den sparsamsten Umgang mit Material, Kapital und menschlicher Arbeit;
2. durch die Verbesserung der Beziehung Einsatz zu Ergebnis verbessert es die Produktivität und schafft damit Möglichkeiten weiterer Produktion;
3. es steigert die Versorgungsmöglichkeiten der Gemeinschaft;
4. die Produktivitätserhöhung kann aber auch als Produktverbilligung, Kapitalbildung oder Arbeitszeitverkürzung verwendet werden.

Hervorgerufen werden diese Folgen durch die *Wirksamkeit des menschlichen Geistes*, der mit Rationalität und Phantasie in bestehende Arbeitsverhältnisse verändernd und damit verbessernd eingreifen kann. Damit erweist sich das wirtschaftliche Prinzip geradezu als

Ausdruck für die Produktivitätskraft unseres Geistes, wenn er sich dem Wirtschaftsleben zuwendet. Es ist das *«Produktivitätsprinzip des Geistes»*.

Der aus dieser Quelle fließende Leistungsstrom kommt dann am besten der Gesamtheit zusammenarbeitender Menschen zugute, wenn der einzelne das wirtschaftliche Prinzip so gegen sich anwendet, daß er den Aufwand auf sich selbst, den Ertrag aber auf die Gemeinschaft bezieht. Das geschieht im Sozialen Hauptgesetz, das sich damit als in das Soziale gewendete Metamorphose des wirtschaftlichen Prinzips zeigt.

Ein völlig anderes Bild aber ergibt sich, wenn auch der Ertrag beim Produzierenden maximiert werden soll. Denn dann bedeutet das wirtschaftliche Prinzip, daß das Bestreben des einzelnen darauf abzielt, für möglichst wenig eigene Leistung möglichst viele Leistungen anderer einzutauschen. Was sich im produktionstechnischen Sinne leistungssteigernd auswirkte und damit zur Verbesserung der sozialen Verhältnisse beitrug, erweist sich nun als tendenziell leistungsmindernd: Je weniger ich hergebe oder je höher die Differenz zwischen eigenem Aufwand und Erträgnis ist, um so größer mein Wohl. Ein Ideal solchen Verhaltens wäre das Nichtstun bei gleichzeitig unbeschränkter Versorgung durch die anderen, eine Art Schlaraffenland. Der eigene Vorteil entsteht dabei durch die Veränderung der Austauschverhältnisse der Leistungen (Preise) zu meinen Gunsten. Dies durchzusetzen verlangt Ausübung von Macht («Marktmacht»), die anzustreben der Egoismus zwingt. Gelingt die Durchsetzung, so geht mit dem egoistischen Aufstieg des Eigenwohls ein Abstieg des Gesamtwohls einher.

Im sozialen Umfeld der Arbeitsteilung wirkt das so angewandte wirtschaftliche Prinzip deshalb kontraproduktiv. Diese Wirkung ist allgemein bekannt und tritt immer ins Bewußtsein, wenn es um das Verhalten innerhalb einer Gemeinschaft geht. Die Betriebswirtschaft z.B. ist heute ganz am wirtschaftlichen Prinzip ausgerichtet: möglichst billig herstellen, möglichst teuer verkaufen. Wendet aber der einzelne Mitarbeiter eines Unternehmens dieses Prinzip für sich an, versucht er also, sich mit einem Minimum an Einsatz das Gehalt zu verdienen, so erhebt sich großer Protest mit Hinweis auf die Schädigung des Unternehmens als Ganzem, und ihm droht die Kündigung als Ausschluß aus der sozialen Gemeinschaft. Ähnliches gilt bis hinauf in die Weltwirtschaft, wo ja ebenfalls die permanente Verschlechterung der Austauschverhältnisse zu Lasten der Entwicklungsländer beklagt wird. Das wirtschaftliche Prinzip bedeutet demnach, auf soziale Zusammenhänge egoistisch angewandt, *die Verarmung der Gesamtheit infolge der Bereicherung einzelner Mitglieder dieser Gesamtheit.* Damit koppelt sich der einzelne von dieser Gemeinschaft ab. Sie ist ihm nur Mittel zum Zweck, sie bedeutet ihm nichts. In Anlehnung an die Darstellung des wirtschaftlichen Prinzips als Produktivitätsprinzip des hervorbringenden Geistes können wir jetzt seine Auswirkungen auf die soziale Gemeinschaft bei seiner Anwendung auf die Preisverhältnisse wie folgt zusammenfassen:

1. Die eigene Leistung wird so weit als möglich gemindert;
2. der Verbesserung der Lebenssituation des einzelnen entspricht keine Leistungssteigerung, sondern sie ist nur Folge einer Umverteilung zu Lasten anderer. Nicht die Produktivität ist gesteigert worden, sondern der Egoismus;
3. es werden soviel als möglich Leistungen der anderen beansprucht;
4. die Preisverhältnisse werden ungerecht, d.h. sie sind nicht im Gleichgewicht. Die eigene soziale Bedeutung erscheint aufgeblasen, denn sie beruht auf der Macht des Egoismus;
5. durch Leistungsentzug und -verweigerung werden dem sozialen Organismus die Produktivitätskräfte des einzelnen entzogen; die Gesamtheit erleidet Schaden;
6. da das Ich des Menschen sich in der Entfaltung seiner schöpferischen Kräfte selbst gestaltet, bedeutet das Verkümmern dieser Kräfte eine Schwächung der eigenen Individualität; («...daß die Idee der Leistung, im weitesten Sinne begriffen, von der Idee des Menschen nicht zu lösen ist» – so schreibt Prof. Sontheimer in einem Aufsatz «Zwischen Leistungsglück und Leistungsdruck»); der Mensch fällt zurück in den Bereich des Egoistisch-Gattungshaften;

7. das soziale Verhalten nach dem wirtschaftlichen Prinzip führt zur sozialen Desintegration; der einzelne sondert sich selbst aus der sozialen Gemeinschaft aus, auch wenn er mitten unter ihr lebt.

So segensreich sich das wirtschaftliche Prinzip im Schaffensprozeß auswirkt, so zerstörend macht es sich im sozialen Prozeß geltend, sobald nicht das Heil der Gesamtheit, sondern der Eigennutz Ziel der eigenen Anstrengungen ist.

Egoistische Bewußtseinsgrenzen und soziale Bewußtseinserweiterung

Im Handeln aus Egoismus wird das Heil der Gesamtheit dem Eigenwohl untergeordnet. Der Einzugsbereich des Egoismus wird damit zur dauerhaften und zu übersteigen nicht erlaubten Bewußtseinsgrenze des einzelnen gegenüber der Gesamtheit. Der Egoismus führt so zu einer Sozialstruktur, die wiederum nur den Egoismus zuläßt.

Wie aber kann es in einer Gemeinschaft von unter der Diktatur des Egoismus stehenden Menschen dazu kommen, daß gemäß der verfaßten Mündigkeit aller Menschen doch jeder sein Recht auf wirtschaftliche Existenz erhält? Die bei uns dominierende marktwirtschaftliche Lösung basiert auf einer verblüffend einfachen Überlegung: Daß es nämlich gegenüber dem Egoismus des einzelnen einen starken natürlichen Feind gibt – den Egoismus der anderen. Die Bedürfnisnot des einen ist zwar jeweils die Chance zum Vorteil des anderen, die dieser auch kräftig auszunutzen versucht. Werden nun die sozialen Zusammenhänge aber so eingerichtet, daß solche Vorteilschancen möglichst vielen egoistisch Strebenden bekannt gemacht werden, ohne daß sie von den Bemühungen untereinander wissen, dann ergibt sich die eigenartige Situation, daß es für jeden Vorteil mehr Anwärter und damit höhere Vorteilserwartungen gibt, als der tatsächlich mögliche Vorteil ausmacht. Die Folge ist ein Wettbewerb derjenigen, die sich einfinden, den Vorteil für sich in Anspruch zu nehmen. Der Ausgang dieser gnadenlosen Konkurrenz ist ein Pyrrhus-Sieg; ihn erringt, wer das größte Stück des ursprünglich erhofften Vorteils aufgibt, da ja der Bedürfnisträger beliebig unter den Wettbewerbern wählen kann und natürlich den billigsten bevorzugt. Der Nutznießer der Konkurrenz der Verkäufer ist der Käufer und umgekehrt. Zusammengefaßt kann man sagen: Je mehr sich jeder Egoist anstrengt und damit leistet, umso größer wird das Wohl der Gesamtheit, vorausgesetzt, diese schafft und hütet die Bedingungen des Wettbewerbes, durch den die Gesamtheit erbeutet, was der einzelne begehrte. Diese Bedingungen der Konkurrenz bilden in ihrer Gesamtheit das System der *freien Marktwirtschaft:* Transparenz der Märkte (d.h. Erkennbarkeit der Gewinnchancen), freie Zugänglichkeit der Märkte (d.h. jeder darf versuchen, sich den in Aussicht stehenden Vorteil zu verschaffen), Atomisierung der Interessen (d.h. es sollte möglichst viele verschiedene Verkäufer und Käufer geben, damit es ausreichend Wettbewerb gibt), bewußtseinsmäßige Isolation aller Teilnehmer (d.h. keiner sollte von den Absichten des anderen wissen – nur die Aussicht auf Gewinn ist allen gemeinsam), keine Bevorzugungen durch Macht, Absprachen usw.

Bei der Auflistung solcher Bedingungen wird deutlich, daß der Marktwirtschaftsgedanke aus der Bewußtseinsverengung des Egoismus eine soziale Pflicht macht. Der *soziale Ausgleich* findet als Vorteilsverkehrung *durch den Marktmechanismus* von Angebot und Nachfrage außerhalb seines individuellen Bewußtseins statt, wie von «unsichtbarer Hand» bewirkt, vorausgesetzt, alle halten sich an die *Pflicht zum Egoismus.* In solcher Gedankenrichtung liegt es, wenn deshalb Marktwirtschafter immer wieder vor Eingriffen in diesen komplizierten Preismechanismus aufgrund sozialer Vorstellungen und Wünsche warnen, da der Mechanismus selbst die soziale Balance bewirke.[5]

Die Lösung der Marktwirtschaft scheint tatsächlich unüberbietbar genial: Niemand muß sein egoistisches Verhalten ändern oder sich gar Vorwürfe darüber machen; keiner muß dem anderen mit dem sozialmoralischen Zeigefinger drohen; und vor allem braucht man sich über die Komplexität der sozialen Fragen keine Gedanken zu machen. Die einzige Bedingung ist die Unterwerfung unter die

Pflicht zum marktwirtschaftlichen Verhalten! Dann wird durch den Wettbewerb die Gemeinschaft schon zu ihrem Recht kommen. Ist nicht der gegenwärtige allgemeine Wohlstand das beste Zeugnis für die Richtigkeit dieser Theorie?

Die Höhe des Wohlstands macht eine Argumentation dagegen recht schwer. Denn der Beweis der Marktwirtschaft wird rein quantitativ geführt. Für den mündigen Menschen aber tritt das Ergebnis hinter die Art und Weise, wie es erreicht wurde, zurück. Auf dem Weg dorthin zeigt sich, wie weit das Ergebnis Ausdruck eines bewußten Wollens ist; denn ohne ein engagiertes Bewußtsein der Hervorbringer kann von Verantwortung und damit von Mündigkeit keine Rede sein. Hat die Menschheit sich wirklich nur deshalb von der Führung übermenschlicher Mächte losgemacht, um sich einem reinen Mechanismus unbewußt zu unterwerfen? Das soziale Modell der Marktwirtschaft ist von daher betrachtet ein Anachronismus! Denn in ihm besteht das Soziale darin, *die wirtschaftliche Existenz aller als Grundlage ihrer Mündigkeit durch die Entmündigung des einzelnen zu sichern.*

Soll das Heil der Gesamtheit zusammenarbeitender Menschen den Egoismus als Motiv wirtschaftlichen Handelns ablösen, *so muß sich das Bewußtsein des einzelnen auch auf diese Gesamtheit erweitern können.* In einem arbeitsteiligen Zusammenhang, in dem jeder nur einen kleinen Teil des Ganzen tätig ausfüllt, müssen, im Gegensatz zur marktwirtschaftlichen Isolierung, die sozialen Verbindungslinien durchschaubar und erlebbar werden. *Indem sich die verschiedenen Interessen, vom Produzenten bis zum Konsumenten, assoziativ zusammenfinden, ergibt sich im Zusammenklingen der Erfahrungen erst ein Gesamturteil über soziale Vorgänge.* Assoziative Menschengemeinschaften werden zu ganzheitlichen Wahrnehmungsorganen als Grundlage sozialer Urteilsbildungen, an denen sich wiederum das bewußte Wollen des einzelnen entzünden kann. Arbeiten auf diese Weise die Repräsentanten sozial unterschiedlicher Wirkensfelder zusammen, dann stellt sich nicht mehr die Frage nach einem Steuerungsmechanismus, sondern in ihrer Tätigkeit liegt bereits Steuerung, nicht aus dem Unbewußten, sondern aus dem Bewußtsein der

Gesamtheit. Kurz nachdem im Jahre 1918 Silvio Gesell – in Verkennung der Stellung und Entwicklungsmöglichkeit menschlichen Bewußtseins – dieses als soziale Instanz ablehnt und zum unbewußten Marktmechanismus Zuflucht nimmt, setzt Rudolf Steiner den mündigen Menschen in seine sozialen Rechte ein: «Eine Universalarznei zur Ordnung der sozialen Verhältnisse gibt es so wenig wie ein Nahrungsmittel, das für alle Zeiten sättigt. Aber die Menschen können in solche Gemeinschaften eintreten, daß durch ihr lebendiges Zusammenwirken dem Dasein immer wieder die Richtung zum Sozialen gegeben wird.»[6] Assoziationen sind solche Menschengemeinschaften der in den wirtschaftlichen Vorgängen Tätigen. In ihnen kann der einzelne sein Bewußtsein über den ganzen sozialen Prozeß hin erweitern.

Dennoch reicht diese Bewußtseinserweiterung auf die wirtschaftlichen Vorgänge einer Gesamtheit zusammenarbeitender Menschen nicht aus. Denn Bedürfnisbefriedigung allein kann ja kein Selbstzweck sein. «Wenn ein Mensch für einen anderen arbeitet, dann muß er in diesem anderen den Grund zu seiner Arbeit finden; und wenn jemand für die Gesamtheit arbeiten soll, dann muß er den Wert, die Wesenheit und Bedeutung dieser Gesamtheit empfinden und fühlen.» Die Gesamtheit «muß von einem wirklichen Geiste erfüllt sein, an dem jeder Anteil nimmt. Sie muß so sein, daß ein jeder sich sagt: sie ist richtig, und ich will, daß sie so ist. Die Gesamtheit muß eine geistige Mission haben; und jeder einzelne muß beitragen wollen, daß diese Mission erfüllt werde.»[7] Eine geistige Mission kann im Zeitalter der Freiheit nicht mehr aus den unterbewußten Strömungen unserer Leiblichkeit kommen, wie z.B. im Aufleben der Nationalismen, sondern allein aus einem geistig Erkannten. Erkenntnis läßt sich nicht durch Interessen oder organisatorische Besonderheiten einfangen, sondern sie ist menschheitlich verbindend. Indem sie sich den Besonderheiten zuwendet und sie als solche erkennt, weist sie ihnen ihren Platz innerhalb der Menschheitsbestrebungen zu und gibt ihnen damit ihre Existenzberechtigung zurück. *Geistige Missionen* haben im Gegensatz zu «leiblichen» Missionen immer die Verträglichkeit mit dem Menschheitsfortschritt in sich. Erkenntnis darf dann aber nicht an der Oberfläche eines Wirtschaftslebens «an sich» haften bleiben, sondern muß auch das Wissen um die Realität der Geistwelt, um Entwicklung und Schicksal von Menschen und Gemeinschaften einschließen. Das Anteilnehmen am Menschheitsstreben gibt die geistige Grundlage für das Erleben der *Menschheit als Bruderschaft*, deren bürgerliche Existenzbedingungen in den allgemeinen Menschenrechten aufleben.

Der wirtschaftlich-sozialen Bewußtseinserweiterung muß eine entsprechende in Richtung der geistigen Untergründe der Menschheitsentwicklung folgen. Einen festen Standort aber wird erst erhalten, wer seine *Individualität* selbst *in ihrer Geistwirklichkeit* begreifen und erfahren lernt. Auf dem Wege der *seelischen Beobachtung* findet der Mensch im Denken eine Seelentätigkeit, die zwar durch und durch eigene innerste Aktivität ist, inhaltlich aber gar *nichts Persönliches hat*, sondern den den Sinneseindrücken fehlenden Geistanteil der Erscheinungen selbstlos-unverfälscht in ihm zum Vorschein bringt und sich damit als individuelle Anteilnahme an der Weltengeistigkeit erweist. Da denkendes Bewußtsein durch die Art seines Auftretens als unser eigenes Tun immer zugleich Selbstbewußtsein ist, kann eine dem Erkenntnisgegenstand zugewandte Handlung aus Erkenntnis zugleich als aus unserem innersten Zentrum entsprungen und gewollt erlebt werden. Es zeigt sich sogar, daß nur in diesem Fall einer Handlung aus Erkenntnis mit Recht von menschlicher Freiheit gesprochen werden kann. *Freiheitsliebe setzt Liebe zur Erkenntnis voraus.* In dem Maße, wie wir die Erkenntnis zum ausschlaggebenden Faktor unserer Handlungen machen, übernimmt das Denken die Führerschaft in unserer Seele, der es bis anhin als treuer Verstandesknecht zur Erfüllung ihrer Begierden dienen mußte. Damit ist ein neuer Quellort menschlicher Handlungsmotive erschlossen, vor dem der Egoismus seine drängende Kraft verliert und das ihm jeweils zugrunde liegende Begehren sich in die Reihe der für das Verstehen einer Situation notwendigen Wahrnehmungen einordnet. (Ein häufiger Einwand ist die Ansicht, daß nur ein Trieb wie der Egoismus den Menschen zur Arbeit bringt; fehle er, so müsse Arbeitszwang herrschen und damit der Teufel mit dem Beelzebub ausgetrieben werden. Wer so die Alternative zwischen innerem und äußerem Zwang stellt, übersieht, daß der Mensch seinen Willen auch an seiner Einsicht entzünden kann und damit nicht nur das Tor zur Freiheit weit aufstößt, sondern auch dem Egoismus eine höhere, ihn überwinden könnende Kraft entgegenstellt. *Unser ganzes Sozialgefüge ruht praktisch auf dem Vertrauen in die Einsichtsfähigkeit unserer Mitmenschen,* die es im Wirtschaftsleben angeblich nicht geben soll.)

Die Erweiterung des Bewußtseins über den ganzen sozialen Organismus durch das Organ der Assoziationen bildet die Grundlage eines Wirtschaftens aus Interesse am Heil einer Gesamtheit von Menschen. Die Erweiterung des Bewußtseins auf die geistige Mission einer Gemeinschaft gliedert diese der Menschheit ein. Dieses Bruderschaftsbewußtsein ist der Wurzelgrund der Gleichheit. Die Erweiterung des Bewußtseins auf die Art der individuellen Anteilnahme am geistigen Weltgeschehen eröffnet dem einzelnen die Freiheit als Lebenswirklichkeit der Individualität. Von hier aus erschließt sich die Lebenspraxisnähe des Sozialen Hauptgesetzes.

Das Soziale Hauptgesetz – die Verwandlung des Egoismus

Durch unsere wertebildenden Fähigkeiten und werteauflösenden Bedürfnisse sind wir zweifach mit der Gesamtheit unserer Mitarbeiter verbunden. Die Arbeitsteilung lenkt diese beiden Verbindungsströme so, daß in der letzten Konsequenz alle meine Fähigkeiten im Dienste von Leistungen für andere stehen und meine Bedürfnisse durch die Leistungen anderer befriedigt werden. Auf diese Lenkungseigenschaft der Arbeitsteilung stützt sich zunächst das Soziale Hauptgesetz.

Es wurde bereits darauf hingewiesen, daß in einer arbeitsteiligen Wirtschaft selbst der krasseste Egoist gezwungen ist, seinen Vorteil über den Umweg der Erzeugung von Leistungen zu suchen, die möglichst genau den Bedürfnissen anderer Menschen entsprechen. Die Arbeitsteilung führt aber auch zur größtmöglichen Verbilligung aller auszutauschenden Leistungen. Mit dem Eintritt in die Menschheitsinstitution «Arbeitsteilung» endet die Macht des egoistisch-persönlichen Motivs auf der Leistungsseite und wird verwandelt in die altruistische Wirkung der Forderung des Wohles der Gesamtheit. Noch befreit vom eigenen Bedürfnisanspruch offenbart unser *Fähigkeitswesen* seinen selbstlosen Charakter.

Anders verhält es sich mit unseren *Bedürfnissen*, die ja schon ihrer Natur nach begehrend-egoistisch auftreten. Wo sie auf den von den Fähigkeiten ausgehenden Leistungsstrom treffen, da findet der Egoismus den Stoff zu seiner Bereicherung. Dreimal treffen Leistungen und Bedürfnisse aufeinander: *Im Verkauf*, wo meine Leistungen auf die Bedürfnisse anderer treffen; *im Kauf*, wo meine Bedürfnisse auf die Leistungen anderer treffen. In Verkauf und Kauf handelt es sich darum, das Austauschverhältnis von Leistungen, den Preis, zu bestimmen. Das aber betrifft ja nicht nur den einzelnen. Die Richtigkeit der Preise, ihre «Gerechtigkeit», kann daher nur assoziativ behandelt werden. (Der Preis ist damit weder Ergebnis eines Marktmechanismus wie in der freien Marktwirtschaft, noch ein politisches Postulat wie in den Planwirtschaften, sondern wird zum als Zielgröße dienenden sozialen Urteil. Auf eine weitergehende Erörterung der Preisfrage muß hier verzichtet werden. Ohne neue Lösung des Preisproblems läßt sich die Lohnfrage letztlich nicht lösen.)

Die dritte Begegnung findet dagegen innerhalb beider Preisgrenzen im Einflußbereich jedes einzelnen statt. Hier wandelt sich die *Preisfrage* zur *Lohnfrage*. Wieviel soll oder darf ich aus den Erträgnissen meiner Leistungen für mich beanspruchen? Der Egoist fordert so viel als möglich. Der sich für die Gesamtheit seiner Mitarbeiter mitverantwortlich wissende und fühlende mündige Mensch steht vor einer schwierigen Entscheidung. Soll er bedürfnislos werden, Askese üben? Und wo endet dieser Weg, wenn nicht in der Selbstzerstörung? Oder soll er die Zuteilung den Mitarbeitern überlassen? Und wonach sollen sich diese richten, wenn nicht nach seinen Wünschen? «Was einer wirklich braucht, kann nur er wissen und empfinden; was er leisten soll, will er aus seiner Einsicht in die Lebensverhältnisse des Ganzen beurteilen.»[8] Die damit angesprochene Freiheit und die

Selbstlosigkeit gleichzeitig in Anspruch nehmen zu wollen, scheint in eine moralische Sackgasse zu führen.

Das Problem löst sich erst, wenn die Begegnung von Fähigkeiten und Bedürfnissen auf eine neue Grundlage gestellt wird. Bisher wurde die Beziehung zwischen beiden üblicherweise so angesehen, daß der Grund meiner Arbeit und des damit verbundenen Bemühens, Erträgnisse für meine Leistungen zu erzielen, in der Notwendigkeit liegt, meine Bedürfnisse befriedigen zu können. Diese Anschauung ist noch ganz von der Sicht des Egoismus geprägt. Kann ich dagegen das Motiv meines wirtschaftlichen Wollens an den Bedürfnissen anderer Menschen entzünden, wie dies im vorigen Abschnitt anzudeuten versucht wurde, dann *kehrt sich das Verhältnis von Fähigkeit und Bedürfnis um:* Ich benötige die Mittel zu meiner Bedürfnisbefriedigung, um die den anderen zugedachte und von ihnen gewünschte Leistung erbringen zu können. Der *Lohn wird zum Produktionskredit, die Konsumgüter bekommen den Charakter der Produktionsmittel,* das Aufgeben des Anspruchs an die Erträgnisse meiner Leistungen wird zur Rückzahlung des «Lohnkredites». Es ist wie beim Kreditantrag: Nicht wieviel einer beansprucht, ist das Entscheidende, sondern was das erhoffte Ergebnis der Gemeinschaft bedeutet. Der «*Kreditlohn*» ist das Tor, durch das unser Fähigkeitswesen in die soziale Gemeinschaft hereintritt und hereingeboten wird, denn seine Wirksamkeit liegt im Interesse dieser Gesamtheit. Das Bedürfnis und damit der ihm notwendigerweise zugrunde liegende Egoismus sind damit nicht verschwunden, sondern dem Wohl der Gesamtheit nutzbar gemacht. Das Bedürfnis erhält eine neue Bedeutung, wird zum Träger unserer Produktivitätsentfaltung und nimmt damit an der unegoistischen Wesenheit unseres Fähigkeitsquells teil. Der Altruismus ist soziale Bildekraft geworden.

Damit aber hat sich nicht nur das Wohl der Gesamtheit zusammenarbeitender Menschen verbessert. Das Zusammenwirken hat eine neue menschliche und soziale Qualität erhalten, in dem der Egoismus und damit das Wirtschaftsleben in eine den geistigen Fortschritt der Menschheit fördernde Kraft verwandelt wurde. Das Wohl hat sich zum Heil gesteigert.

Die Wirklichkeit der Brüderlichkeit

Es wurde bereits gezeigt, welche zerstörerische Wirkung das wirtschaftliche Prinzip – mit einem Minimum an Aufwand ein Maximum an Ertrag erreichen – für die Gemeinschaft hat, wenn es aus seinem angestammten Platz im Leistungsbereich in die soziale Ebene versetzt wird. Es zeigt sich dort als unverhüllter Ausdruck des Egoismus, dessen Zwangscharakter sich durch die Form des Prinzips als Handlungsmaxime der reinen Marktwirtschaft zeigt. Deshalb ist es mit freiem Menschentum unvereinbar. Ganz anders das Soziale Hauptgesetz. Es hat nur beschreibenden Charakter. Nicht wie man sich verhalten soll, wird ausgesagt, sondern auf die Konsequenzen unseres Verhaltens wird aufmerksam gemacht. Es handelt sich also um ein *soziales Schicksalsgesetz:* Wie sich der einzelne entschließt, ist ganz in seine Freiheit gestellt – die Folgen seines Verhaltens dagegen sind es nicht. Darin zeigt sich die neue Verantwortung des Menschen für das Gemeinschaftsleben. – «Je mehr der einzelne die Erträgnisse seiner Leistungen an seine Mitarbeiter abgibt, umso größer ist das Heil der Gesamtheit zusammenarbeitender Menschen» – wer sich so verhält, wendet das wirtschaftliche Prinzip um, vom Gesichtspunkt des Einzelwohls zu dem des Heils der Gesamtheit. Diese Gesamtheit im Spiegel seiner Seele zu erleben, daraus die Impulse seines wirtschaftlichen Handelns zu schöpfen und sie in die Gemeinschaft hineinzutragen, ist praktizierter Altruismus. Das Soziale Hauptgesetz fordert nicht die Pflicht zum Altruismus – dies wäre ein Widerspruch in sich –, aber es zeigt die Selbstlosigkeit als den wirkungsvollsten Förderer des Heiles der Gesamtheit. Der Altruismus als innere Entsprechung der äußerlichen Arbeitsteilung, die als Schule der Selbstlosigkeit bezeichnet wurde, tritt an die Stelle des Egoismus, diesen an Entbindung von Produktivitätskräften der einzelnen überbietend. Die Selbstlosigkeit, d.h. das Motiv meines Handelns in den Bedürfnissen anderer zu suchen, führt im sozialen Leben zur Ausbildung der Brüderlichkeit, die damit neben die Freiheit und Gleichheit tritt. Das Organ aber, mit dessen Hilfe sich die Umwandlung des Egoismus in Altruismus vollziehen kann, sind die Assoziationen.

Wir können die Auswirkungen brüderlichen Verhaltens, wie sie das Soziale Hauptgesetz umfassend mit dem Wort «Heil» andeutet, für das soziale Leben wie folgt zusammenfassen:
1. Der einzelne verzichtet auf seinen *Anspruch* auf die Erträgnisse seiner Leistungen. – Der Lohn wird zum Kreditantrag. Er wird geleistet als Teil des gemeinsamen Erträgnisses.
2. Durch den Kreditcharakter des «Lohnes» wird das Fähigkeitspotential des einzelnen zu sozialer Wirksamkeit aufgerufen.
3. Das Erträgnis führt zur Kreditrückzahlung. Der Überschuß steht den «Mitarbeitern» zur Verfügung. «Mitarbeiter» ist hier weiter gemeint als nur die Belegschaft eines Unternehmens.
4. Gerechte Preise können entstehen. Gerecht werden sie nur, wenn jeder seine Leistungsmöglichkeiten für die anderen voll entfaltet, ohne etwas zum eigenen Vorteil vorzuenthalten.
5. Dadurch vergrößert sich das Heil der Gesamtheit zusammenarbeitender Menschen.
6. Im Tätigsein für andere und durch die Befreiung vom Ballast des Bedürfnisanspruchs kann der einzelne aus dem Quell seiner geistigen Freiheit handeln und bildet so gleichzeitig am geistigen Teil seiner Individualität.
7. Es entsteht ein neues Bruderschaftsverhalten zwischen den zusammenarbeitenden Menschen, das im Zeichen einer arbeitsteiligen Weltwirtschaft auch die ganze Menschheit umschließen will.

Seitdem unser Ich mündig geworden ist, lebt es nicht mehr aus der Kraft der Gemeinschaft, sondern die Gemeinschaft wird gebildet aus der Wirksamkeit der Iche. Die Brüderlichkeit, die sich bisher am schwersten tat, sozial in Erscheinung zu treten, hat ihre Wurzeln in der gelebten Freiheit jedes einzelnen und in der im Bewußtsein dieser Freiheit für alle Menschen sich gründenden Gleichheit. In dieser Dreiheit erfaßt sich der ganze Mensch in seiner ihm Würde verleihenden Mündigkeit.

Motto der Sozialethik (Rudolf Steiner):
> Heilsam ist nur, wenn im Spiegel der Menschenseele
> sich bildet die ganze Gemeinschaft,
> und in der Gemeinschaft lebet der Einzelseele Kraft.

Zur sozialorganischen Bewältigung des Geldwesens

Die Entfesselung der Geldkräfte

Geld durchdringt unser gesamtes soziales Leben.[1] Und obwohl wir ständig mit ihm umgehen, werden seine Kräfte und Wirksamkeiten nur wenig durchschaut. «Von Geld verstehe ich nichts» ist eine beliebte, weil entwaffnende Floskel, mit der wir – spielerisch-indirekt – unsere «Souveränität» im Umgang mit Geld zum Ausdruck bringen. Angesichts der gegenwärtigen Bewußtseinslage, in der sich die Freiheit einer Handlung gerade auf das Durchschauen ihrer Grundlagen stützt, bedeutet eine solche Äußerung – sofern sie im Einzelfall ernst gemeint ist – jedoch gerade die Preisgabe menschlicher Souveränität in bezug auf die soziale Lebensgestaltung. Dieser Mangel an verstehendem Bewußtsein, dem dann die Blindheit im Handeln folgt, trägt ursächlich viel dazu bei, daß die Geldkräfte im sozialen Organismus immer stärkere Wucherungstendenzen entfalten.

Geld ist Mittel zum sozialen Zweck. Diese Sozialbindung des Geldes befindet sich vielfältig in Auflösung. Denn indem immer mehr «in Geld» gedacht wird, beginnt das Geld seine Eigenkräfte zur Geltung zu bringen, bis schließlich aus dem Mittel der Zweck selbst wird. Symptome für die schleichende Umwertung gibt es viele und auf allen sozialen Ebenen:
– Obwohl es einleuchtet, daß wirkliche Werte nur im Leistungsprozeß geschaffen werden können, sind gegenwärtig «Investitionen in Geldanlageformen» interessanter als Realinvestitionen. Viele Unternehmen verdienen mit ihren Geldanlage-Erträgen mehr als aus dem Verkauf ihrer Leistungen. Selbst Bankenkreise bemängeln, daß z.B. «die Aktienkurse immer höher getrieben werden durch die gestauten Massen unnützen Geldes, das anscheinend fast nur noch auf diesem unproduktiven Wege Vermehrung sucht».[2]

- Die für das wirtschaftliche und damit auch das gesamte soziale Leben einflußreichste Stellung haben die Zentralnotenbanken. Sie haben den Auftrag, durch die Beeinflussung der Geldmenge und der Zinshöhe die wirtschaftlichen Vorgänge zu «regeln», wobei nicht selten ein «Steuern» daraus wird: Die Geldverwaltung dominiert das reale Leben.
- Zum Selbstzweck wird das Geld aber auch gemacht, wenn man sich im Alltag so verhält, als ob «das Geld von der Bank kommt». Die gewaltigen Schuldenberge im privaten und vor allem öffentlichen Leben verdanken dieser Haltung weitgehend ihr Entstehen. Aber auch wer Arbeitsplätze um des Geldeinkommens willen erhalten will, auch wenn die Erzeugnisse nicht mehr gebraucht werden, oder wer Konjunkturen durch Geldspritzen, sei es in Form von administrativ verfügten Arbeitsplätzen, Steuersenkungen oder Ausgabenkreditierungen, dauerhaft gesundend in Gang setzen möchte, gehört zu den Opfern der Geldillusion.

Die Verselbständigung des Geldzweckes hat schwerwiegende Folgen für die zukünftige Sozialentwicklung. Denn mit dem zunehmenden Interesse am Geld wird dasjenige an den Menschen und den realen Wirkungen sozialen Verhaltens völlig verdunkelt. Eine Werbeaussage «Mehr Geld durch Geld» – so die Überschrift der Beilage der Süddeutschen Zeitung vom 23. 10. 85 – macht die dahinterstehenden sozialen Vorgänge zur nicht mehr erwähnenswerten Nebensache. Im Maße des Verlustes der Sozialbindung wird Geld im Grunde zu Jetons in einem Spiel, das aber jeden Moment in Lebensernst umschlagen kann, da im Spiel wie im Leben das gleiche Geld verwendet wird. In dieser doppelten Gültigkeit liegt der Reiz des Spieles, aber auch seine Gefahr. Würden im Großen die Spieljetons ins soziale Leben zurückkehren wollen, zeigte sich sofort die reale Unerfüllbarkeit. Deshalb werden laufend neue Geldbindungsformen, sog. Geldanlagemöglichkeiten, entwickelt und angeboten, «auf den Markt geklatscht» – wie es der Leiter der Chicago Stock Exchange in einem Interview formulierte –, um die Illusion eines sozial bindungslos wuchernden Geldwertes aufrechterhalten zu können.

Auf 500 Mrd. $ wird gegenwärtig die Geldmenge geschätzt, die, nicht in Sachwerte gebunden, auf der Suche nach Zins- und Wechselkursgewinnen (oder auf der Flucht vor entsprechenden Verlusten), die Finanzplätze des «Finanzdorfes Welt»[3] mit Computerschnelligkeit wechseln kann. Vom Verhalten dieser Geldkapitalmassen, die, weil sozial bindungslos, auch sozial verantwortungslos sind und gegen deren geballte Wucht selbst koordinierte Notenbankaktionen kaum ankommen, hängt zwischenzeitlich das Wohlergehen der Welt in starkem Maße ab. Sachkapital dagegen kann nicht ohne weiteres flüchten; wer in produktive Einrichtungen investiert, muß sich langfristig sozial engagieren. Durch die Preisgabe der Mobilität leidet es um so mehr unter den Folgen der raschen Geldtransfers. Die großen Wechselkurssprünge der letzten Jahre, die innerhalb kürzester Zeit ertragreiche Unternehmungen in finanzielle Desaster und umgekehrt verwandeln, sind weitgehend durch finanzielle Transaktionen ungebundenen Geldkapitals ausgelöst worden. Denn wenn sich erst ein Bewegungstrend abzeichnet, dann folgt nach den Gesetzen der Massenpsychologie die breite Masse nach und vergrößert den Schneeball zur Lawine; die Investitionen aber müssen bleiben. Vom verselbständigten Geldkapital geht somit eine stark chaotisierende Wirkung auf das reale Wirtschaftsleben aus. Und so besteht heute ein großer Teil der Finanz- und Wirtschaftspolitik unserer Staaten darin, diesen unkontrollierbaren Geldmarkt bei Laune zu halten.

Die ungehemmte Entfaltung des Geldwesens zeigt sich im Ausbau einer reinen Geldwirtschaft, die zwar ihre Lebenskräfte aus dem Wirtschaftsleben saugt, mit diesem aber ansonsten wenig zu tun hat. Das Geldgewerbe mit seinen diversen Unternehmenszweigen beherrscht bereits die großen Zentren der Welt, sichtbar bis in die als Geldanlage erbauten Hochhäuser. Seine Aktien gelten als begehrt und sicher, seine Arbeitsplätze als zukunftsorientiert und hoch dotiert. Geld ist zur Ware geworden, verpackt in den Laien verwirrende «Produkte» der Wertpapiere und Anlageformen, deren «Palette» täglich um weitere Angebote bereichert wird. Längst reichen die bestehenden Produktionsmittel nicht mehr aus, die ertragsuchende Geldmenge zu binden. Die spekulative Vorwegnahme der Zukunft aber treibt die Geldanlage in Richtung Glücksspiel und führt zu jener «Spielcasino-Mentalität», die der Präsident der EG-Kommission, Jacques Delors, nach dem Börsensturz vom Oktober 1987 besonders beklagte.

Angesichts dieser Entwicklung, deren Beschreibung sich beliebig ausweiten und vertiefen ließe, kann man sich unterschiedlich verhalten. Zum einen kann man blind sein oder sich blind stellen. Diese Neigung ist besonders groß, wenn man gegenwärtig zu den Profiteuren des Wohlstandes gehört und deshalb gar kein Änderungsbedürfnis hat. Eine andere Seelenhaltung vertraut auf die Autorität der wirtschaftlichen und politischen Führung und deren schon vielfach bewiesene «Kreativität der letzten Sekunde». Wer aber bereit ist, seinen Beitrag zu einer sinnvollen Veränderung zu leisten, wird sich zunächst über das Geldwesen selbst aufklären müssen. Dieses Wesen des Geldes zeigt sich entweder im überschauenden Blick auf seinen historischen Entwicklungsgang oder durch die Beobachtung seiner Verwobenheit in die sozialen Vorgänge. – Die Entfesselung der Geldkräfte geschieht durch die Trennung von der sozialen Realität. Deshalb wäre es noch ein Schritt weiter in die Geldillusion, wollte man das Geldproblem unabhängig von den Gestaltungsvorgängen des sozialen Lebens betrachten.

Es ist wie bei dem Geist aus der Flasche. Seine Entfaltung nach der Entkorkung versetzt uns in Schrecken. Aber er ist bereit, uns zu dienen, zu unserem Heile, wenn wir die richtigen Wünsche haben. Wie machen wir uns das Geld so zu Diensten, daß unser dritter Wunsch nicht damit verbraucht werden muß, es «in die Flasche zurück zu bannen»?

Entwicklungsstufen des Geldwesens

Das Wesen des Geldes ist schwer isoliert zu beschreiben, da es fest mit sozialen Prozessen verknüpft, ja sogar deren Ausdruck ist. Deshalb müssen rein definitorische Theorieansätze gerade bei Geld unfruchtbar bleiben. Zwar ist es durchaus ein Erkenntnisgewinn, wenn man das Geld als Tauschmittel, Wertaufbewahrungsmittel und Wertmaßstab «erklärt», lebensvoll wird ein solcher Ansatz erst, wenn man den Verlauf sozialer Prozesse verfolgt und untersucht, welchen Anteil das Geld daran hat. Man wird dabei bemerken, daß die theoretische Dreiheit immer als lebensvolle Einheit auftritt, deren Zusammenspiel jedoch vielfältig variiert, und daß sich die Qualität der Geldwirkungen mit dem Fortschreiten der sozialen Prozesse verändert. Das Geld wird in die in der Zeit ablaufenden Vorgänge einbezogen, bekommt selbst eine Zeitgestalt. Eine moderne Geldanschauung und eine ihr gemäße Geldordnung müssen diese innere Beweglichkeit beinhalten und zum Ausdruck bringen. Sie müssen dynamisch sein.

Ein solches lebendiges Bild einer durch verschiedene Stufen einer Entwicklung hindurchgehenden Wesensentfaltung ergibt sich, bei äußerster Verknappung und damit Unvollständigkeit der angeführten Tatsachen, dem historischen Blick. Das Geld erscheint dabei eingebettet in die allgemeine menschliche Entwicklung und im speziellen in die Veränderungen der Beziehungen des einzelnen zur Gemeinschaft. Vier Stufen einer solchen Entwicklung sollen kurz skizziert werden.

1. Die geldlose Zeit

Aus dem historischen Dunkel bis in die Kulturzeit Ägyptens und Sumeriens erstreckt sich zunächst eine geldlose Zeit. Das wirtschaftlich-soziale Leben beruht weitgehend auf der überwiegend landwirtschaftlichen Erzeugung zur Selbstversorgung des näheren Umkreises. Durch priesterliche Führung wurde bestimmt, welcher Anteil davon an die Obrigkeit abgegeben werden mußte. Darüber hinausgehende

Gemeinschaftsbedürfnisse wie Kriegsdienste, Bauleistungen usw. wurden durch konkrete Mitarbeit geleistet. Da die sozialen Einrichtungen und Festlegungen auf der Grundlage des den Kulturstrom tragenden Mysterienwissens vorgenommen wurden, konnte jeder seine soziale Stellung als von höheren Mächten gewollte akzeptieren. Noch in Sumerien trugen die Menschen die zum Tausch bestimmten Erzeugnisse in den Tempel, und Priester legten die Verrechnungsverhältnisse des Tausches (heute würden wir Preis sagen) fest.[4] Auch der Handel der damaligen Zeit war ein Produkte–Tauschhandel.

2. Warengeld – Die Entfaltung des Produkttauschverkehrs – Das Kaufgeld

Aus diesem Mysteriendunkel tauchen die ersten Geldformen auf, zunächst in der Form von Metallstücken und -münzen aus Gold, Silber, Kupfer und sogar noch Eisen. Sie tragen anfänglich Prägungen von Götterköpfen oder -symbolen, dann die Köpfe oder Wappen der Herrscherhäuser, zum Schluß nur noch die abstrakteren Hoheitszeichen moderner Staaten. Die gewaltige Vereinfachungskraft des Geldes im Warentausch, seine Praktikabilität im Umgang, aber auch seine Anhäufungsmöglichkeit führten zur schnellen Ausbreitung. (Die neue, auf Handel und Tausch abgestellte Art zu wirtschaften, veranlaßte bereits Aristoteles, dafür, neben der Ökonomie als Hauswirtschaftslehre, eine neue Wissenschaft vom Gelderwerb, die Chrematistik, zu begründen.) Allerdings war die enge Verbindung von *Gold* bzw. anderen Metallen und *Geld* die notwendige Voraussetzung dieser Entwicklung.

Wer für ein von ihm erzeugtes Produkt beim Verkauf von seinem Tauschpartner, dem Käufer, als Gegenwert z.B. eine Goldmünze erhält, tut dies in der Regel nicht des Goldes wegen. Vielmehr dokumentiert das Geld nur einen gleichgewichtigen Anspruch zum Bezug anderer Waren gemäß seiner Bedürfnisse, jedoch zu einem späteren Zeitpunkt und von einem beliebigen Partner innerhalb der Gemeinschaft, innerhalb derer dieses Geld als Anspruchsdokument akzeptiert wird. Einen solchen Tausch zwischen einem realen Produkt und einem noch unerfüllten Versprechen wird man nur eingehen, wenn diese Rechtsverhältnisse über längere Zeit hin als stabil empfunden werden. Die schwankenden politisch-rechtlichen Verhältnisse der letzten 3000 Jahre hätten die tatsächlich stattgefundene stürmische Entwicklung des Geldes nie zugelassen, hätte das Geld nicht gleichzeitig aus Metall bestanden. Weil eine Goldmünze eben nicht *nur* ein Rechtsdokument mit einer *Rechtskraft* ist, sondern gleichzeitig auch als Metall einen *wirtschaftlichen Wert* besitzt, konnte Geld dieser Form auch in unsicheren Zeiten existieren. Im schlimmsten Fall mußten Münzen umgeprägt werden. *Das Metallgeld der Vergangenheit war Warengeld.* Und so wurden früher die Münzwerte nach dem Metallgewicht, wie bei allen Produkten, bestimmt.

In dieser Zeit des Warengeldes entfaltete sich vor allem die Eigenschaft des Geldes als Tauschmittel in Verkauf und Kauf. Das Geld war in erster Linie *Kaufgeld*. Auch neues Geld kam als Kaufgeld in Umlauf, indem neu geschürfte oder erbeutete Münzmetalle geprägt und zur Bezahlung von Ausgaben verwendet wurden. Dadurch wurden einerseits Gebiete mit Metallvorkommen oder bei Eroberungen erfolgreiche Länder begünstigt; andererseits mußte man leidvoll erfahren, daß eine beliebige Vermehrung des Kaufgeldes, wie sie z.B. Spanien durch die Eroberung der Goldschätze Amerikas möglich wurde, nur zu inflationärer Armut führt, wenn keine Produkte vorhanden sind, die man damit kaufen kann. Was früher nicht geschätzt wurde, nämlich die «natürliche» Begrenzung der Geldmenge durch die Seltenheit der Metalle, hat auch heute immer wieder Geldtheoretiker mit einer Goldumlaufswährung liebäugeln lassen. Damit wäre die Geldmenge der menschlichen Willkür entzogen und die hektische Gegenwartsentwicklung würde in ruhige Bahnen gelenkt. Die Geschichte der Versuche zur Durchbrechung dieser Limitierung, angefangen von den Metallwertverschlechterungen schlauer Fürsten bis zum hemmungslosen Einsatz der Notenpresse in unserer Zeit, zeigt einerseits die Berechtigung, aber gleichzeitig auch die Unmöglichkeit, beim Warengeld stehenbleiben zu wollen.

Die Zeit der Entwicklung der Kaufgeldseite des Geldes war bewußtseinsmäßig und sozial die der beschleunigten Emanzipation des einzelnen aus den Bindungen der in Mysterien überlieferten Urweisheit und der darauf beruhenden Gesellschaftsformen. Aus dem erwachenden Selbstgefühl und dem sich daran anschließenden Selbstbewußtsein heraus tauchen allgemeine Bürgerrechte und erste demokratische Einrichtungen auf. Der Umgang mit Geld war von Anfang an ein Jedermanns-Recht. Damit trat auch die soziale Verantwortung für die wirtschaftlichen Verhältnisse der Menschen untereinander aus dem Tempelbezirk heraus ins profane Leben: Der Preis wird zur Angelegenheit derer, die miteinander kaufen und verkaufen. – Nach und nach wurde das gesamte Sozialgeschehen fast restlos auf den Umgang mit Geld umgestellt. An die Stelle realer Leistungen traten Geldsummen, z.B. Söldnerlohn, Geldsteuern, Abkauf von Lehensrechten usw. Die daraus erwachsende Geldnot erzwang die Neuorientierung der eigenen Leistung an der *Verkäuflichkeit* statt an Eigenbedürfnis und Herstellbarkeit. Während Handwerk und Städter von dieser Entwicklung profitierten, machte der Bauernstand seine tiefste Krise durch. In der Landwirtschaft, wo die Selbstversorgungsrate natürlicherweise immer hoch und damit Bargeld knapp war, konnten die ständigen Geldforderungen oft nicht erfüllt werden. Die Mehrzahl der Bauern stürzte infolge der dadurch ausgelösten Verschuldung in die Leibeigenschaft des ausgehenden Mittelalters. (Im Gegensatz dazu kann bei einer Naturalabgabe höchstens Armut auftreten.)

3. Geld als Rechtsdokument ohne Warenwert –
Die Entfaltung der Produktivität – Das Leihgeld

In der Neuzeit mit ihrer stürmischen kolonialen und später technischen Welteroberung erreicht auch das Geld eine neue Stufe. Nicht mehr das Tauschmittel Geld, das Kaufgeld, steht im Mittelpunkt des Interesses, sondern das *Kreditmittel* Geld. (Dabei ist zu beachten, daß die verschiedenen Geldstufen zwar nacheinander entwickelt werden, jedoch nach ihrer Entstehung bestehen bleiben, wenn auch an die späteren Zustände angepaßt.) Die Menschheit wird unternehmungslustig. Unternehmungen sind auf die Zukunft gerichtet und benötigen zwei Voraussetzungen, entsprechende Ideen und Fähigkeiten einerseits, Kapital zur Vorfinanzierung des Weges bis zum Zukunftsziel andererseits. Der Kredit schlägt eine Brücke da, wo Fähigkeits- und Kapitalbesitz personell auseinanderfallen. Indem tragfähige Formen des Leihens entwickelt werden, wird das Fähigkeitspotential der Menschheit erschlossen. Während es beim Kaufgeld darauf ankommt, was man dafür *erhält*, kommt es jetzt beim Leihgeld darauf an, was man daraus *macht*. Der Warenwert des Geldes tritt in den Hintergrund.

Indem der menschliche Tatendrang die Naturgegebenheiten überwindet, ist auch die Geldmenge nicht länger durch die Natur zu begrenzen. (Es ist interessant, daß der erste Papiergeldversuch des Schotten Law gekoppelt war mit der Ausgabe der Aktien zur Finanzierung seiner kolonialen Unternehmungen.) Dieses Papiergeld ist materiell wertlos, besitzt keinen direkten Warenwert mehr, sondern dokumentiert nur noch ein Recht. Um den mißtrauischen Bürger langsam vom Sicherheit verleihenden Warencharakter des Geldes zu entwöhnen, wurde zunächst eine Grund- und Bodendeckung (Law), später üblicherweise eine Golddeckung eingeführt: Auf Wunsch konnte der Papierschein in eine festgelegte Gewichtseinheit Gold umgetauscht werden. Der Goldvolldeckung folgte später die Goldteildeckung, um mehr Kreditspielraum zu haben. (Gleichzeitig gab es immer wieder Gold- oder Silber-Umlaufmünzen.) Den letzten Schritt zur Beendigung dieser Übergangsära machte die USA, als sie 1971 die Goldeinlösepflicht des Dollar aufhob. Das Gold, als Katalysator, hat seine Aufgabe erfüllt und bildet nunmehr einen reinen Warenmarkt. Das Geld aber zeigt sich in seiner neuen Gestalt: *Es ist ein reines Rechtsdokument geworden.* Seine Gesamtverwaltung wird hoheitlich zentralen Notenbanken und den damit verbundenen Geschäftsbanken übertragen.

Inzwischen hat sich auch die Erkenntnis durchgesetzt, daß neues Geld nur auf dem Kreditwege, also auf der Leihgeldebene, in das Wirtschaftsleben eintreten darf. Denn dadurch wird nicht nur Kaufkraft in Umlauf gesetzt, sondern gleichzeitig auch der Prozeß zu einer äquivalenten Produkterzeugung angefacht, so daß nicht wie früher die Einseitigkeit der Inflation entsteht, sondern ein neues Gleichgewicht auf höherer Versorgungsebene. Die Möglichkeit, nun die Notenpresse in Gang setzen zu können, weist auf die neu entstehende Frage hin: Wieviel Kredit und damit Geld kann und darf in die Wirtschaft fließen und wie soll das entschieden werden? Die Entwicklung zum bargeldlosen Zahlungsverkehr hat diese Frage noch verschärft. Konnten früher Banken nur Geld verleihen, das bei ihnen für eine bestimmte Zeit dem Geldumlauf entzogen war (Spargeld), so führt bargeldloser Zahlungsverkehr dazu, daß auch das umlaufende Geld physisch nie die Bank verläßt. Jeder «Auszahlung» entspricht dann eine «Einzahlung». Damit wird das Kreditvolumen geldtechnisch grenzenlos. Dieser, Kreditschöpfung genannte, Prozeß ist heute nur limitiert dadurch, daß noch immer ein Teil des Geldes bar umläuft und das Geldvolumen sich auf unterschiedliche Banken verteilt. Für diesen Teil des die Bank verlassenden Geldes muß eine bestimmte Geldmenge vorrätig gehalten werden, die sog. Bargeldreserve. Dieser Prozentsatz kann zusätzlich von der Notenbank verändert werden. – Die beiden Begrenzungen durch Geldumgangsgewohnheiten und Konkurrenzverhältnisse der Banken sind rein äußerlich und werden durch die weiterschreitende Entwicklung eliminiert werden; die Notenbankregelung dagegen ist ein erster Schritt zu einer bewußten Grenzziehung.

In dieser Zeit der Entwicklung der Kreditseite des Geldes, des Leihgeldes, wurde mit Euphorie die Produktivität der Unternehmer zur Wirksamkeit gebracht. Der dadurch ausgelöste Wachstumsrausch der Wirtschaft ließ die Frage nach allgemeiner sozialer Gerechtigkeit ganz außer acht. Löhne als «Preis für Arbeit» waren Kosten, die es so niedrig wie möglich zu halten galt. Der Produktivitätsgipfel der ersten Industrialisierungszeit markiert zugleich einen Tiefpunkt in den sozialen Beziehungen. Das «eherne Lohngesetz» beschreibt diesen untersten Punkt als das Existenzminimum, bei dem sich das Leben auf das Überleben reduziert und damit das Menschsein auf die Stufe des Tierseins zurückdrängt.

4. Geld als Gestaltungsmittel der sozialen Ordnung – Der Mensch als Träger der Produktivität – Das Schenkungsgeld

Eine neue Stufe der Entfaltung der Geldwirksamkeit entsteht dadurch, daß jetzt die soziale Frage wiederum auftaucht und der Zusammenhang mit dem gelddurchzogenen Wirtschaftsleben gesucht wird. Entscheidend ist dabei nicht die Tatsache, «daß» dies geschieht; wichtiger wäre, «wie» das geschieht. Die noch kurze Erfahrung auf diesem Felde zeigt, daß die Neigung zu obrigkeitlicher Sozialgestaltung noch sehr stark ausgeprägt ist, ja daß das «soziale» Argument den Obrigkeitsausbau stützt und fördert. In dieser Stufe wird sich auch entscheiden, ob die wertetreibende Kraft des Geldes an ihrer Verselbständigung gehindert und zurückgebunden werden kann.

Die neue Phase begann, während die Entwicklung des Leihgeldes noch in vollem Gange war. Dem «Jeder sorgt für sich, so viel er kann»-Egoismus der Marktwirtschaft gegenüber, der in Verbindung mit den bürgerlichen Eigentumsregelungen nur Unternehmern und Kapitaleigentümern den erhofften Vorteil gebracht hatte, erwachte nun ein neues soziales Gewissen. Sozial denkende, weitblickende Unternehmer versuchten, Betriebsgemeinschaften und ihr Umfeld auf eine menschlichere und gerechtere Basis zu stellen (Owen, Krupp, Siemens ...); im Genossenschaftswesen sollten Arbeiter selbst in den Unternehmerstatus treten oder Solidargemeinschaften bilden; in der Gewerkschaftsbewegung sollte zunächst der Bildungsstand der arbeitenden Bevölkerung gehoben (Arbeiterbildungsvereine), später jedoch eine verhandlungspolitische Gegenmacht zu den Unternehmern geschaffen werden; schließlich entstand die politisch-weltanschauliche Bewegung des Sozialismus, der davon ausgeht, daß mit einer Übernahme der Gestaltungsmacht durch die Arbeiterschaft die Ungerechtigkeiten bereits an der Quelle beseitigt seien. Die größten Wirkungen aber gingen zweifellos von der demokratischen Entwicklung aus, in der sich nun soziale Gesichtspunkte nach und nach zur Geltung bringen konnten und zu unterschiedlichsten Formen von Sozialstaatlichkeit führten. An die Stelle alter, soziale

Hüllen bildender Gesellschaftskollektive unter Mysterienanleitung tritt nun das vom demokratischen Gleichheitsgrundsatz getragene «Soziale Netz» moderner Staaten. Nicht mehr das Produkt, nicht mehr die investive Produktivitätsentfaltung, der tätige Mensch selber als Träger der produktiven Fähigkeiten tritt mit dem Recht auf menschenwürdiges Dasein in den Vordergrund sozialer Bestrebungen.

Wie erreicht man, daß jeder Bürger genügend Kaufgeld erhält? Die Kaufgeldfrage wird zur Verteilungsfrage: Welchen *Anteil* erhält jeder einzelne vom *gemeinsam Erwirtschafteten?* Nur als Verteilungsregelung läßt sich die Lohnfrage befriedigend und wirklichkeitsgemäß lösen. Denn Ziel des Wirtschaftslebens kann doch nur die Steigerung der Lebensqualität *aller daran Beteiligten* sein. Langsam verbreitet sich auch die volkswirtschaftliche Einsicht, daß Löhne nicht nur Kosten, sondern vor allem auch nachfragende, kaufende Einkommen darstellen, d.h. letztlich der Motor des Wirtschaftslebens sind. Die Höhe der heute erreichten Einkommen darf aber nicht darüber hinwegtäuschen, daß der Lohn noch immer weitgehend als Bezahlung der Arbeit angesehen wird; daß noch immer die Erträge eines Unternehmens zunächst dessen Eigentümern gehören, aus denen diese dann den Lohn bezahlen usw. – Entsprechend werden auch die «Sozialkosten» angeschaut. Abgesehen davon, daß mit diesem Wort ganz unterschiedliche Sozialbeziehungen gleichgeschaltet werden, löst es falsche Empfindungen und Vorstellungen aus. Bei den Beträgen, die an Kinder und Alte, Kranke und Behinderte usw. fließen, handelt es sich nämlich nicht um «Kosten», also Erlösschmälerungen der Einkommen der Tätigen; vielmehr steht diesem Personenkreis ebenfalls ein Anteil an den wirtschaftlichen Erträgnissen *von Anfang an zu,* weil sie zu unserem Lebensganzen gehören. Man wird dabei ja auch nicht übersehen können, daß wir nur die Hälfte unseres Lebens im engeren Sinne zu den Tätigen gehören, die restliche Zeit aber selbst auf den dann zugesprochenen Anteil angewiesen sind.

Auch auf dem Feld des Leihgeldes findet eine Umorientierung statt. Unter dem Stichwort «Social Investment», bisher alleinige Zuständigkeit des Staates, fragen nun auch zunehmend Sparer, was denn eigentlich mit ihrem Geld geschieht, außer daß es Zinsen abwirft. An welche Unternehmungen wurde es verliehen? Welche Produkte werden damit gemacht? Wie sind Gesinnung und Sozialverhalten des Kreditnehmers? Beim Sparer und Geldanleger wird ein Verantwortungsbewußtsein für Geldwirksamkeiten wach, das früher nur bis zum Bankschalter reichte. Auch hier handelt es sich um erste vorsichtige Schritte, nicht selten noch voller Illusionen, denn wir sind arbeitsteilig viel stärker mit allen anderen verknüpft, als es unsere neue Anlegermoral gern hätte. Auch die Frage nach der «Humanisierung» der Arbeit gehört in diesen Bereich. Hier stehen wir vor einer wichtigen Weichenstellung. Während die einen nach wie vor darum ringen, wie man das wirtschaftliche Leben mit Menschlichkeit durchdringen kann, halten dies andere nicht für möglich und fordern seine radikale Verkürzung, so weit dies technisch möglich ist, um mehr Freizeit zu haben, in der dann das eigentlich menschliche Leben stattfinden kann.

Mit der «Freizeit» zeigt sich das neue Element der Geldwirksamkeit unverhüllt. Denn während die «Umverteilung», besser wäre «Andersverteilung» der Einkommen ganz im Wirtschaftlichen verhaftet bleibt, ja dies sogar eher noch fördert und auch das Social Investment Umorientierungen, nicht aber Stornierungen will, steht die Freizeit der Werte erzeugenden Arbeitszeit diametral entgegen. Arbeitszeit wird zurückgedrängt, damit freier Lebensraum entsteht, der nun nicht dem wirtschaftlichen zugewandt ist. In der Freizeit sind wir nur Verbraucher, die wirtschaftliche Werte für die Pflege, die Entfaltung und Entwicklung der eigenen Individualität einsetzen. Freizeit, soll sie nicht zu Lasten der Versorgungslage, des «Wohlstandes», gehen, muß durch erhöhte Produktivität der verbleibenden Arbeitszeit ausgeglichen werden. Diese Erhöhungen sind Wirksamkeiten menschlichen Geistes, der sich somit den Freiraum für seine eigene Pflege selbst schafft. Dieses Verhältnis gilt für das gesamte Kultur- und Geistesleben. Die Befriedigung seelisch-geistiger Bedürfnisse ist erst möglich, wo uns die wirtschaftlich erzeugenden Kräfte so weit tragen, daß wir uns eine bestimmte Zeitlang anderen Dingen zuwenden können. Unsere Sozialproduktrechnung verfälscht das wirkliche Bild, indem es alle sozialen Leistungen addiert. Die Wirklichkeit sagt anderes. Denn wenn ich für eine Leistung geistiger Art, z.B. dieses Buch, einen bestimmten Betrag bezahle, dann folgt dieser Vorgang zwar den Grundregeln des Tausches «Leistung – Gegenleistung», aber nur formal. Der Buchumsatz darf nicht ohne weiteres zur allgemeinen Wertschöpfung addiert werden, sondern er vermindert, verbraucht einen wirtschaftlichen Wert, um einen seelisch-geistigen zu ermöglichen. In Wirklichkeit handelt es sich also um einen Gleichgewichtsprozeß zwischen wirtschaftlich aufbauenden und wirtschaftlich abbauenden Vorgängen. Durch die letzteren kommt das Geistesleben zur Erscheinung. – Die Kräfte, die in beiden Bereichen wirken, sind in beiden Fällen geistig. Im produkterzeugenden Wirtschaftsleben sind es, neben den Naturkräften, die menschlichen Fähigkeiten, die konkret auf einen festgelegten Zweck angewandt werden. Im allgemeinen Geistesleben dagegen geht es um *diesen Geist selbst,* seine Pflege und Bildung. Dieses Kulturleben existiert nur in dem Maße, als wir das Bedürfnis danach empfinden und es auch wirtschaftlich ermöglichen. Einen unmittelbaren wirtschaftlich-zurechenbaren Nutzen erwarten wir nicht, ja dürfen wir in der Regel nicht erwarten, da wir unsere Individualität, die ja nur im Geistigen zu finden ist, sonst wirtschaftlichen Interessen unterordnen würden.

Dieses Geld, das wir ausgeben, indem wir also einen handfesten wirtschaftlichen Wert gegen einen luftigen seelisch-geistigen eintauschen, das also ohne *wirtschaftlichen* Gegenwert bleibt, nennen wir richtigerweise *Schenkungsgeld.* Denn bei einer Schenkung erwarten wir keine direkte Gegenleistung. Dies gilt auch dann, wenn man, wie bei diesem Buch, einen «Kaufpreis» entrichtet hat. (Den Unterschied kann man sich daran klar machen, daß man zwar auf dieses Buch verzichten kann, auf das Essen dagegen nicht. Natürlich handelt es sich wie überall im Leben darum, nur auf die beiden Kräftepole hinzuweisen, die in dieser isolierten Form nie auftreten.) Allerdings bilden sich im Kulturleben gerade die geistigen Fähigkeiten und Bedürfnisse, aus denen auch die zukünftige wirtschaftliche Entwicklung gespeist wird. Was jetzt nur verbrauchend auftritt, verwandelt sich in der Zukunft in Produktivität. Was im Leihgeldbereich als schaffend fruchtbar auftritt, ist als Keim in einem davorliegenden Geistesleben – dessen innerster Kern ja Erziehung ist – gebildet worden.

Die Notwendigkeit eines freien, selbstverantworteten Geisteslebens zeigt sich zweifach. Zum einen fordert gerade das Wirtschaftsleben der heutigen Zeit eine gewaltige Bildungsleistung, die auch nicht mit der Schule abgeschlossen sein darf, sondern sich in die Anstrengung der eigenen Fortbildung fortsetzt; die ungeheuren seelischen Belastungen fordern eine neue Seelenstärke; die komplexere Sicht der Welt neue Erkenntniskräfte; der Veränderungsbedarf neue Willenskräfte. – Andererseits wird auch die Seite des reinen Verbrauchertums in der Gegenwart benötigt. Das Wachrufen der menschlichen Produktivität unter immer stärkerer Hinzuziehung der technisch genutzten Naturkräfte hat die Möglichkeiten zur Leistungserzeugung so gesteigert, daß wir uns immer stärker zurückhalten müssen, sie ganz auszunutzen. Der Rückführungsversuch der ständigen Überschüsse in die Kaufgeld- und Leihgeldebene stößt längst an seine Grenzen. Bei einer Sparquote von 15 % hat der Konsum allmählich eine Sättigungsmarke erreicht, wo vielfach nur noch Austausch- und Erneuerungsprozesse stattfinden. Aber auch die Investitionsmöglichkeiten sind kaum noch steigerbar. Wir ersticken an Liquidität. Außerdem würde sich bei einer ständigen Reinvestition der Überschüsse eine exponentiale Wachstumsfunktion ergeben, bei der die Wirtschaft unter der Last der eigenen Produktion zusammenbrechen würde. Die Wirtschaft ist darauf angewiesen, daß es genügend reine Konsumenten gibt. Warum zuwenig Schenkungsgeld fließt, wird noch zu behandeln sein.

Äußerlich hat sich am Geld mit der Herausbildung des Schenkungsgeldes nichts mehr geändert. Nur die Bargeldlosigkeit bringt durch den «Kontoauszug» stärker als umlaufendes Geld zum Bewußtsein, daß in der Geldverteilung die Buchhaltung des gesamten sozialen Organismus in Loseblattform vorliegt. Indem das Geld aus der Sichtbarkeit verschwindet, wird das Bewußtsein frei für das statistisch-buchhalterische Gewahrwerden seiner sozialen Wirksamkeit.

Soll dieses Bewußtsein jedoch nicht abstrakt bleiben, so sind starke Eingriffe in die sozialen Vorgänge, sowohl real als auch beim Geld, notwendig.

Das Geld als Kaufgeld

> Der Gebrauch des Geldes liegt einzig darin,
> daß man es ausgibt. *Thomas von Aquino*

Kaufgeld zu sein ist die Grundwirkung des Geldes. Ein arbeitsteiliger sozialer Organismus ist existentiell darauf angewiesen, daß diese Wirkung auf richtige Weise vorhanden ist. Denn letztlich müssen sich alle geschaffenen Werte gegeneinander tauschen in Verkauf und Kauf.

Durch das Dazwischentreten des Geldes wird der ursprünglich einheitliche Tauschakt (Ware gegen Ware) in zwei Hälften zerlegt (Ware gegen Geld; Geld gegen Ware). Aus der konkreten Ware wird das Recht auf eine x-beliebige Ware. Darin liegt die Genialität des Geldes im Tauschbereich. Daraus erwachsen aber auch neue Fragestellungen:

1. Wie kann es erreicht werden, daß jeder für sein Geld auch das bekommt, was er will?
2. Wie kommt es zu einem gerechten Preis?

Beide Fragen gehören eng zusammen. Während die Marktwirtschaft die Menge über Preisveränderungen steuert, damit aber den Gerechtigkeitsanspruch an den Preis aufgibt und durch konkurrenzbedingte Billigkeit ersetzt, haben Planwirtschaften versucht, die Mengen unmittelbar festzulegen, unter Preisgabe der x-Beliebigkeit und der Funktion des Preises überhaupt. Beide unbefriedigenden Einseitigkeiten werden auch nicht besser, wenn sie das gegenseitige Element einfach mit dazunehmen, wie das gegenwärtig geschieht. (In der Marktwirtschaft wird unaufhörlich geplant und abgesprochen; in der

Planwirtschaft werden teilautonome Märkte z.B. im Bereich landwirtschaftlicher Produkte zugelassen).

Im Aufsatz über die Assoziation[5] wurde ausgeführt, wie beide Fragen erst durch das assoziative Wirtschaften befriedigend immer wieder zur Lösung gebracht werden können. Es ist *die* Aufgabe, die durch das Kaufgeld in das soziale Leben hineingetragen wurde. Jede Geldordnung wird anderenfalls auf einem brüchigen Fundament aufbauen. Indem die Lebenseinheit «Tausch» in zwei Hälften zerbrochen wird, formt sich durch das Eintreten des Geldes der Bewußtseinsspiegel. Am sich darin zeigenden Preis erst läßt sich das klare Bewußtsein über soziale Verhältnisse fassen, das wir heute als Grundlage unserer Handlungen benötigen.

Damit ist bereits auf die einzig mögliche vorbeugende Therapie gegenüber der dritten Aufgabenstellung hingewiesen:

3. Wie vermeidet man, daß Verkauf bzw. Kauf als die beiden Hälften der ursprünglichen Tauscheinheit bereits selbst als jeweilige Ganzheit angesehen werden?

Indem das Geld durch die Vollständigkeitsillusion der Tauschhälfte selbst zu einer Ware gemacht wird, wird der Grundstein gelegt für einen Wettbewerb zwischen Geld und Ware, den das Geld dank seiner Besonderheiten stets gewinnen wird. Das soziale Leben kennt Rhythmen, und das Kaufgeld muß diese Rhythmen mitmachen; Geld an sich aber wird in seiner Eigenumschlagsgeschwindigkeit nur aufgehalten durch die Wartezeiten bei der Umbuchung. In der Tendenz zur «Mode» auf allen Verbrauchsgütermärkten wird versucht, den Konsumenten aus seinen Lebensgewohnheiten und -rhythmen zu entwurzeln und an die Geld-Umsatz-Interessen anzupassen.

Während das Geld im Rhythmus der Kaufgewohnheiten die Hand oder das Konto wechselt, verändert sich seine Bedeutung ständig zwischen Eindeutigkeit (für *dieses* Produkt erhalten oder ausgegeben) und Vieldeutigkeit (solange über seine Verwendung noch nicht entschieden ist). Bei der Geldausgabe erlischt der alte Anspruch auf Warenbezug; beim Geldempfänger entsteht ein neuer Anspruch. Der Anspruchsinhaber wechselt, das Anspruchsdokument bleibt. Dieser letzteren Tatsache wird von manchen Denkern zu wenig Gewicht beigemessen, erst recht seit der Zeit des dokumentlosen Buchgeldes, weil sie wie gebannt auf die dahineilende Anspruchswelle schauen. Daß diese «Verbriefung» des Rechtes, die seine Verstetigung bedeutet, aber erhebliche Folgen haben kann, zeigt sich an der vierten Fragestellung des Kaufgeldes:

4. Wie erhält man die zeitliche Übereinstimmung zwischen dem Geltendmachen des Geldanspruchs und dem Vorhandensein der Gütermenge, auf die sich der Anspruch bezieht?

Erhaltenes Geld muß nicht sofort wieder ausgegeben werden. Es gibt gute Gründe, einen Teil zurückzuhalten, zu sparen: eine spätere größere Anschaffung, Absicherung gegen Lebensrisiken, Kapital zur Verselbständigung usw. Manchmal ist es auch nur die instinktive Gewohnheit, mit der ein Hund den Knochen vergräbt, oder auch bereits ein Nicht-wissen-wofür. Ein stark zunehmendes Motiv aber ist die Geldanlage zum Zinsertrag, der an die Stelle eines erarbeiteten Einkommens treten kann.

Durch das Sparen wird die Kaufkraft-Zirkulation gestaut und damit zunächst in Unordnung gebracht. Mit dem Spargeld wird auch die Ebene Kaufgeld verlassen, obwohl es selbstverständlich jederzeit wieder kaufen könnte, aber was? Und wann? Im Kaufgeld herrscht Gleichzeitigkeit von Leistung und Gegenleistung; mit dem Sparen bekommen Ware und Geld eine jeweils eigene auseinanderlaufende Zeitdimension. Während das wirtschaftliche Leben in Erzeugung und Verbrauch kontinuierlich weitergehen muß, ist das verbriefte Recht «Geld» in seiner Abstraktheit fast beliebig lang «überwinterungsfähig». Aus diesem von allem Anfang an unfairen Wettbewerb um die Zukunft darf das Geld keinen Vorteil schlagen. Sonst würde belohnt, wer den Schaden verursacht. Schaden- und Vorteilsprobleme werden jedoch erst später sichtbar, veranlagt sind sie an dieser Stelle der Kaufgeldsphäre.

Hier muß kurz auf die Argumentation von *Silvio Gesell* (1862 – 1930) eingegangen werden. Er nimmt an, daß der «unfaire» Wettbewerb zwischen Geld und Ware bereits beim Kaufvorgang wirksam wird. Beim Tausch Ware gegen Geld ist der Geldbesitzer im Vorteil. Die Verderblichkeit der Ware bringt nämlich den Warenverkäufer in einen Verkaufszwang und drückt damit tendenziell den Preis (dieser Vorteil, den das Geld grundsätzlich hat, ist der Ursprung des Geldzinses). Jetzt seine Gedankenfolge: «Die Unverderblichkeit macht das Geld zum bevorzugten Spargut, weil alle anderen Waren verderblich sind und höhere Lagerkosten verursachen. Da es nicht möglich ist, alle auszutauschenden Waren auch so unverderblich zu machen wie das Geld, bleibt nur die Möglichkeit, das Geld so verderblich zu machen wie die Waren.»[6] Diese Argumentation ist auf der Kaufebene so nicht richtig. Denn der Geldbesitzer ist immer auch Bedürfnis-Empfindender; der Verderblichkeit der Ware steht die eigene Verderblichkeit gegenüber. Dabei kann innerhalb des globalen Gleichgewichtes durchaus im Einzelfall der Drang zum Tausch unterschiedlich auf beiden Seiten verteilt sein. So lange deshalb Geld kauft, so lange hat es auch keinen Vorteil. – Gesell aber meint den Kaufmann, der zwischen Erzeuger (Verkäufer) und Konsument (Käufer) steht. Für diesen sind Ware und Geld nur Mittel zum gewinnhervorbringenden Umsatz. Der Handel tritt dem Erzeuger als Käufer gegenüber, dem Konsumenten als Verkäufer. Aus dieser Position, die nur im Geld begründet erscheint, da der Handel kein Verbrauchsinteresse an der Ware hat, schöpft er nun einen Gewinn, der als Geldverzinsung erscheint und nicht als Arbeitseinkommen. – Bei dieser Argumentation wird übersehen, daß der Handel mit dem Wareneinkauf auch die Verderblichkeit übernimmt und auf der anderen Seite der ungeduldige Käufer zur Konkurrenz abwandert. Darüberhinaus zeigt sich, daß es sich beim Handel nicht um ein *Geldordnungs-*, sondern um ein *Wirtschaftsordnungsproblem* handelt. Dies wird verständlich, wenn man berücksichtigt, daß Gesell damals durch und durch Marktwirtschaftler war. In der Theorie von Angebot und Nachfrage ist nämlich im Grunde für den Handel kein Platz: Als Nachfrager ohne Verbrauchsinteresse und als Verkäufer ohne Erzeugerinteresse bleibt nur das Geldinteresse übrig. Deshalb mußte so betont werden, daß das Hauptproblem des Kaufgeldgebietes dessen assoziatives Durchdringen ist, das auch den Handel wieder in das reale Sozialgeschehen integriert.[7] Im Kaufgeldbereich muß nicht die Ware Geld «verderblich» gemacht werden – das wäre nur eine Symptombehandlung -, sondern die Kaufprozesse müssen so gestaltet werden, daß Geld nicht zur Ware gemacht werden kann.

1. Inflation und Deflation

Gegenüber dem Naturaltausch wird bei geldvermittelten Tauschprozessen der Gegenwert der Geldeinnahme erst bei der Ausgabe sichtbar. Wieviel reale Güter und Leistungen man für eine bestimmte Geldeinheit erhält, bestimmt die «Kaufkraft» des Geldes: Diese ändert sich mit jeder Preisänderung. Für den einzelnen kann es erhebliche Auswirkungen haben, wenn sich ein Einzelpreis ändert, der gerade sein Lebensumfeld stark betrifft, wie z.B. eine Fahrpreiserhöhung für einen Pendler. Geldwirtschaftlich werden diese Auswirkungen erst relevant, wenn sich das ganze Preisniveau verändert. Um dies festzustellen, kann man natürlich nicht nur alle Preise zusammenzählen, sondern muß nach der Verwendung im Leben gewichten. So werden «typische» Lebensmuster statistisch konstruiert, z.B. die «typisch deutsche» Familie mit zwei Kindern, mit Durchschnittseinkommen und Durchschnittsverbrauch an Gütern und Leistungen. Die prozentuale Veränderung dieser «Lebenshaltungskosten» gilt als die populärste Teuerungs- bzw. Verbilligungsrate. Verteuert sich die Lebenshaltung, so sinkt die Kaufkraft des Geldes, und man spricht von Inflation; verbilligt sich die Lebenshaltung, so steigt die Kaufkraft des Geldes und es entsteht Deflation. Dabei zeigt der langfristige Trend der Nachkriegszeit eindeutig nur in Richtung Inflation: Mit dem Schweizer Franken des Jahres 1939 kann man heute nur noch 25 % der damaligen Gütermenge kaufen. Seine Kaufkraft ist also von 100 % auf 25 % gesunken, oder, in anderer Ausdrucksform, die Preise der Produkte sind zwischenzeitlich um 400 % gestiegen. – Da sich alle Wirtschaftsfachleute einig sind in der Ablehnung einer Deflation und alles tun wollen, etwas derartiges im größeren Stile nicht aufkommen zu lassen, sollen die weiteren Ausführungen zunächst unter dem Gesichtspunkt der Inflation stehen.

Als Ursache für inflationäre Erscheinungen kommen ganz unterschiedliche Faktoren in Betracht, weshalb die volkswirtschaftlich-geldtechnische Definition, daß dann die Geldmenge größer als die Produktmenge sei, dem Phänomen gar nicht gerecht werden kann:

1. Wirtschaftliche Gründe. Vor allem Lohn- und Rohstoffkosten werden hier angeführt. So werden die Löhne in bestimmten Abständen der Teuerungsrate angeglichen. Da Löhne aber als Kosten betrachtet werden, so muß ein höherer Lohn seinerseits wiederum den Preis treiben (Lohn-Preis-Spirale), es sei denn, es findet Einkommensumverteilung statt, oder man steigert in gleichem Umfang die Produktivität mit den Folgen von Überproduktion oder Arbeitslosigkeit. Hier spiegelt sich die Problematik, daß man die Arbeit als eigenes Marktgeschehen denkt und nicht den Lohn als Ertragsanteil eines Unternehmens. Ertragsverteilungen können nur verteilen, was da ist, und deshalb nie Kosten treiben. – Bei der Rohstoff-Frage dagegen liegt im Einzelfall durchaus manche Vorkommens- und Lieferknappheit vor; im allgemeinen jedoch handelt es sich um den Korrekturbedarf alter Preis-Ungerechtigkeiten im internationalen Austausch. Hier wird uns nur genommen, was uns so nicht zustand. – Die sogenannte «nachfrageinduzierte» Inflation kann eigentlich nicht das Preisniveau als Ganzes betreffen, da es nur zu Geldumverlagerungen kommt, also irgendwo gleichzeitig auch weniger ausgegeben werden kann. Somit bleibt das rein wirtschaftliche Problem einer globalen Unterversorgung mit Gütern. In diesem Falle würde eine inflationäre Kaufkraftentwicklung zum Ausdruck bringen, daß das aus anderen oder früheren Quellen stammende Geld nicht mehr gedeckt ist.

2. Rechtsgründe. Schon bei Lohn- und Rohstoffpreisen zeigte sich, daß es sich eigentlich um Rechtsfragen handelt oder, im Falle der Teuerung, um den Ausgleich alter Ungerechtigkeiten, evtl. auch die Schaffung neuer. Dazu gehört heute auch das Drängen der Entwicklungsländer nach gerechteren Preisen. Auch die Renten aufgrund von Eigentumsrechten fallen in diesen Bereich, z.B. die Bodenpreise oder die Kapitaleigentümerrechte.

3. Kulturelle Gründe. Unser soziales Leben fordert immer mehr Korrekturen bisheriger Verhaltensweisen. Leistungen zur Beseitigung von Schäden können nicht einfach als neue Wirtschaftsleistungen verkauft, sondern müssen als Kosten zum ursprünglichen Leistungsprozeß gerechnet werden (Verursacherprinzip). Vor allem der Gesichtspunkt der Qualität der Produkte, der Umwelt, der Arbeitsbedingungen usw. führt zu einer Verteuerung der bisherigen Produktionen.

Alle diese Problemkreise mit ihrer verteuernden Wirkung unter das Geldschlagwort «Inflation» zu stellen und dann dagegen mobil zu machen, muß den Blick auf notwendige Lösungen verstellen.

4. Geldgründe. Es gibt aber nicht nur soziale Verhältnisse, die sich im Geld spiegeln, sondern auch geldlichen Einfluß, der sich im Sozialen spiegelt. Wie weit führt die Art der modernen Geld- und Kreditschöpfung zu inflationären Erscheinungen? Auch die Frage des Einflusses des Sparens als Problem des zeitlichen Auseinanderfallens von Verkauf und Kauf muß untersucht werden. Schließlich ergibt sich ein wichtiger Einfluß aus den Außenhandelsbeziehungen in Export und Import, vor allem, was die Sucht nach Exportüberschüssen angeht. Denn in diesem Falle gehen Waren ins Ausland, während Auslandsgeld ins Inland strömt, sich in Inlandgeld umtauscht und dann kaufend wirksam wird.

Die Auswirkungen einer Inflation sind je nach Bereich sehr unterschiedlich. Im Kaufgeldbereich ist die Auswirkung kurzfristig relativ gering, da die Geldzirkulation für zeitliche Dichte sorgt. So gibt man in der Regel seinen Monatslohn auch im selben Monat wieder aus, oder sein Jahreseinkommen innerhalb der Jahresfrist. Das Problem ist also weniger der Kaufkraftverlust des Geldes, das man bereits zum Kaufen hat, als vielmehr die Frage, ob auch das nächste Einkommen die inflationäre Erhöhung mitmacht. Deshalb werden viele Einkommen heute mit den Lebenshaltungskosten indexartig verbunden. Dies gilt auch für viele Preise. Zwar wird die Inflation damit eher verstärkt und verstetigt, aber die Auswirkungen für den einzelnen werden gemildert. Individuelle Schwierigkeiten bekommt allerdings, wessen Einkommen in der allgemeinen Anpassungstendenz nicht oder nicht rechtzeitig erfaßt wird. – Ganz andere Wirkungen treten im Leihgeldbereich auf. Denn ein Vermögen, das über viele Jahre festgelegt ist, würde von der Inflation nach und nach verzehrt. Daß man sich dagegen wehrt, erscheint zunächst verständlich. Eine andere Form des Wehrens liegt in der Erhöhung der Zinsen analog der Einkommen. So wird immer mehr mit der Realverzinsung gerechnet, indem man von den Nominalzinsen die Teuerungsrate abzieht. Gläubiger möchten ihren Anspruch möglichst unversehrt erhalten. – Eine Art Gegenposition im Leihgeldbereich nehmen die Schuldner, die Kreditnehmer, ein. Ihr «Vermögen» ist negativ. Inflation heißt für sie, daß die Schulden zwar auf dem Papier gleich bleiben, real aber immer weniger «wert» sind. Gehört man nun zu den Einkommensbeziehern mit indexierten Löhnen und Preisen, so tilgt die Inflation einen Teil der Schuld «von allein». Inflation bedeutet hier eine Vermögensumverteilung. – Der Schenkgeldbereich schließlich ist am meisten betroffen, da er ständig höhere Einkommen fordern muß, ohne daß er ein produktives Äquivalent bieten kann. Ständige Preiserhöhungen – bei der Art unserer kulturellen Finanzierung oft als Steuererhöhungen in Erscheinung tretend – oder Subventionsforderungen führen nach und nach zu Antipathien der in anderen Bereichen tätigen Menschen.

Die Haltung zur Inflation ist heute zweideutig. Zum ersten ist man in der Wirtschafts- und Notenbankpolitik sehr dagegen. Im Blick auf eine der Grundforderungen des «Magischen Vierecks» – die Forderung nach Preisstabilität – erscheint die Inflation als Volksfeind Nr. 1. So einleuchtend eine solche Forderung erscheint, liegt sie in dieser Formulierung völlig neben der Wirklichkeit. Man muß ja fragen, inwieweit in einer Zeit der Technisierung, Computerisierung und Rationalisierung Preisstabilität überhaupt sinnvoll ist. Gerade die Marktwirtschaft ist ja auf eine langfristig eintretende Billigkeit aufgebaut. Und so wird auch in Zukunft, wenn das Pendel stärker nach der wahrscheinlich aufwandintensiveren Qualitätsseite schlägt, die Verteuerung direkt als Ziel erscheinen müssen. *Nur diejenige Preisstabilität kann man über das Geld lösen, die auch durch das Geld aus-*

gelöst wurde: Neutrales Geld wäre an sich der bessere Ausdruck, auch wenn die Neutralität dadurch zustande kommt, daß eine restlose Ein- und Unterordnung unter die sozialorganischen Prozesse erfolgt.

Gleichzeitig ist man aber auch für die Inflation, wenn auch nur in der Größenordnung von 2 – 4 %. Während man mit der Forderung nach Preisstabilität das Bilden und Anlegen von Spargeld schützt (wer würde bei hoher Inflation noch in Geld sparen wollen?), denkt man mit der Duldung einer leichten Inflation an die Notwendigkeit, die Verbrauchsnachfrage anzuregen. Da bei einer Inflation die Kaufkraft immer geringer wird, wird leichter Druck auf die Ausgabefreudigkeit erzeugt (jetzt kaufen ist billiger; was man hat, das hat man). Diese Wirkung war bei Gesell schon vorgesehen, wenn auch mit anderer Begründung und anderem Instrumentarium. – Ein weiteres Argument für eine stetige leichte Inflation ist der Hinweis, daß sich eben jetzt alle auf diese eingerichtet hätten, z.B. in der Tarifpolitik, so daß eine Verhaltensänderung kaum sinnvoll erscheine. «Keine Teuerung? Nein Danke!» war deshalb ein Artikel von Prof. Alfred Nydegger in der Basler Zeitung vom 15.2.86 überschrieben. – Das zwar am wenigsten verwendete, aber stärkste Argument ist dasjenige, daß durch Inflation die Illusion eines ständigen Wachstums erhalten werden kann. Steigende Preise, selbst wenn inflationär bedingt, signalisieren marktwirtschaftlich mehr Gewinn, obwohl sich auch die Kosten erhöhen. So hat sich in der Schweiz der Arbeiter-Stundenlohn seit 1939 verzehnfacht. Zieht man jedoch die Teuerungsrate ab, dann verbleibt real nur eine knappe Verdreifachung. Dieses Auseinanderklaffen der sichtbaren Zahlen und ihrer erst der Interpretation zugängigen realen Bedeutung ist ein schweres Hindernis, die Zahlenebene mit Empfindung und Bewußtsein zu durchdringen.

Eines aber hält fast alle Wirtschaftstheoretiker zusammen: die Ablehnung jeder Art von Deflation. Man befürchtet dabei, daß der steigende Geldwert die Verbraucher vom Kauf zurückhält und auf noch bessere Zeiten warten läßt. Wenn aber die Nachfrage ausfällt, dann bricht die Wirtschaft zusammen, und dann muß sich auch die Kauf-Abwartehaltung rächen, indem letztlich nichts mehr zu kaufen da ist. Auch der Gedanke, daß Schulden real immer gewichtiger werden, erschreckt manchen Nachdenker. – Es ist nun für heutiges Denken kennzeichnend, daß die Preissenkung als indirekte Art der Einkommenserhöhung zugunsten der direkten ausgeschaltet wird. Während bei der Preissenkung *alle* Bedürfnisträger billiger zur Leistung kommen, unabhängig davon, in welcher Nische des sozialen Lebens sie auch leben mögen, so profitieren im zweiten Falle nur diejenigen, deren Einkommen direkt erhöht wird. Als Folge erhalten die Berufstätigen und vor allem starke Interessensgruppen am meisten und am schnellsten, während andere ganz oder zeitweise davon ausgeschlossen bleiben und zu künstlichen Subventionsempfängern werden.

Wie die Inflation ein Stück weit euphorisch-illusorisch wirkt, so die Deflation nüchtern-erstarrend. In der Inflation kann man sich mittreiben lassen, in der Deflation muß bewußte Überwindungskraft entwickelt werden. Solange deshalb die Wirtschaftsgestaltung nur bis zur massenpsychologischen und statistischen Bündelung von Einzelinteressen reicht, solange wird man deshalb der Inflation vor der Deflation den Vorzug geben. Mit deflationären Prozessen kann man nur richtig umgehen, wenn assoziative Wirtschaftsorgane da sind, die verhindern, daß sich die Deflation lähmend auswirkt. Dazu muß der Preis selbst zum sozialen Verhandlungsziel, der Konsument zum Verhandlungspartner werden. In dem Maße, als es gelingt, die Nachfrage zum verbindlichen Auftraggeber der Produktion zu machen, wird einerseits der inflationäre Trick der Kaufanimation hinfällig, andererseits wird Deflation wünschbar, weil hantierbar.

2. Das Sparen

Bisher wurde das Geld im Zusammenhang mit den volkswirtschaftlichen Zirkulationsprozessen betrachtet. Im ständigen Wechsel von Verkauf und Kauf wechseln auch Anspruch und Anspruchsinhaber, während die Höhe der Geldbeträge uns ein Bewußtsein von den zugrundeliegenden sozialen Verhältnissen verschafft. Bei dieser allgemeinen Wertezirkulation spielt das Geld eine wesentliche und unentbehrliche Rolle, auch wenn die Bewegungskräfte in den Bedürfnissen und Fähigkeiten, Lebens- und Arbeitsbedingungen der beteiligten Menschen liegen. Die arbeitsteilige Wirtschaft ist die entsprechende zirkulationsorientierte soziale Struktur, die Zirkulation hervorbringend und durch sie hervorgebracht. Der Kaufgeldbereich kann von innen her eigentlich gar nicht «erkranken»; die Störungen werden hier von außen hereingetragen.

Mit dem Auftreten des Sparens wird dies allerdings ganz anders. Sparen heißt ja zunächst, daß man nicht alles, was man gegenwärtig erhält, auch in der Gegenwart ausgibt. Die Gründe für das Sparen wurden bereits aufgeführt und reichen von der «größeren» Anschaffung über die Unsicherheit gegenüber dem Morgen bis zur Überflüssigkeit. Die wechselnden Gründe führen zu der statistischen Erkenntnis, daß alle Bevölkerungsgruppen sparen. Für die Bundesrepublik ergaben sich für die Verteilung der angesammelten Spargelder folgende Zahlen: Selbständige 42 %, Angestellte 27 %, Arbeiter 11 %, Rentner 20 %. Die Sparquoten in unseren westlichen Industrieländern haben beachtliche Prozentsätze erreicht, z.B. in der BRD ca. 13 – 15 %, in Japan ca. 18 %. In der BRD liegen zwischenzeitlich mehr als zwei Billionen DM auf der hohen Kante.[8]

Mit dem Auftreten des Geldes hat sich der Sparvorgang radikal verändert. Das berühmteste Beispiel der Geschichte ist Joseph in Ägypten. Aus den sieben fetten Jahren ließ er Vorräte für die sieben mageren Jahre anlegen. In einer schlechten Zeit wird der Warenmangel real ausgeglichen und die Versorgung sichergestellt. So sparen wir heute – von Notvorräten kurzfristiger Art abgesehen – nicht mehr; wir sparen in Geld. Vom einzelnen her gesehen, scheint sich nichts geändert zu haben: Bei einem Geldmangel greift man auf sein Erspartes zurück und wird sich die benötigten Güter beschaffen. Dem «Ägyptervolke» aber kann man so nicht mehr helfen. Würde nämlich eine allgemeine Versorgungskrise ausbrechen, so würde man sie nicht mit Geld lösen können. Geld würde nur den Mangel durch inflationäre Preise deutlicher machen. Sparen in Geld erfüllt also seine Sicherheitsfunktion für den einzelnen nur, *wenn der soziale Organismus als Ganzer intakt ist.* (Den «Wert» von Sparbüchern konnte man in der Nachkriegszeit erleben!) Die Bank ist eben nicht ein alten Kornspeichern vergleichbares Gebäude; nicht sie verleiht unserem Geld Sicherheit, sondern die von uns allen erreichte Stabilität der sozialen Prozesse macht das Geld und damit die Bank sicher.

Von der volkswirtschaftlichen Zirkulation her gesehen, ist Sparen ein Stau des Zirkulationsprozesses. Ein Teil des Einkommens aus dem Verkauf wird nicht mehr für den Kauf ausgegeben. Damit gerät die Zirkulation zunächst ins Stocken. Da das gesamte Geldeinkommen aus dem Produktionsprozeß stammt, so wird es auch gesamthaft zum Kauf benötigt. Wird nun ein Teil des Geldes nicht ausgegeben, so fließt weniger zurück, als eigentlich nötig wäre, oder, real ausgedrückt, es werden entweder weniger Produkte verkauft oder zu einem geringeren Preis. Die Produktion muß darauf entweder mit einem mengenmäßigen Rückgang oder mit Produktivitätssteigerung mit dem Ziel der Kostenreduzierung reagieren, was aber zu geringeren Geldeinkommen führt. Denkt man diesen Wechselprozeß zu Ende, dann zeigt sich, daß das Nicht-Teilnehmen des Spargeldes an der Zirkulation diese und damit die ganze arbeitsteilige Wirtschaft zum Stillstand bringen würde. – Da in einer solchen Entwicklung die Kaufkraft des jeweils verbleibenden Geldes steigt, so kommt zu den ursprünglichen Sparmotiven noch dasjenige des reinen Geldvorteiles durch das Nichtausgeben hinzu. Hier mündet der Sparvorgang in das Problem deflatorischer Depression.

Auf der einen Seite ist es selbstverständlich, daß das verdiente Geld gespart werden können muß, will der einzelne sich frei entfalten. Darin liegt ja gerade der Vorteil des Geldes, den kurzfristigen Waren-Verderbnisdruck vom Tauschenden zu nehmen. Anderseits kann dies nicht beliebig lange geschehen, da der Gegenwert des Geldes nicht in irgendwelchen Warenspeichern geduldig herumliegt, sondern zum Zeitpunkt der Geldausgabe neu produziert werden muß. Der Sparer bringt den sozialen Organismus zweimal in Verlegenheit. Zum einen, wenn er Geld aus der gegenwärtigen Zirkulation zurückhält und damit produzierte Ware unverkauft zurückläßt, zum anderen aber bei der Geldausgabe, wenn er Leistungen beansprucht mit Geld, das aus früheren Leistungsprozessen stammt. – Modernes Geld ist nur noch Anspruchstitel, ein Anrecht. Sparen heißt, das Recht auf Warenbezug nicht ausüben. Nicht ausgeübte Rechte aber müssen in bestimmter Frist verfallen, da sonst der soziale Organismus unter der Bedrohung sich anhäufender möglicher Vergangenheitsansprüche erdrückt wird. In vielen Lebensbereichen ist dies auch heute schon Praxis. So verfallen im Geschäftsverkehr Forderungen aus realen Leistungen, wenn sie einige Jahre nicht beansprucht werden. *Gespartes Geld ist nicht ausgeübtes, nicht geltend gemachtes Recht!* Auch wenn sich die Empfindung im ersten Moment wehrt – müßte reines Spargeld nicht auch nach einer gewissen Zeit verfallen? Daß sich unsere Empfindung wehrt, ist nur wiederum Zeichen der herrschenden Geldillusion, die im Geld eine Ware sieht. Im Warenbereich gilt Besitz- und Eigentumsschutz; im Rechtsbereich bedeutet die gleiche Haltung Macht.

Die Notwendigkeit zum radikalen Umdenken und Umempfinden im Zusammenhang mit dem Geld zeigt sich auch gegenüber dem Tugendbegriff der «Sparsamkeit». Wer wenig verbraucht, überläßt damit den anderen mehr und gilt deshalb zu Recht als tugendsam. Wer Geld nicht ausgibt, scheint ebenfalls sparsam zu sein. Aus dem vorher Gesagten ergibt sich aber, daß dies nicht stimmt. Er gleicht eher dem, der zwar vom sozialen Organismus viel beansprucht, aber es weder braucht noch anderen weitergibt. Eine solche Haltung nennt man Geiz. Tugendhaft wird man erst wieder, wenn das Geld in die Zirkulation zurückgeführt wird. Will man aber nicht verbrauchen, was man an Geld hat, so müssen andere Verwendungsmöglichkeiten für das Geld gesucht werden.

Das Geld als Leihgeld

1. Die Funktion des Leihgeldes

Sparen wirkt in der allgemeinen Wertezirkulation des Kaufgeldbereiches wie ein Stauvorgang: Gespartes wird nicht ausgegeben, Nichtausgeben ist Nicht-kaufen; was nicht gekauft wird, kann auch nicht produziert werden. Insofern hat Keynes recht, wenn er ausführt, «daß die Grundsätze der Ersparnis, bis zum Übermaß getrieben, den Beweggrund der Erzeugung zerstören würden».[9] So notwendig es nun einerseits zwar ist, das «Sparen in Geld» seiner naiven Tugendhaftigkeit zu entkleiden und seinen Wert aus dem Blick auf das Zirkulationsgeschehen des sozialen Organismus neu zu bestimmen, so wenig darf aber nun andererseits die verbrauchsbestimmte Geldausgabe verherrlicht werden. Wer im fehlenden Verbrauch nur die Verhinderung der Produktionsentfaltung sieht, der macht damit die Erzeugungsmöglichkeit eines Produktes zum Zweck an sich und stellt damit die Idee des Wirtschaftslebens auf den Kopf: Verbrauchen als nationalökonomische Pflicht und Wohltat!

Der einseitige Sparvorgang wird in der Regel «Horten» genannt. Im privaten Bereich spielt dieses Horten z.B. in der Form von langfristig zu Hause aufbewahrten Bargeldbeträgen nur eine untergeordnete Rolle. Viel bedeutsamer ist dagegen die mit scheinbaren Kaufvorgängen vermischte Form des Geldstaus in Eigentumsrechten wie z.B. Grund und Boden. Und besonders aktuell ist gegenwärtig das Horten von Fremdwährungen bei den Nationalbanken als «Devisenreserven».

Die Beschreibung einer Wirkung ist aber noch keine Bewertung und schon gar nicht ein Handlungsrezept. Denn Stauen heißt auch gleichzeitig Potentialbildung. Staut man einen Wasserlauf, so kann man damit zunächst den Wasserlauf regulieren, d.h. verstetigen. Man kann aber auch mit dem gestauten Wasser Flächen bewässern, die sonst ohne dieses Wasser unfruchtbar blieben. Schließlich kann man aber auch aus dem Staugefälle Strom gewinnen, mit dem unterschiedlichste Wirkungen erzielt werden können, die mit dem ursprünglichen Wasser, der Substanz nach, gar nichts mehr zu tun haben. – Ähnlich verhält es sich mit dem Geld. Mit dem Sparstau kann man einerseits den Ausgabenstrom durch gute und schlechte Zeiten hindurch verstetigen. Man kann aber auch das Spargeld dorthin leiten, wo Geld zwar gebraucht wird, aber aus eigener Kraft nicht vorhanden ist. Dieses Umleiten des Spargeldes in andere Verbrauchsfelder entspricht dem Schenken. Wird Geld zu reinen Verbrauchszwecken nur zeitweise überlassen und nach bestimmter Zeit zurückgefordert, dann handelt es sich um einen Leihvorgang, um einen «Konsumkredit». Wird aber das Potential als solches genutzt, wird also Spargeld verwendet, um damit eine neue Produktion vorzufinanzieren, handelt es sich um einen «Produktions»- oder «Produktivkredit». Beim Verleihen setzt also der Kreditempfänger das Verbrauchsverhalten des Sparers fort, er ist sein sozialer «Ersatzmann». Der Sparer erhält nach der vereinbarten Frist sein Geld zurück und darüber hinaus Zinsen.

2. Konsumkredit – Produktionskredit

Mit dem Auftreten des Leihgeldes stellen sich völlig neue Fragen: Wer soll Kredit erhalten und wofür? Wie stellt man die Rückzahlung sicher? Wieviel Zins darf verlangt werden? Wer soll diese Fragen entscheiden? Aber auch aus geldtheoretischer Sicht ergeben sich gewaltige Probleme: Wie macht man es, daß alles Spargeld wieder in Zirkulation kommt? Ist Spargeld automatisch auch Kredit wie in der Formel S = I (Sparen = Investieren) behauptet? Ja, muß überhaupt jeder Kredit vorher angespart werden? Und ist der Kreditnehmer tatsächlich ein vollwertiger Ersatzmann für den Sparer?

Das Leihgeld bildet eine Mitte zwischen Kaufgeld und Schenkungsgeld. Es gliedert sich, wie übrigens jede Mitte, selbst in dreifacher Weise. Der eine Aspekt ergibt sich aus der Beziehung zum Kaufgeld. – Dabei muß zunächst noch einmal die Selbstverständlichkeit betont werden, daß alles Geld natürlich zum Kaufen bestimmt ist. Erst auf dieser Grundlage erheben sich die anderen beiden Geldarten durch die Art zusätzlicher sozialer Funktionen. – Innerhalb des Kaufgeldbereiches kann Mangel an Geld auftreten. Zum einen kann sich dies aus sozialen Notlagen heraus ergeben, denen wiederum die unterschiedlichsten Ursachen zugrunde liegen können. Der Sozialstaat versucht, einen Teil dieser Notlagen abzufedern. Zum anderen kann sich der Mangel an Kaufgeld ergeben, wenn ein Bedürfnis befriedigt werden soll, für das das Einkommen noch nicht reicht, das man sich eigentlich noch nicht «leisten» kann. Wird in solchen Fällen Geld verliehen, so handelt es sich um einen *Konsumkredit*. In der Bundesrepublik haben gegenwärtig ca. 4 Mill. Haushalte Konsumkredite in der Gesamthöhe von 200 Mrd. DM beansprucht, und die Banken animieren zur weiteren Kreditaufnahme mit ungenierter Werbung: «Erfüllen Sie sich Ihre Wünsche – mit dem persönlichen Kredit ...» Der Kredit ist zum Geschäft geworden.

Betrachtet man die soziale Wirkung des Konsumkredites, so zeigt sich, daß es sich um einen einfachen Kaufgeldtransfer handelt, durch den zwar mehr verbraucht, aber nicht mehr geleistet wird. Da aber Kredite sowohl zurückgezahlt als auch verzinst werden müssen, kann dies nur aus zukünftigen Einkommen geleistet werden. Solange alle Einkommen, zumindest nominal, wachsen, wird der eigentliche Effekt des Konsumkredites verdeckt. Denn die Einkommensminderung der Zukunft bedeutet, daß *Konsumkredite langfristig verarmen*. So wird heute bereits jeder dritte Konsumkredit einmal umgeschuldet, und 20 Mrd. DM der o. a. Gesamtsumme gelten als uneintreibbar. Daß davon 56 % durch das Problem der Arbeitslosigkeit ausgelöst wurden, verdeutlicht nur das Problem der Beleihung einer ungewissen Zukunft. Noch mehr verschärft wird dies durch die Zinsen, die durch keine Leistungsverbesserung gedeckt sind, beim Konsumkredit aber – wohl gerade deshalb – am höchsten sind.

Das wirklich Neue der modernen Leihgeldentwicklung ist jedoch der Kredit, der nun nicht aus Konsumgründen, sondern aus Produktionsgründen gegeben wird. Wer für den sozialen Organismus etwas leistet, etwas unternehmen will, für den hat der Kredit eine ganz andere Bedeutung. Zwar benötigt er ebenfalls das Geld als Kaufgeld. Was er dafür kauft, dient aber nicht vordergründig dem Konsum, sondern hintergründig zur Hervorbringung neuer Leistungen, wird also Produktionsmittel. Mit Hilfe der Wirtschaftlichkeitsberechnung wird in der Regel geprüft, ob am Ende mehr herauskommt, als vorher aufgewendet wurde. Bleibt am Ende des Konsumkredites eine Geldschuld, so steht am Ende des Produktionskredites ein Überschuß. *Produktive Kredite bereichern die Zukunft.* Nicht was der Unternehmer verbraucht hat, ist das Kriterium, sondern was er geleistet hat. Bedeutet der Konsumkredit ein Gegenwartsleben zu Lasten der Zukunft, so wirkt der Produktionskredit zu ihren Gunsten. Die Kreditgewährung zu produktiven Zwecken ist deshalb ein Anliegen des ganzen sozialen Organismus; die möglichst freie Kreditzugänglichkeit ist die Bedingung, unter der sich wirklich alle vorhandenen Fähigkeiten zugunsten der Gesamtheit ausleben können.

Der Produktionskredit ist fest verknüpft mit den Fähigkeiten dessen, der mit ihm umgeht. Deshalb kann man zu Recht sagen, daß er eigentlich immer ein Personalkredit ist, d.h. im Anschauen der Person entsteht. Dies kann aber nicht bedeuten, daß der «Unternehmer» auch vermögensrechtlich persönlich haftet. Die Loslösung der Haftung der Tätigen durch moderne Rechtsformen ist von dieser Seite her ein berechtigter Fortschritt im sozialen Leben. Damit wird aber die Frage nach der «Sicherheit», d.h. der Rückzahlungsmöglichkeit des Kredites zu einer entscheidenden Frage. Hier zeigt sich nun wiederum der untrennbare Zusammenhang mit dem ganzen Wirtschaftsleben. In der Marktwirtschaft steht eben jedes Unternehmen für sich und soll Sicherheit gewähren, die es in einem arbeitsteiligen Wirtschaftsleben eben allein gar nicht garantieren kann. Im Zusammenschluß zu großen Konzernen wird teilweise per Unterordnungsmacht erzwungen, was im assoziativen Wirtschaften durch freies Zusammenarbeiten zustande kommen soll. In einem Umfeld gnadenloser Konkurrenz kann es Einzelsicherheit nicht geben. Der Ausweg der Banken liegt darin, daß sie nun vom einzelnen «Sicherheiten» verlangen, die außerhalb des eigentlichen Leistungsprozesses liegen: Vermögenswerte wie Grund und Boden, Anlagen, Maschinen Warenvorräte, Forderungen usw. Aus dem Personalkredit wird ein Sachkredit, ein Realkredit. Vor allem bei klein anfangenden Unternehmern kommen dann Sicherungseintragungen auf private Vermögenswerte und vor allem Lebensversicherungen hinzu, die zunehmend von den Banken gleich mit angeboten werden. Wer nichts hat außer Fähigkeiten und Initiative, wird auch nur schwer etwas bekommen. Der Ruf nach Risikokapital ist allenthalben zu hören. – Aber auch die neuen «alternativen» Bankeinrichtungen tun sich mit Sicherheiten schwer: Sie setzen auf persönliche Bürgschaften der Mitarbeiter oder des Unternehmensumfeldes und deklarieren dies manchmal als Personalkredit.

Auch hier zeigt sich wieder der illusionshafte Charakter des Geldes: *Leihgeld kann nicht sicherer sein als der Wirtschaftsprozeß, in dem es arbeitet.* Mit der öffentlichen Auflage des Sparerschutzes wird die Illusion noch öffentlich sanktioniert. Wer bezahlt denn nicht rückzahlungsfähige Kredite? Bis zu einer bestimmten Größenordnung sind es alle Zinszahler und alle Zinsempfangenden, da diese Ausfälle in den Zinsmargen enthalten sind. Dann kommen bei noch größeren Verlusten Rücklagen und Eigenkapital an die Reihe, von denen ein großer Teil ebenfalls aus alten Überschüssen gebildet wurde; ein weiterer Teil betrifft über genossenschaftliche oder öffentliche Hände als Anteilseigner wiederum eine breite Öffentlichkeit, und erst ein Restanteil trifft z.B. Aktionäre. Die Banken untereinander wiederum unterhalten aus ihren Erträgen einen Sicherungsfond, um Bankenpleiten und damit Spargeldverlust zu verhindern. Obwohl durch diese Verzahnungen das Spargeld insgesamt recht abgesichert erscheint, erreicht diese bereits vorhandene Sicherheit den einzelnen Kreditnehmer nicht.

3. Kredit – Sicherungsfond

Deshalb soll an dieser Stelle ein *Kredit-Sicherungsfond* vorgeschlagen werden, der das Kreditrisiko ganz oder teilweise abdeckt (ein gewisser Teil wird ja immer durch die im Unternehmen selbst vorhandenen Vermögenswerte, die durch den Kredit angeschafft wurden wie Maschinen, Waren usw. abgesichert). Wenn ein Prozentpunkt des Zinses sowohl von seiten des Sparers als auch des Kreditnehmers für diesen Zweck verwandt würde, so wäre der gesamte Abschreibungsbedarf mehr als gedeckt. Der Sparerschutz würde durch die soziale Realität gewährleistet. Vor allem aber würden die Kreditsuchenden von der Sicherheitenfrage entbunden, ohne daß allerdings die notwendigen sonstigen Kreditüberprüfungen entfallen dürften. Damit entstünde aber auch eine wesentlich größere Chancengleichheit für neue Impulse. Kredit könnte wirklich Personalkredit, d.h. Unternehmerkredit sein.

Es ist schade, daß die alternativen Banken diese Chance noch nicht aufgegriffen haben und sich statt dessen in die Sicherung und Übersicherung drängen lassen und damit in die Unfähigkeit, ihre Kreditmöglichkeiten voll auszunutzen. Der Fond kann allerdings nur für Produktionskredite gelten. Eine solche Einrichtung könnte auch die Einstellung zum Eigenkapital verändern, das heute nicht zuletzt auch aus Sicherheits- und Unabhängigkeitsgründen gesucht wird und ungeheure Überschußmittel an die Unternehmen bindet. Auf die sich daran anschließende Frage, ob dann noch immer die Kreditabteilungen der Banken die ausschließlichen Genehmigungsinstanzen für Produktionskredite sein können oder sollen, lassen sich unterschiedliche Antworten denken und für Praktiker auch nicht schwer finden. Deshalb wird die Frage an dieser Stelle bewußt offen gelassen, damit die Diskussion nicht auf Nebengeleise gerät. Neben den direkten Vorteilen eines solchen bis zum Kreditnehmer durchgreifenden Fonds soll noch darauf hingewiesen werden, wieviel Arbeit und psychologischer Druck von allen Beteiligten fallen würde, wieviele Fähigkeiten und Initiative damit angeregt und frei werden könnten. – Der genannte Sicherungsbeitrag beider Seiten von je 1 % dürfte im übrigen sehr viel niedriger ausfallen, wenn man die Entlastungseffekte der Zinssätze von den bisher getragenen Verlusten aufrechnet.

4. Zins und Zinseszins

Die Tatsache, daß für Kredite Zins erhoben wird, läßt kaum einen Menschen gleichgültig, im positiven wie im negativen. Für die einen ist er unentbehrliches Motivations- und Steuerungsmittel, für die anderen die Wurzel aller sozialen Übel. – Ein erstes Problem betrifft die Belastung des Kreditnehmers: Wieviel leichter wäre es für ihn, wenn er keinen Zins zu zahlen hätte! Aber dieser Einwand gilt natürlich gegenüber allen Kosten und sagt nichts über deren Berechtigung. Beim Produktionskredit zahlt auch nicht der Kreditnehmer die Zinsen, sondern dessen Verbraucher-Kunden. Wenn ein allgemeiner Zins allen Produktionsfinanzierungen zugrundeliegt, dann wird dieser über den Preis abgegolten, was zwar das allgemeine Preisniveau anhebt, dem einzelnen aber keinen Nachteil bringt. Viel problematischer dagegen ist die heute übliche Konkurrenzierung zwischen Kreditkapital und Eigenkapital. Letzteres muß theoretisch auch verzinst werden, kann aber auch darauf verzichten, wenn die Situation es erfordert. – Während hier die Vergleichbarkeit anzustreben wäre, ist sie bei dem Kreditzweck gerade nicht am Platze. Da bei Produktionskrediten sowohl die Überwälzbarkeit auf den Verbraucher möglich ist als auch Überschuß angestrebt wird, aus dem der Zins genommen werden kann, ist beim Konsumkredit der Zins eine reine Zukunftsbelastung. Viele kritische Haltungen setzen argumentativ im Grunde beim Konsumkredit an und übersehen, daß dieser für die moderne Arbeitsteilung eigentlich atypisch ist.

Allerdings gibt es viele Lebensbereiche, in denen zwar Kreditbedarf auftritt, die aber dennoch keine Wirtschaftsleistung erbringen wie z.B. der Bau einer Schule, eines Heimes usw. Solche Kredite sind zwar keine bisher beschriebenen Konsumkredite, sind ihnen aber von der Zinswirkung her gleichgestellt. Hier könnte man sich auch den Wegfall der Zinsen vorstellen. (Zinssubventionen sind auch heute schon sozialpolitisch weit verbreitet.)

Der zentrale Punkt aber ist die Frage, ob denn der Zins als «arbeitsloses» Einkommen, das Zinsempfänger zu Rentenempfängern, zum Rentier, macht, berechtigt ist. Die Unrechtsbehauptung der Zinsnahme gegenüber entsteht auch dadurch, daß man die Betrachtung erst beim Geldbesitz anfangen läßt. In einem gesunden sozialen Prozeß aber erhält man nur Geld, wenn man eine Leistung verkauft. Der Geldverleiher leistet *arbeitsmäßig* zwar nichts mehr *während* der Kreditlaufzeit, aber er hat seinen Teil *vorher* geleistet. Nur auf der von ihm geschaffenen Grundlage kann nun ein anderer seine Tätigkeit entfalten. Der Sparer erhält dafür und für die Freistellung von Gegenseitigkeit einen Leistungsanteil am neu Erwirtschafteten. Beim Zins auf Spargeld zur Kreditfinanzierung kann deshalb von Zinsknechtschaft keine Rede sein. Eine grundsätzliche Aufhebung des Zinses würde nur dort eintreten, wo das Verleihen gegenseitig wird, auch wenn die Gegenseitigkeit zeitversetzt stattfindet. – Vom Zins auf Spargeld ist zu unterscheiden die «Verzinsung des investierten Kapitals» genannte Gewinnannektion aufgrund erworbener Eigentumsrechte.

Der dritte Problemkreis betrifft volkswirtschaftliche Fragen. Da man den Geld- und Kapitalmarkt zwischenzeitlich als eigenen Markt bzw. als Submarkt ansieht, entsteht die Schwierigkeit der Koordination zum eigentlichen Warenmarkt. So mag es geldpolitisch zu begründen sein, warum ein Zins bis auf über 20 % steigen kann – in der realwirtschaftlichen Wirklichkeit ist dies eine Katastrophe. Nicht der Zins an sich ist also das Problem, sondern die Zinshöhe und die Art ihres Zustandekommens. – In diesem Zusammenhang ist auch die Steuerung der Geld- und Kreditmenge über den Zinssatz mehr als dubios. Daß man in Zeiten einer Konjunkturerhitzung nicht vom Kreditzweck und der Kreditvergabe her eingreift, sondern nur indirekt über die Kreditzinsverteuerung, zeigt nur, wie wenig bewußt das soziale Leben durchdrungen ist: Statt dem Verursacher nachzugehen, wird eine Kollektivmaßnahme verhängt, der richtige wird schon dabei sein. Die Gründe für diese Art Eingriff sollen später noch einmal aufgegriffen werden.

Während man mit dem Zinsgedanken im Sinne des Grundzinses durchaus in Übereinstimmung sein kann, gilt dies nicht vom Zinses-Zins. Er ist ja ein Verzinsungs-Beschleunigungsfaktor, der mit zunehmender Dauer oder bei steigenden Zinssätzen wirkt. Berühmt ist ja die Rechnung mit einem Pfennig, der zur Zeit von Christi Geburt bankmäßig zum Zinseszinssatz von z.B. 3 % angelegt worden wäre. Würden die Zinsen jährlich verbraucht, so hätten die Nutzungsberechtigten bis heute 60 Pfennig erhalten. Wären die Erträge aber stehen geblieben, so ergäbe sich der Schachbretteffekt, und der heutige

Betrag läge höher als das gesamte zu Buche stehende Kapital auf der Welt. Daß dies nicht sein kann, sagt der gesunde Menschenverstand – und steht damit auf verlorenem Posten gegen die buchhalterische Logik und Mathematik. Im Zinseszins verselbständigt sich das Gelddenken von der sozialen Realität zu einem selbständigen Wert, einer Ware an sich. Geld kann aber nicht mehr sein als das, wofür es steht.

Für den Kreditnehmer, der jährlich seine Zinsen zahlt – bei laufender Tilgung nur auf die jeweilige Restsumme –, spielt der Zinseszins keine Rolle. Wird ihm vom Zinsempfänger der Zinsertrag erneut angeboten, so handelt es sich um einen neuen Kredit. Für den Geldsparer hängt die Verzinsung davon ab, ob neue Kredite gewünscht werden. Ist dies nicht der Fall, so muß das Geld entweder in die Kaufgeldzirkulation zurück, oder es wirkt der früher erwähnte Staueffekt, der volkswirtschaftlich aber nicht hingenommen werden kann. Zwar läßt sich der Zinseszins-Effekt beliebig weiterrechnen, in der sozialen Wirklichkeit aber muß er sich selbst vernichten, sobald er an die Grenze der Kreditnotwendigkeiten stößt. Zinsen werden eben nicht von der Bank, sondern nur vom Kreditnehmer bezahlt.

Es ist wie mit dem Bauern, der, fasziniert von der natürlichen Vervielfachung des Saatgutes durch die Natur, beschließt, die gesamte Ernte wieder auszusäen. Solange er noch freies Land hat, wird er tatsächlich eine weitere Vervielfachung erreichen. Dieser Prozeß ist theoretisch beliebig wiederholbar – die Praxis aber hört an den Grenzen seiner Felder auf. Wenn er sie erreicht hat, dann muß er seine Ernte verkaufen oder verschenken, will er sie nicht für die Mäuse eingeholt haben. So hört auch die Möglichkeit zur Zinsvervielfachung praktisch an den Grenzen der Produktion auf.

5. Der unsichtbare Geldstau

Es ist verständlich, daß Geldbesitzer danach trachten, diese Grenze aufzuheben. Beste Gehilfen sind ihnen dabei die Banken, die ja Geldumsatz zu einem eigenen Geschäftszweig gemacht haben. Was wäre schon an den kümmerlichen 60 Pfennig zu verdienen? Wenn aber das Geld durch die soziale Wirklichkeit an seiner Wucherung gehindert wird, so kann eine Fortsetzung nur dadurch zustande kommen, daß man «unwirkliche» Wachstumsmöglichkeiten schafft. Einige dieser Bereiche sollen kurz angedeutet werden:

1. An oberster Stelle steht heutzutage der Geld- und Kapitalanlagemarkt. Die gewaltigen Kursanstiege der Aktien z.b. stehen parallel zum entsprechenden Anwachsen der Sparbeträge. So stieg das Spargeld incl. Wertpapiere in der Bundesrepublik von 111 Mrd. DM im Jahre 1962 auf 1256 Mrd. DM im Jahre 1982. Während man sich auf allen Warenmärkten über die Inflation grämt, wenn die Preise steigen, herrschen bei steigenden Kursen fröhliche Gesichter vor, obwohl das Papier substantiell, vom Unternehmen her gesehen, unverändert blieb. Die Kurssteigerung wird als Vermögenszuwachs statt als Wertverlust gebucht. Der einzige Grund: Die Hoffnung, daß später jemand kommt, der noch mehr dafür bezahlt. Eine Massenillusion, die, solange die Masse mitmacht, sich selbst erhält. Durch diese Steigerungsprozesse, weil sie rein geldtechnischer Art sind und keine Rücksicht auf soziale Vorgänge zu nehmen haben, wird eine Verzinsung vorgegaukelt, gegen die Wirtschaftsprozesse nicht ankommen. Und es wird alles getan, bis zur Unterstützung durch die Notenbanken, daß diese Illusion sich nicht auflöst.

2. Etwas verdeckter staut sich das Geld bereits dann, wenn einzelne Warenmärkte zu «Wertanlagen» umfunktioniert werden, z.B. Gold, Diamanten, Antiquitäten, Briefmarken, Münzen oder in jüngster Zeit auf spektakuläre Weise Bilder. Es scheint sich um «Investitionen» zu handeln. Sie sind es aber nicht, da sie in die Konsumsphäre hineinwirken, also keinen Produktionsprozeß entfachen. Wer als Briefmarkensammler schon einmal versucht hat, seine Sammlung zu verkaufen, ist sicher auf dem besten Weg, die Illusion zu durchschauen.

3. Noch schwerer zu bemerken, dafür um so wirksamer, ist der Geldstau in Grund und Boden. Neben den erwähnten Mechanismen der Anlage kommt hier besonders zum Tragen, daß Grund und Boden gleichzeitig als nicht vermehrbares Produktionsmittel sozial benötigt wird. Könnte man an der Börse noch gelassen zuschauen nach

dem Motto «selbst schuld», so wird hier mit der Geldanlage ein Eigentum erworben, das nur wieder sozial nutzbar wird, wenn der Eigentümer dafür eine Rente vom Nutzer erhält. Zwar wird der Grundstückserwerber diese Rente als Zins für sein eingesetztes Kapital ansehen. Dies erklärt aber nur seine Situation, ist jedoch keine Rechtfertigung für die Tatsache, daß überhaupt das Eigentum an einer nicht selbst genutzten und allen Menschen zustehenden Sache extra entlohnt werden muß. Und für den Kreditgesichtspunkt gilt wiederum, daß der steigende Preis nicht etwa mehr Spielraum für den Grundstück und Kredit suchenden Unternehmer gibt (seine Kreditsumme erhöht sich ja dadurch), sondern weniger (mehr Belastung bei gleichem Nutzen). Dem Namen nach ist es ein Produktionsmittelkredit, der Wirkung nach ein Konsumkredit.

4. Ein für den Fortgang der Geldentwicklung besonders schwerwiegender Stau ergibt sich daraus, daß der Kapitalgeber das uneingeschränkte auch vermögensrechtliche Eigentum am Unternehmen erwirbt. Zwar handelt es sich dem Wesen nach um Produktionskredite, und insofern liegt kein Stau vor dem Sozialeinsatz vor. Aber hier entsteht der Stau im nachhinein, nicht als Rente, sondern als Rendite. Damit wird aller Unternehmensertrag automatisch zur Kapitalrendite und damit zum Eigentum der Eigentümer erklärt. Der Sozialertrag wird nicht wirklich frei, sondern staut zurück und vergrößert die vorhandenen Geldvermögen. Je größer die Kapitalien, um so höher die Erträge: Hat man vor 20 Jahren noch die Millionäre namentlich erfaßt und bestaunt, so heute Milliardäre. Aus Rechten wird Macht. Und hier schließt sich auch wieder der Bogen zum ersten Stauphänomen.

Das Gemeinsame aller dieser Stauphänomene ist, daß sie das Geld zwar beschäftigen und scheinbar «anlegen», aber in bezug auf die sozialen Vorgänge «schmarotzerhaft» leben, da sie keinen eigenen Produktivitätsbeitrag leisten, sondern von dem anderer profitieren. Möglich wird dies, weil Eigentumsrechte wie Ware behandelt werden. Dies ist aber auch die Geldsituation.

6. Die dynamische Geldwerterhaltung

Zwei Tendenzen stehen sich in der Leihgeldsphäre gegenüber. Zum einen baut sich das Leihgeld zunächst über das Sparen auf. Das Sparen ist ein Staueffekt der Zirkulation mit dem Sinn, einen gegenwärtigen Anspruch auf Leistungen in die Zukunft mitzunehmen. Das Ziel des Sparens ist erreicht, wenn dies gelingt. Im Naturalbereich setzt die Verderblichkeit der Produkte diesem Vorgang Grenzen. Das abstrakte Geld überwindet diese Grenze dadurch, daß es an andere übertragen wird, die nun den Verbrauch der Gegenwartsprodukte übernehmen mit dem Auftrag und Ziel, dafür Produkte in der Zukunft herzustellen. Was der Sparer später mit dem zurückfließenden Geld kauft, ist neu hergestellte Ware. Die zweite Tendenz ergibt sich aus eben dieser Verwendung des Spargeldes für Produktionskredite. Es entsteht Überschuß, aus dem Zins gezahlt werden kann. Diesen Vorgang kann man nun auch so ausdrücken, daß das ursprüngliche Spargeld verschwinden muß und durch neues Geld ersetzt wird.

Während der Rückfluß von Geld über Zins und Tilgung heute funktioniert, ist der Abfluß des alten Geldes nicht vorhanden. Dies führt ja zu den gewaltig ansteigenden Stauungen. Deshalb muß es nicht nur einen *Verzinsungsfaktor* geben, sondern auch einen *Abzinsungsfaktor*. Dies würde bedeuten, daß von einer bestimmten Lebensdauer alter Ansprüche auszugehen wäre. Würde man z.B. von 20 Jahren durchschnittlicher Kreditlaufzeit ausgehen, so ergäbe sich daraus ein Abzinsungsfaktor von 5 % pro Jahr. Spargeld, das nicht beansprucht wird, ist also nach 20 Jahren verschwunden. Dies entspräche der sozialen Realität, wenn nichts anderes mit ihm geschähe. Nun werden aber daraus Investitionen getätigt, die eine Verzinsung abwerfen. Diese Verzinsung wird von der Produktivität der gesamten Wirtschaft abhängen, aber auch vom Gesamtkreditbedarf. Würde wenig gebraucht werden, würde die Durchschnittsverzinsung sinken, stiege der Bedarf, so stiege auch der Zins. Das Sparguthaben setzt sich damit zu jedem Zeitpunkt zusammen aus dem abgezinsten Rest und der neu hinzugekommenen Aufzinsung. Im neutralen Falle eines Gleichgewichtes würde der Sparer immer gleich viel Guthaben besitzen, was ja seine erklärte Absicht war. Es ist selbstverständlich, daß der Wert des Spargeldes in der zirkulativen Arbeitsteilung vom Zustand des sozialen Organismus abhängt. Geht es diesem schlecht, dann muß dies auch alte Ansprüche betreffen. Das ist ja gerade der Sinn der Arbeitsteilung, daß man lernt, daß das Wohl und Wehe des einzelnen von dem der anderen abhängt. Graphisch würde sich damit folgendes Bild ergeben:

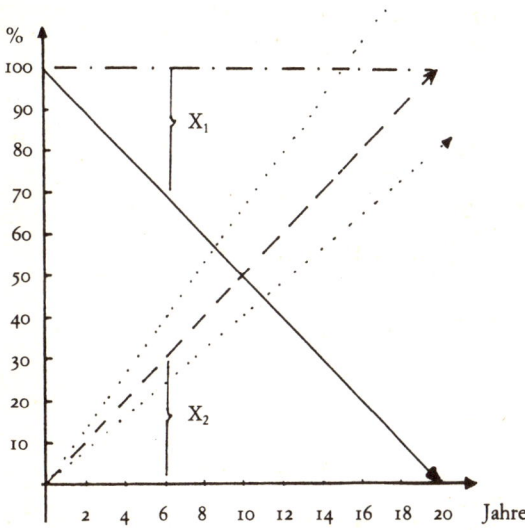

Zusammenspiel von Ab- und Aufzinsung bei angenommener 20jähriger Geldlaufzeit. Alte Rechte werden durch neue ersetzt. Der Geldwert wird dynamisch erhalten.

———	*Wirkung des Abzinsungsfaktors 5% (20 Jahre)*
– – –	*Wirkung der Aufzinsung von z.B. 5%*
....	*Wirkung der Aufzinsung bei besserem bzw. schlechterem Wirtschaftsgang*
—·—	*Guthaben des Sparers aus Rest des alten und Zubuchung des Neuen bei neutralem Gleichgewicht*
X	*Beispiel bei neutralem Gleichgewicht: Nach 6 Jahren hat das alte Guthaben 30% verloren (x_1), und 30% zugewonnen (x_2).*
	$x_1 = x_2$

Mit dieser Regelung werden jährlich 5 % der Spargelder frei, ohne daß dem Sparer ein Leid geschieht, es sei denn, allen geschieht Leid. Diese freiwerdenden Gelder – die bei den Unternehmen als Tilgung auftreten – stehen nun für Konsumzwecke für denjenigen Teil des sozialen Organismus zur Verfügung, der nicht unmittelbar produktiv wirkt: das freie Geistesleben. Wie und durch wen die Zuteilung erfolgt, kann an dieser Stelle offenbleiben, um nicht der Sachkenntnis und Phantasie derjenigen Fesseln anzulegen, die ein solches Unterfangen realisieren können. Dieses Kaufgeld ist nötig, da ja durch die Produktionskredite wiederum neue Waren erzeugt werden, für die eine entsprechende Gelderweiterung bzw. Kaufkrafterweiterung notwendig ist. Auf dieses Problem hat Theodor Beltle in seinem Buch «Die Krise – Folge eines Denkfehlers der klassischen Ökonomie über das Sparen»[10] hingewiesen. – Eine weitere reale Beziehung ergibt sich damit auch für den Zusammenhang des freien Geisteslebens mit dem Wirtschaftsleben. Denn die auf diese Weise der Abzinsung ins Geistesleben fließenden Gelder stammen aus einem jeweils verflossenen Zeitraum, dessen Produktivität erst durch ein früheres Geistesleben geschaffen wurde. Dadurch, daß erst in einer nachlassenden Wirtschaft die Verzinsung sinkt, wird sowohl vom Nachschieben der Abzinsung der früheren, besseren Epoche als auch von der wahrscheinlich nachlassenden Sparaktivität eine Nachfragestärkung eintreten, die dem Nachlassen entgegenwirkt.

Fragen stellen sich dabei natürlich auch nach der geldtechnischen Seite hin. Wie soll man das gegenwärtige Alter des Geldes ermitteln? Ein Weg wäre z.B., daß für Spargelder grundsätzlich Anlagepapiere, z.B. Sparbriefe, gezeichnet werden müssen. Auch für das Argument, daß man bei fallender Aufzinsung die Menschen zum Horten animiert - ich erhalte mir meinen Geldwert zu Hause –, lassen sich verschiedenste Regelungen finden. Die Folgewirkungen einer solchen Maßnahme, vor allem auch in Verbindung mit dem Sicherungsfond, würden es leicht machen, eine Verzinsung über dem Abzinsungsfaktor zu erreichen. Denn es würde sich auch die Bankpraxis ändern, der Zins wäre keine beliebig schwankende Kapitalmarktgröße mehr, die leichte Kreditzugänglichkeit machte eine Börse zur Kapitalbeschaffung überflüssig. Kurzum, dem interessierten Leser werden sich bei einigem Nachdenken die mannigfaltigsten Beziehungen und Möglichkeiten eröffnen. Der zunehmende Geldstau aber würde wieder in die Zirkulation gebracht, womit auch der Anlage- und Verzinsungsdruck des Geldes weichen würde. Daß die Fluchttore in die versteckten, unsichtbaren Geldstauvorgänge, die vorhin behandelt wurden, durch rechtliche Beschlüsse weitgehend verschlossen werden müssen, ergibt sich nicht nur als Forderung aus dem Geldbereich heraus – dafür gibt es auch eine Fülle anderer Gründe, z.B. die Unverkäuflichkeit des Bodens oder auch die Mitarbeiterbeteiligung an den Unternehmen.

7. Kredit- und Giralgeldschöpfung

Bisher wurde auf den Übergang vom Spargeld zum Leihgeld geblickt. Nun hat sich aber aus dem Bankenwesen heraus eine Kreditmöglichkeit entwickelt, die gar nicht durch bewußte Sparvorgänge bedingt ist. In der Literatur wird dieser Vorgang Kredit- und Giralgeldschöpfung genannt, und er ist durch die Verstärkung des bargeldlosen Zahlungsverkehrs immer aktueller geworden. Dieser Prozeß wird einerseits durch die Notenbanken beeinflußt. Diese haben die Möglichkeit, mit einer Reihe geldpolitischer Instrumente den Geschäftsbanken neues Geld, Liquidität, zuzuführen, aus denen die Geschäftsbanken dann ihrerseits Kredite vergeben. Stets handelt es sich um Kredite mit Rückzahlbarkeit. Solange daraus Produktionskredite werden, wird das neue Geld nach kurzer Zeit durch Warenproduktionen gedeckt. Problematisch dagegen sind Staatsfinanzierungen, die zwar formal ebenfalls als Kredite laufen, nicht selten aber zu Konsumtivzwecken der öffentlichen Institutionen verwandt werden. In diesem Fall wird im klassischen Sinne Inflation erzeugt (vergrößerte Geldmenge ohne entsprechende Warenvergrößerung), auch wenn sich die Wirkungen erst langfristig zeigen.

Aber auch die Geschäftsbanken haben eine neue Möglichkeit entwickelt. Während man eigentlich davon ausgeht, daß Banken nur kreditieren können, was bei ihnen als Spargeld liegt (Depositenkasse), zeigt die Erfahrung anderes. Denn ein großer Teil des kreditierten Geldes fließt unmittelbar an die Bank zurück, um so mehr, je flächendeckender eine Bank arbeitet. Auch bei den normalen Girokonten bleibt der größte Teil des Geldes immer wieder im eigenen Kreislauf. Die Quote des wirklichen Abflusses nennt man Bargeldreserve. Bei langjähriger Bankerfahrung stabilisieren sich diese Quoten – neben diesem banktechnischen Wert setzt die Bundesbank mit der Vorschrift zur Mindestreserve ein ähnliches, wenn auch künstliches Instrument ein –, so daß nun auch dieses an sich bereits im Geschäftsverkehr kreisende Geld bis zu dem reziproken Wert des Reservesatzes beliehen werden kann, ohne daß der einzelne Kontoinhaber davon etwas merkt. Im Grunde handelt es sich dabei um ein Ausnutzen der Umlaufgeschwindigkeitspausen des Geldes. Dies wäre vergleichbar dem Multitasking der Computer, wo mehrere Programme deshalb «gleichzeitig» arbeiten können, weil jedes Programm die Pausen des anderen in Blitzesschnelle ausnutzt. Der Kreditschöpfungsmechanismus gründet also allein in den Geldumgangsgewohnheiten der Menschen und Banken (man bezahlt eben z.B. seine Miete am Monatsersten). Bei bargeldlosem Zahlungsverkehr und nur einem Banksystem steigt die Ausleihquote ins Unendliche. Damit zeigt sich nun in aller Deutlichkeit, daß die Kreditgewährung nicht mehr aus traditionellen Gewohnheiten her begrenzt werden kann, sondern daß sich diese Frage auf ganz neue Art stellt, vergleichbar dem früheren Freiwerden des Kaufgeldes von seinem Warencharakter. An die Stelle der Natur oder der instinktiven Gewohnheitsregelung will durchschauende Vernunft treten, wie sie durch assoziatives Wirtschaften bilde- und gestaltungsmöglich wird.

Interessant ist nun, daß die Kredite aus dem Kreditschöpfungsvorgang nicht mehr vorgespart werden. Sie müssen vom sozialen Organismus als Ganzem nachgespart werden. Dies ist nur vertretbar für Produktionskredite, und zwar im Grunde auch nur für den Teil, der als Umlaufvermögen oder als kurzfristiges Anlagevermögen im Unternehmen erscheint. Diese Kurzfristigkeit ist durchaus zu vertreten, so wie ja auch der 90-tägige Handelswechsel von der Notenbank unter bestimmten Bedingungen in Geld eingelöst, diskontiert, wird.

Eigentlich müßte man auch beim Produktionskredit zwischen zwei Kreditzwecken unterscheiden. Die langfristigen Investitionen sollten dabei aus langfristigem *Spargeld* finanziert werden, die Betriebskredite dagegen können aus dem Bankenprozeß heraus *geschöpft* werden. Wird umgekehrt verfahren, so löst sich entweder der Spargeldstau nicht auf, weil unmittelbar neues Kaufgeldbedürfnis entsteht, oder aber es tritt tatsächlich ein starker und langfristiger Inflationstrend auf, weil die ausgleichende Produktionsmenge zu spät realisiert wird.

Das Geld als Schenkungsgeld

1. Die soziale Funktion des Schenkungsgeldes

Sowohl im Kaufgeld- wie im Leihgeldbereich wurden bisher Stauphänomene beobachtet. Die Auflösung des Sparstaus bei der Kaufgeldzirkulation erfolgt entweder durch Entsparvorgänge oder durch die Überführung in den nächsten Bereich des Leihens. Durch die innere Erneuerung des Geldes durch Ab- und Aufzinsung bei der dynamischen Geldwerterhaltung wird laufend ehemaliges Kaufgeld frei zur Finanzierung von sozialen Prozessen, die nicht wirtschaftlich orientiert sind. Aus Kaufgeld wird Schenkungsgeld.

Aber auch im Leihgeldbereich tritt ein Stauphänomen mit vielen Gesichtern auf. Seine Ursache liegt darin, daß das Geld aus den Produktionsverhältnissen nicht freikommt, sondern immer wieder zur Reinvestition neigt, bzw. als Reserve angespart wird. Dies mag in Aufbauphasen des Wirtschaftslebens teilweise nötig sein. Besonders staufördernd wirkt dabei die fehlende soziale Sicherheit der Wirtschaftsbetriebe, die in einer konkurrenzorientierten Marktwirtschaft von anderen nicht erwartet werden kann. Wie das Sparen dem einzelnen soziale Sicherheit einer ungewissen Zukunft gegenüber schaffen soll, so das Festhalten der in den Unternehmungen erwirtschafteten Erträge und deren Reinvestition für die Unternehmungen selbst. Wann hat man genug? Im sozialen Kampf ums Überleben nie. Wer nicht wächst, ist der Verlierer von morgen. Solange noch andere Mitbewerber da sind, solange gibt es noch Platz zum Wachsen. Volkswirtschaftliche Rechnungen zählen nicht in der Bilanz eines einzelnen Betriebes.

Dennoch kann man sich am Beispiel des Bauern klarmachen, daß ab einem gewissen Punkt das Geld nicht wieder in die Leihgeldsphäre zurück darf und kann, weil man an die Grenzen des sinnvollen Kreditbedarfes stößt. Aber auch die Rückführung des Ertrages in den Konsumbereich der wirtschaftlich Tätigen ist auf die Dauer keine alleinige Lösung. Eine wirkliche Auflösung des Staus ergibt sich erst, wenn das im Dienste der Wirtschaft alt gewordene Geld sich in einen wirtschaftlich produktionslosen Raum ergießt. Die Schenkgeldsphäre wird geradezu dadurch gekennzeichnet, daß sie, der Gegenwart gegenüber, «unproduktiv» ist, ja sein muß. Die Empfänger von Schenkgeld geben dies zwar zu Konsumzwecken aus und führen damit das Geld wieder in die Kaufgeldsphäre zurück – was sie aber dafür leisten, zählt nicht zu den eigentlichen wirtschaftlichen Werten.

Das Wachstum unserer arbeitsteiligen Wirtschaft hat längst die nationalen Grenzen überschritten – weshalb auch der Ausdruck «Volkswirtschaftslehre» heute nicht mehr berechtigt ist – und sich über den Export die ganze Welt als Absatzmarkt erschlossen. Über den Export werden die überschüssigen Produktivkräfte abgeleitet. Die Export-Überschußproblematik zeigt deutlich, daß reine Absatzmärkte gesucht werden, weniger dagegen Märkte, wo die Exportwaren zur Grundlage von Produktionen werden, die als Import zurückdrängen. Solche Einseitigkeitsmärkte aber kann es im Wirtschaftsleben, das ja auf Gegenseitigkeit angelegt ist, nicht geben. Gefunden werden diese so sehnlichst gesuchten Märkte nicht außerhalb, sondern *innerhalb* der sozialen Gemeinschaften durch die Ausbildung der Schenkgeldsphäre.

Ökonomen erscheint es befremdlich, einen Begriff wie das «Schenken» mit Ökonomie zu verbinden, da er geradezu wie deren Gegenbild erscheint. Dabei erzwingen die Wirtschaftsverhältnisse die Schenkung geradezu. «Zwangsschenkungen» finden laufend statt, ob in Konkursverfahren oder bei der Bewältigung der Verschuldungskrise der Dritten Welt. Allerdings ist in diesen Fällen die Schenkungsabsicht am Anfang nicht vorhanden, sondern entsteht als Abschreibungsbedarf gescheiterter ökonomischer Zielsetzungen. Die *Schenkung «ex post»* ist nur formal eine Schenkung, da es gar nicht mehr zu einem freien Gebrauch der Schenkung kommen kann: Der alte Abnehmer ist tot, es lebe der neue Abnehmer. *Eine wirkliche Schenkung jedoch erfolgt «ex ante»* und eröffnet damit völlig neue Verwendungs- und Gestaltungsmöglichkeiten. – Eine andere Art der Zwangsschenkung ist die Inflation. Auch sie löst Geld auf, jedoch nicht nur Staugeld und nicht weiter in eine eigene Geldsphäre hinein, sondern über Preissteigerungen und Einkommensverfall zurück in die Bereiche des Leih- und Kaufgeldes, beide dadurch chaotisierend: Statt Geldzerfall, Kaufkraftzerfall.

Wenn bisher für den Bereich des Schenkungsgeldes noch nicht angegeben wurde, was dort geschieht, so liegt dies zunächst daran, daß dies keine Frage der Ökonomie mehr ist. Denn das Geistesleben wird vom Wirtschaftlichen her nur als dessen Zurückdrängung, als dessen Verbrauch erlebt. Der reine Verbrauch ist jedoch nicht dieses Geistesleben selbst, sondern bildet nur dessen organische Grundlage. Es wurde bereits am Anfang erwähnt, daß unsere heutige Sozialproduktrechnung dieses Verhältnis verschleiert, indem es geistige Leistungen einfach unter der allgemeinen Rubrik «Leistungen» subsummiert. Danach erscheinen das Gehalt eines Arbeiters und ein Lehrergehalt als völlig gleichwertig und werden zusammengezählt. Vielfach werden daher auch Betrieb und Schule als gleichartig oder -wertig angesehen. In Wirklichkeit jedoch ist ersterer auf die Produktion wirtschaftlicher Güter ausgerichtet, zweiterer dagegen basiert auf deren Verbrauch.

Dagegen wird oft eingewandt, daß doch auch ein Lehrer etwas produziere, für das ein Bedürfnis besteht. Insofern sei die Unterscheidung in Wirtschaftsleben und Geistesleben ökonomisch nicht zu rechtfertigen. Bei diesem Einwand wird eben der grundlegende Unterschied zwischen beiden Bereichen übersehen. Im Wirtschaftsleben sind das Ziel konsumfähige Waren, im Geistesleben sind diese der

Ausgangspunkt. Den Unterschied zwischen güteraufbauender und güterabbauender Wirkung bemerkt man daran, daß man sich zwar vorstellen kann, daß alle Menschen Konsumgüter produzieren können, aber nicht, daß alle nur «Lehrer» wären, denn wovon sollten sie leben? Die Möglichkeit zum Lehrersein erfordert seine Freistellung vom wirtschaftlichen Erzeugen, hängt an dem Vorhandensein von Schenkungsgeld.

Das Wirtschaftsleben kann nur von der Notwendigkeit zur Produktion befreien, «Freizeit» schaffen. Diese Freizeit kann einerseits den Wirtschaftenden selbst zufließen (z.B. als Arbeitszeitverkürzung) oder aber an Menschen übertragen werden, die ganz oder teilweise im freien Geistesleben Leistungen erbringen (z.B. als Wissenschaftler, als Künstler, als Lehrer usw.), für die Bedürfnisse bestehen. Die Freizeit wird hier durch Geld übertragen, sei es als Spende oder durch «Bezahlung» der in Anspruch genommenen Leistung.

Die Kennzeichnung des freien Geisteslebens als «unproduktiv» oder als «reine Verbraucher» darf nur in Verbindung mit der Anschauung vom sich in der Zeit entwickelnden sozialen Organismus erfolgen. Trennt man sie davon ab, so werden daraus «Unkosten» oder «Parasitentum» bis hin zum Leninschen Zynismus «Wer nicht arbeitet, soll auch nicht essen». In Wirklichkeit handelt es sich nur um eine wirtschaftliche Gegenwartsbetrachtung. Wendet man nämlich den Blick auf die Vergangenheit und Zukunft, so ergibt sich ein völlig anderes Bild. Die gewaltige Produktions- und Produktivitätsexplosion der letzten 200 Jahre ist nämlich nicht verbesserten körperlich-arbeitenden Funktionen zuzuschreiben – wir haben im Gegenteil viele handwerkliche Geschicklichkeiten verloren –, sondern dem menschlichen Geist, vor allem in Form des die technische Entwicklung tragenden Verstandes. Dem Geistesleben der Vergangenheit verdanken wir ökonomisch ungeheuer viel. Entsprechend wird das heutige Geistesleben die Grundlage der Zukunft sein. Viele Eltern versuchen, ihren Kindern ein Vermögen mitzugeben. Da es sich dabei um Kaufgeld handelt, werden auch nur Konsumenten daraus. Höher als Kaufgeld-Haben steht das Sich-Kaufgeld-Verschaffen-Können. Das wissen oder spüren diejenigen Eltern, die ihren Kindern «eine gute Ausbildung» mitgeben wollen. Deshalb sagt man, «daß Bildung die beste Investition sei». Bildung muß letztlich das Ziel alles Geisteslebens sein.

Während sich heute das «freie» Geistesleben mit seiner Finanzierung schwertut, schwimmt das ihm verwandte «halbfreie» Geistesleben im Gelde. Es ist jener Bereich, wo der Geist im Wirtschaftsleben selbst mitproduziert, erfindend, organisierend, rationalisierend, leitend, spekulierend. Hier erhält der Geist, wobei damit immer nur der Schwerpunkt von Tätigkeiten gemeint sein kann, aus dem Unternehmensertrag seinen Anteil an Kaufgeld oder, in Verbindung mit Eigentumsrechten, eine Rente. Freies Schenkungsgeld wird erst nötig, wo die direkte Zurechenbarkeit des Geisteslebens zu einer bestimmten Leistung aufhört, Sinn zu machen, wo das Geistesleben «frei» wird. Daß das Geistesleben sich freimachen kann, davon hängt für die weitere Entwicklung alles ab. Denn nur dadurch ist es möglich, das Wirtschaftsleben in seine der Entwicklung der Individualität dienende Funktion zu bannen.

2. Staat und Individuum

Bis zum Auftauchen der demokratischen Jedermannsrechte dominierten die Interessen der Gesellschaft diejenigen des einzelnen. Indem das Prinzip der Mehrheit unterschiedslos auf alle Lebensbereiche ausgedehnt wurde, blähte sich das politische Leben absolutistisch auf. Statt der Selbstverwaltung der initiativen und assoziierenden Menschen kam die Zensur durch die Mehrheit: Die Lebensberechtigung eines Impulses führt über die Zustimmung der Mehrheit. Die Sache tritt hinter die Bemühung um politische Mehrheiten zurück. Die Freiheit der Initiative reduziert sich auf die Freiheit, sich um Mehrheiten zu bewerben.

Diese Allzuständigkeit der Politik, die in einzelnen Ländern ganz unterschiedlich ausgeprägt erscheint, betrifft sowohl die Ökonomie als auch das Geistesleben. Nach dem üblichen Motto «Wer zahlt, bestimmt» wird unsere Wirtschaft als Arbeitgeber, Steuerzahler und Wohlstandszufriedenheit Schaffender immer einflußreicher auf die

Politik, vielleicht nicht einmal so stark wegen direkter Eingriffe, sondern wegen der notwendigen Rücksichtnahme auf das Wohlergehen der Wirtschaft selbst. Politik ist in starkem Maße Wirtschaftspolitik geworden. Nach dem gleichen Motto allerdings hat sich die Politik ihrerseits das Geistesleben einverleibt. Es gibt zwei grundsätzliche Möglichkeiten, Menschen Leistungen unabhängig von ihrem Sozialstatus zugängig zu machen: Man erhöht ihr Einkommen, oder man macht sie möglichst billig oder kostenlos, besser preisfrei. Die Einkommenserhöhung ist freilassend; man kann nicht sicher sagen, wofür das Geld ausgegeben wird (wobei gewisse Zweckbindungen durchaus möglich sind). Deshalb setzt dieser Weg das Bedürfnis bei den Einkommensbeziehern voraus. Ein Kultur- und Geistesleben, das diesen Namen verdient, muß in der heutigen Zeit auf Bedürfnisse der einzelnen gründen. Stattdessen hat man überwiegend den zweiten Weg gewählt. Die subventionierte Zurverfügungstellung von Kultur verwischt die Bedürfnisintensitäten bis zur Gefahr des Kulturbetriebes an sich. Da die Illusion «kostenlos» erweckt wird, muß man sich nicht wundern, wenn sich der Benutzer der «kostenlosen» Einrichtungen gleichzeitig über die Höhe der Steuern beschwert, aus denen die «Kostenlosigkeit» bezahlt wird. Schwerwiegender aber wirkt, daß der Weg der Leistungsbereitstellung durch den politischen Staat notwendigerweise den Einfluß des Staates hervorruft: Was soll gefördert werden? Wo? Wieweit? In welcher Höhe? Wenn nicht alles oder nichts, dann folgt die Notwendigkeit der Auswahlkriterien. «Entartete Kunst»-Propaganda und -verbot sind nur vor dem Hintergrund staatlicher Kulturpolitik denkbar. Und ähnliches betrifft die Gestaltung der Lehrpläne des Erziehungswesens, die Auswahl der Personen usw. Wir kennen eine solche starke Beeinflussung des Lebens z.B. aus Ägypten. Dort waren Pharao und Priester Eingeweihte. Ihre Macht gründete auf dem tieferen Wissen um die Weltenwerdegeheimnisse. Die machtvollen Ämter sind geblieben; der geheimnisvolle, profanen Augen verborgene Schulungs- und Einweihungsweg ist jedoch dem Kärrnerweg der Parteikarriere gewichen, das geheime Wissen wurde zum «Streng vertraulich» der neuesten Meinungsumfragen. Das Freilassen des Geisteslebens ist demgegenüber die einzige Konsequenz aus der verfaßten Mündigkeit jedes einzelnen. – Da mag mancher von der Sorge ergriffen werden um ein mühsam administrativ-subventioniert gehegtes Kulturpflänzlein: Im Geistesleben ist freie Konkurrenzfähigkeit die einzig mögliche Grundlage (während sie heute paradoxerweise im auf brüderliche Gegenseitigkeit angelegten Wirtschaftsleben gefordert und praktiziert wird). Auf dem Wirtschaftsfeld wird argumentiert, daß nur dadurch der technische Fortschritt möglich sei. Wollen etwa die Menschen, die das Geistesleben nicht freigeben wollen, menschlichen Fortschritt verhindern?

Die Zeitgestalt des Geldwesens

Die dreifache Gliederung des Geldes in Kaufgeld, Leihgeld und Schenkungsgeld ist ihrem Wesen nach nicht eine «Erfindung» Rudolf Steiners, sondern vielmehr seine «Entdeckung», denn sie ergibt sich aus den inneren Zirkulationsbedingungen eines arbeitsteiligen, dreigegliederten sozialen Organismus. Dabei liegen die drei Geldarten zeitlich nacheinander, sind also Entfaltungsstufen des Geldwesens. Die Weiterentwicklung vollzieht sich dabei durch Stau- und Auflösevorgänge innerhalb der allgemeinen Wertezirkulation. Auf der Kaufgeldebene ist das Sparen der Stauvorgang, während die Auflösung durch Entsparen, Verschenken oder aber, und hier liegt die entwicklungsgerechte Umbildung, durch das Verleihen in Form von Krediten geschieht. Das Aufrufen unternehmerischer und erfinderisch-organisatorischer Fähigkeiten und Kräfte führt zu einer gewaltigen Überschußbildung, die sich stets in echte oder scheinbare Investitionen sowie auf richtige und unrichtige Weise in das Kaufgeld zurückstauen möchte. Preisverbilligungen (= Lohnerhöhungen der Gemeinschaft) oder Gewinnweitergabe sind die angemessenen Umbilde- und damit Auflöseprozesse des Leihgeldstatus. Im Schenkgeldbereich kommt das Wirtschaftsleben an die Grenze seiner Möglichkeiten. Dem hier auftretenden Stau wird dadurch begegnet, daß die daraus finanzierten Tätigkeiten keinen wirtschaftlichen, sondern nur einen seelisch-geistigen Wert haben, also wirtschaftlich nur verzehrend auftreten. Die «Bildung» des menschlichen Geistes ist einerseits Frucht des wirtschaftlichen Tuns, andererseits aber auch dessen Same. Im Durchgang durch das außerwirtschaftliche Gebiet des Geisteslebens kommt ein alter Geldprozeß zu Ende und beginnt mit dem Eintritt in den Kaufgeldbereich ein neuer.

Spätestens seit Geld keinen Warenwert mehr hat, ist deutlich, daß jedem Geldvorgang ein Wertvorgang im Sozialen zugrunde liegen muß. Beim Kaufgeld sind es offenbar produzierte und in den Verkauf gebrachte Produkte. Das Wort «Produkt» aber weist bereits hin auf die volkswirtschaftlichen Produktionsfaktoren Boden, Arbeit und Kapital. Rudolf Steiner nannte sie Natur, Arbeit und Geist. Im Grunde wirken immer alle drei zusammen, allerdings lassen sich dabei zwei polbildende Schwerpunkte unterscheiden. – Der eine Pol liegt dort, wo vor allem Arbeit auf die Natur einwirkt, sie zu Produkten verwandelnd (Arbeit wirkt auf Natur = NA). Hier entstehen die Werte unmittelbar mit dem Produkt, je mehr Arbeit, um so wertvoller, sofern sie die Qualität steigern kann. (Volkswirtschaftlich würden hier z.B. die Landwirtschaft oder das Handwerk als Ganzes angesiedelt werden.) Der Kaufgeldbereich hat daher eine besonders ausgeprägte Beziehung zu dieser Art von Wertbildung.

In jeder Arbeit steckt bereits eine geistige Führung, sei es instinktiv oder bewußt. Im denkenden Bewußtsein kann sich der Mensch aus dieser Verbindung innerlich zurückziehen, den Zusammenhang Natur und Arbeit auflösen und völlig neu zusammensetzen, jetzt aber organisiert, rationalisiert usw.; der geistige Eingriff kann aber auch in einer ganz neuen Arbeitsanwendung liegen oder aber in der Erfindung, Herstellung und Anwendung technischer «Produktionsmittel» bestehen. In allen diesen Fällen wird durch eine Wirtschaftlichkeitsrechnung sichergestellt, daß es zu einer Werterhöhung kommt, die aber merkwürdigerweise gerade dadurch zustandekommt, daß sie den Arbeit-Naturwert verringert. Der Wert einer Rationalisierungsmaßnahme besteht in dem möglichen Produktionswert der *eingesparten* Arbeit, d.h. in einer Erhöhung der Produktivität. Dieser, den entgegengesetzten Pol bildende Wert (Geist wirkt auf Arbeit = AG) verbilligt, während der Wert NA verteuert. Er liegt ganz in der Leihgeldsphäre, wirkt aber in die Kaufgeldsphäre zurück. So ist der Wert eines Produktes von zwei Seiten her gestaltet. Das Gleichgewichtfinden zwischen diesen beiden Tendenzen beantwortet gleichzeitig die Frage nach dem Erträgnisanteil von Arbeit und Geist am gemeinsam Erwirtschafteten. Der im Wirtschaftsleben wirkende Geist ist an dieses Wirkungsfeld gebunden, erscheint nur halbfrei. Dafür muß er selbst die Werterhöhung herbeiführen, aus der er letztlich seine Entlohnung erhält. (Auf die Möglichkeit überhöhter Erträgnisaneignungen durch die Eigentumsverhältnisse und Rechtsverhältnisse wurde bereits hingewiesen.)

Welche Wertbildung aber entspricht dem Schenkungsgeldbereich? Nicht die Fähigkeiten selbst, sondern der Träger der Fähigkeiten steht im Mittelpunkt des freien Geisteslebens. Auch hier muß Arbeit eingespart werden, aber auf andere Art. Nicht die Tätigkeit des Lehrers spart direkt Arbeit ein (zumindest nicht kurzfristig), sondern andere, z.B. die Eltern oder alle Mitbürger müssen dem Lehrer die Arbeit abnehmen, sie ihm ersparen. Durch diesen notwendigen Ersparnisvorgang werden seelisch-geistige Werte in realen Bezug zu wirtschaftlichen Werten gebracht, obwohl sie ihrem Wesen nach etwas ganz anderes sind. Im Leihgeld-Wert AG wird die zurückdrängende Kraft des in die Wirklichkeit eingreifenden Geistes sichtbar; im Wert des Schenkungsgeldbereiches bringt sich die geistige Tätigkeit selbst zur Erscheinung. Daß ihr dabei die Arbeit von anderen erspart werden muß, liegt daran, daß man nicht beides zugleich kann, wirtschaftlich und geistig produzieren. Wieviel Arbeit für das freie Geistesleben erspart wird, das hängt allerdings davon ab, wie stark das *Bedürfnis nach geistigen Werten* ist und wieweit die zur Erscheinung kommenden Impulse diesen Bedürfniserwartungen entsprechen und damit andere Konsuminteressen zurückdrängen können. Einen Anspruch auf soziales Dasein hat das Geistesleben nicht mehr: Dies ist eine der wichtigsten Konsequenzen menschlicher Freiheit.

Im Vollbesitz seiner Kräfte vergißt man schnell das Woher und Wohin. Bis vor kurzem erschien uns die Natur «kostenlos», ein produktives Göttergeschenk, dessen wir uns nur zu bedienen brauchten. Inzwischen wissen wir, daß dies auf Dauer nicht geht, daß wir die Natur bewußt pflegen müssen, auch mit großem wirtschaftlichem Aufwand, wenn eine langfristige Nutzung möglich sein soll. Und ähnliches gilt vom menschlichen Geistesleben. Wir zehren jeweils vom vergangenen Geistesleben, das wir über Erziehung und Bildung verinnerlicht haben, so daß wir schnell geneigt sind, alles, was unser Seelen- und Geistesleben beherrscht und hervorbringt, auch für unsere Produkte zu halten und das volle Erträgnis für uns zu beanspruchen. Aber auch hier handelt es sich um ein einseitiges Nehmen und Beanspruchen. Wer Zukunft ermöglichen will, darf deshalb nicht nur Umweltschutz und -pflege fordern, sondern muß vor allem für die Pflege eines wirklich freien Geisteslebens der Gegenwart eintreten. Denn darin liegt die *Wegzehrung künftiger Generationen.*

So zeigt sich im sozialen Organismus eine sich rhythmisch entwickelnde Zeitgestalt des Geldes. Eine zentrale Frage aber ist, ob es sich dabei nur um einen ideellen Prozeß handelt (beim Schenken z.B. ist Geld immer alt usw.) oder ob dieser Zeitprozeß am Geld selbst zur Erscheinung kommen soll, z.B. als datiertes Geld u.a. – Zunächst ist dazu zu sagen, daß natürlich das Einzelverhalten keiner Regulierung unterliegt.

Ob ich spare, ob ich leihe, ob ich schenke – das hängt von meinen Lebensumständen ab; was aber das Geld als Ganzes macht, muß objektiv am Geld zum Ausdruck kommen. Auf diesen Unterschied zwischen Einzelsicht und Gesamtheitsinteresse wurde mehrfach bereits verwiesen. – Eine andere Form des Einwandes lautet, daß ja Maßnahmen am Geld nur die Hülle des Geldes, nicht aber seine ihm zugrundeliegenden sozialen Prozesse treffen würden. Abgesehen davon, daß ja Geld ein Inhaberpapier ist und deshalb eine Veränderung der daran gebundenen Rechtsverhältnisse überhaupt nur durch eine Änderung des «Papieres» zum Ausdruck gebracht werden könnte (wer einen Geldschein verliert, hat auch das Kaufrecht verloren und nicht nur die Hülle), so wird doch Ursache und Wirkung verwechselt. Am Geld muß deshalb etwas geschehen, weil sich die soziale Wirklichkeit verändert, nicht umgekehrt, so daß im Grunde nur die

Frage des «Wie» bleibt, nicht jedoch die Frage des «Ob». – Ein weiterer Einwand ist der Hinweis auf das zunehmende Buchgeld. Warum noch über Geldscheine streiten, wenn es doch bald keine mehr geben wird? Eine solche Sichtweise beruht auf einem zu engen Geldverständnis. Denn beim Geld kommt es auf die Erscheinungsform gar nicht an; jene verlangt nur neue Formen der Gestaltung. Und zweifellos macht die moderne Elektronik solche Eingriffe eher leichter als schwerer.

Wie bringt man die Zeitgestalt des Geldes, sein Altern, in der Realität zum Ausdruck? Daß es sich dabei nicht darum handeln kann, daß das Kaufgeld immer weniger wert wird, konnte bereits deutlich werden. Denn der einzelne Verkäufer muß sich auf den Geldwert verlassen können. In einer fortlaufenden Zirkulation gibt es aber auch keinen sachlichen Grund des Altwerdens. – Geld kommt heute nur durch das Kredit-Tor in den sozialen Organismus hinein. Durch diese wertabbauenden und gleichzeitig werterhöhenden Wirksamkeiten (AG) beginnt ein zeitlich begrenzter Überformungsprozeß, der, indem «verjüngend» in den Produktionsprozeß eingegriffen wird, die Notwendigkeit des «Altwerdens» hervorruft. Aus den kreditierten Verhältnissen bestimmt sich das durchschnittliche Alter des Geldes. Bei der dynamischen Geldwerterhaltung wurde beschrieben, wie erreicht werden kann, daß die Ansprüche der Geldgläubiger nie höher sein können als die sozialen Gegenwerte. Als Möglichkeit wurden Kreditbriefe vorgeschlagen, in denen ja auch heute schon Fristigkeiten eingetragen sind. Während die derzeitigen individuelle Laufzeiten tragen, wären gleichfristige Papiere vorzuziehen. Denn letztlich muß am Ende der Fristigkeit ein Gleichklang mit dem Bargeld hergestellt werden. Eine Datierung des Bargeldes weckt zwar Bewußtsein für die realen Geldveränderungen, hat aber im Kaufgeldbereich nur Auswirkungen zum Stichtag seines Umtausches und dort auch nur im Falle gehorteten, d.h. also gesparten, aber nicht verliehenen Geldes. Daß auch hier wieder mancher Leser zusammenzucken wird, «weil man etwas wegnehmen will», liegt nur daran, daß Geld für viele noch immer den Nimbus einer unverderblichen *Ware* hat.

Nicht eingegangen wird hier auf die sonstigen Maßnahmen, die zur Herstellung sozialer Gerechtigkeit notwendig wären und natürlich auf die Geldprozesse teils erhebliche Auswirkungen hätten, wie z.B. Unverkäuflichkeit von Grund und Boden bzw. Produktionsmitteln, Neuregelung der Erbschaftsverhältnisse, Verschiebung der Steuern von Einkommenssteuern zu Ausgabensteuern usw.

Die Verwaltung des Geldes

Geld muß einen Bezug zu den im sozialen Organismus erzeugten und umlaufenden Werten haben. Insofern ist der Geldumsatz die zirkulierende Weltbuchhaltung der gegenseitig erbrachten Leistungen. Alle buchhalterischen Werte müssen im sozialen Leben nachzuweisen sein; sind die Werte nicht mehr da, so müssen die entsprechenden Zahlen korrigiert werden.

Unter diesem Gesichtspunkt sind Banken die Buchhalter des sozialen Organismus. Jeder Unternehmer wird eine gut organisierte und aussagefähige Buchhaltung nicht hoch genug zu schätzen wissen. Sofern Unternehmen nicht bereits dem reinen Geldstreben verfallen sind, wird jedoch kein Unternehmer auf den Gedanken kommen, die wirklich unternehmerischen Entscheidungen dem Buchhalter zu überlassen. Dies aber geschieht volkswirtschaftlich laufend: Bankiers entscheiden über Kredite, über Geldmenge und Konjunkturverlauf. Ob Notenbank oder Geschäftsbanken – das Wohl und Wehe des sozialen Organismus hängt letztlich von ihnen ab. Allenfalls werden Beiräte aus «der» Wirtschaft herbeigezogen, um mehr Einblick in die realen Verhältnisse zu bekommen. – Diese Entwicklung ist kein Zufall. Denn das abstrakte Geld, das als Weltliquidität alles durchströmt, ist, als verkörpertes Recht, besonders anfällig gegen Machtfaktoren, wie sie in unseren Staatsgebilden im Rahmen demokratischer Legalität noch immer praktiziert werden. Nur über das Geld kann man *abstrakt* das soziale Leben steuern. Eine Fülle geldtechnischer Instrumente wurde im Laufe der Zeit entwickelt, um dies erreichen zu können.

Aber über das Geld kann man nur allgemein wirken. Man kommt über die *seelische Ebene* nicht hinaus: Signale will man setzen der Vorsicht oder der Aufmunterung, je nach dem. Dabei zeigt sich die Unzulänglichkeit solchen Vorgehens in der Praxis längst. Konjunkturüberhitzungen oder -einbrüche werden zunehmend von Zinsentwicklungen verursacht. Und je stärker der Geldstau, um so schwieriger wird die Beeinflussung, um so sensibler wird die gestaute Geldmenge gegenüber jedem Gerücht.

Wo aber sind die «volkswirtschaftlichen Unternehmer», die den Banken wiederum energisch «nur» die Rolle der Buchhalter zuweisen könnten? Es gibt sie nicht. Teilaspekte werden von politischen nationalen und internationalen Organisationen wahrgenommen, deren Gesichtspunkte aber oft ganz anderen Interessen gehorchen und die dem wirtschaftlich-sozialen Leben nicht weniger fremd gegenüberstehen als die Banken. Diese Organe müssen zunehmend erst gebildet werden, es sind die im ersten Aufsatz beschriebenen und begründeten Assoziationen. Wesentlich an ihnen ist, daß sie nicht nur eine Marktseite kartellhaft vereinen, sondern den ganzen wirtschaftlichen Vorgang vom Bedürfnis zur Produktion über die Zirkulation wieder zurück zum Konsumenten organhaft zusammenschließen und damit erst zielgerichtetes bewußtes soziales Handeln ermöglichen. Assoziativ muß entschieden werden das, was heute ausschließlich Banken tun. Weil sie das soziale Leben selbst vertreten, deshalb braucht es kein massenpsychologisch orientiertes Beeinflussungsinstrumentarium mehr zur Umsetzung abstrakt gefällter Entscheidungen. Es wurde ja gezeigt, daß die Geldmenge gar nicht mehr äußerlich bestimmt zu werden braucht, sondern durch das Kredit-Tor kontrolliert wird. Die Kreditvergabe aber wäre eine wesentliche Aufgabe der Assoziation. (Dies deckt sich übrigens geldtechnisch teilweise mit der Aussage vieler Monetaristen, die überhaupt von einer absichtsvollen Geldmengensteuerung abraten und die Geldmenge lediglich vom Kreditbedarf bestimmen lassen wollen.) Die Redimensionierung des Bankwesens ist dringend nötig, weil sich sonst immer mehr reine Geldinteressen an die Stelle sozialer Impulse setzen werden; sie wird aber nur zu leisten sein, wenn sich assoziative

Bestrebungen in größerem Umfange bilden würden. – Natürlich: Assoziative Mitarbeit verleiht keine Allmacht, sondern vermittelt nur den Einfluß, der dem Anteil der eigenen Leistung im Sozialprozeß entspricht. Die «Ent-»machtung des Geldes läßt sich nicht politisch dekretieren, sie muß durch konstruktiven Einsatz für die zukunftsorientierte assoziierende Wirtschaft real geleistet werden. Sonst wird man im Kampf gegen die Geldmacht nur Opfer der gleichen Illusion, der jene ihren Ursprung verdankt. Die Lösung der Geldfrage ist deshalb keine Frage mehr einer neuen Geldtheorie, *die entfesselten Geldkräfte können nur sozialorganisch-gestalterisch bewältigt werden.* Rudolf Steiner nannte diese Aufgabe «die Zähmung des Geldes».

Vernunft kontra Interesse

Eine solche Darstellung des Geldwesens ist vielerlei Mißverständnissen ausgesetzt. Das Fehlen einer gründlichen Diskussion über wissenschaftliche Geldtheorien oder das unterlassene Ausspinnen von Veränderungsmöglichkeiten bis ins Detail sind dabei durch die Art der Publikation noch am leichtesten verständlich zu machen. Schwierig ist allein der Punkt, daß Geld unter bestimmten Voraussetzungen weniger werden soll, während es doch heute immer mehr und mehr zu werden verspricht. Dies kann einerseits anzeigen, wie stark man bereits der Illusion verfallen ist, daß es sich beim Geld um einen «festen» Wert handelt. Es kann andererseits zeigen, wie schwer es ist, unsere Empfindung umzuerziehen, auch wenn die Vernunft ja dazu sagt. Drittens aber zeigt sich darin ein grundsätzliches Problem sozialer Betrachtungen: Wir sind mit den sozialen Vorgängen praktisch verwoben. Was man auch denkt, es hat Auswirkungen auf mich. Wie schwierig ist es, über Grund und Boden zu sprechen, wenn man selbst Grundstücksbesitzer ist; über Aktien, wenn man welche hat und sogar dabei gewinnt; über gerechte Löhne und Preise, wenn man exorbitant verdient; und über Geld, wenn man genug davon hat. Die instinktive Angst ist oft schneller zur Stelle und verunsichert die Vernunft, oft ohne daß sie es bemerkt. – Es wird aber vielleicht auch jene geben, die den noch ungeübten Sparer lautstark vorschicken: «Seht, da will euch jemand etwas wegnehmen.» Aber es soll noch einmal gesagt werden: Das Geld muß sich unter den geschilderten Bedingungen abwerten können. Geschieht dies nicht organisch bewußt, so eben unorganisch chaotisch. Geldentwertende Inflation, die man schon nicht mehr wahrnimmt, weil man sich an sie gewöhnt hat, und zu gewaltigen Abschreibungen führende Verschuldungen kommen zur Wirksamkeit, weil die Geldbuchhaltung dies erzwingt. Zunehmende soziale Spannungen zwischen arm und reich, national und international sind die ergänzende soziale Kehrseite unkontrollierter Geldentwicklung.

Viele Menschen spüren, daß sich etwas ändern muß. Meistens hat man dabei die anderen im Auge. Wer aber nicht bereit ist, sich selbst und seine Verhältnisse ebenfalls sachlich in Frage zu stellen, wird Veränderung sagen und Verharrung bewirken. Es reicht aber auch nicht, an einem mir besonders unangenehmen Symptom zu kurieren: Gerade die sozial-wirtschaftlichen Vorgänge müssen von Grund auf, *radikal,* gedacht und erarbeitet werden.

Was kann man praktisch tun?

Selbst derjenige, der die Richtung der in den vorhergehenden Aufsätzen entwickelten Gedanken bejaht, wird sich alsbald vor die Frage gestellt sehen, wie denn solche Veränderungen im sozialen Organismus zustandekommen sollen. Sind nicht die gesellschaftlichen Rollen längst verteilt, die Strukturen verhärtet? Verteidigt nicht jeder seine Interessen, die Macht und den Gestaltungseinfluß, den er gesellschaftlich erobert hat? Wer sollte denn ein Interesse an einer grundsätzlichen Veränderung haben? Denn alles Vorgebrachte verlangt, den Blick auf das Ganze des sozialorganischen Prozesses zu lenken und von dort her seine eigene Position neu zu bestimmen. Wer aber ist dazu bereit? Und ein einzelner kann doch sowieso nichts bewirken! – So werden aus notwendigen Einsichten dadurch unverwirklichbare Utopien, daß der Wille zur Veränderung sich resignierend auf seine eigenen Angelegenheiten zurückzieht.

Vielleicht aber machen wir uns darüber nur falsche Vorstellungen. Es gibt nicht wenige Menschen mit folgender Lebenserfahrung: Man tritt frisch in einen neuen sozialen Zusammenhang ein, z.B. ein Unternehmen. Man ist in der sozialen Stufenleiter noch ganz unten, hat noch keinen Einfluß und keine Verantwortung, aber offene Augen für die sozialen Mißstände und Fehlverhalten. Ganz oben müßte man stehen, dann würde man alles ganz anders machen! Jetzt aber, jetzt kann man noch nichts machen. – Nach Jahren oder Jahrzehnten ist man dann oben angelangt. Jetzt hat man den Einfluß und die Verantwortung, um das zu machen, was früher so nötig schien. Aber nun kehrt sich das Problem um: Was nützt das Wollen des Obersten, wenn keiner mitmacht? Denn soziales Verhalten kann man doch nicht verordnen und anweisen. Diese Art Erfahrung scheint zu beweisen, daß sich im Sozialen nichts verändern läßt. Und doch handelt es sich um ein falsches Urteil. Denn es entsteht dadurch, daß man stets dorthin schaut, wo die eigene Willenstätigkeit nicht hinreicht. An die Stelle notwendiger eigener Initiative tritt die Forderung an andere oder an die Gesellschaft.

Für die Gelegenheiten im Großen wird die weitere Entwicklung der sozialen Verhältnisse sorgen. Denn gegen die inneren Lebensgesetze des modernen sozialen Organismus kann man auf die Dauer nicht verstoßen, wenn nicht Krankheiten die Folge sein sollen. Und die Liste der Krankheitssymptome wird täglich größer; die Tage des «Weiter so» sind gezählt. – Der Körper nimmt Krankheiten nicht einfach hin, sondern setzt ihnen die heilenden Kräfte entgegen. In der Entfaltung der Heilkräfte liegt ja der Sinn der Krankheit. – Auch im Sozialen müssen die gesundenden Kräfte während und an der Krankheit entwickelt werden. Da die sozialen Verhältnisse jedoch durch uns selbst hervorgerufen werden, so ist die Einsicht in Lebensgesetze des sozialen Organismus die erste notwendige Voraussetzung, aber auch bereits der Beginn jeder Veränderung.

Wer weiß, worauf es ankommt, der findet auch Wege, sich entsprechend zu verhalten. Wer bewußt kauft, wer fragt, wofür sein Geld eingesetzt wird usw., der bewirkt bereits eine nächste Stufe der Veränderung, denn der mündige Mensch fragt nicht zuerst, was andere machen, sondern fühlt sich nur seiner eigenen Einsicht gegenüber verantwortlich. Sich unablässig für das einzusetzen, was man selbst für richtig und zeitgemäß hält, ist die Haltung, aus der wir unsere Menschenwürde immer wieder erneuern. Solche Verhaltensweisen wirken im Sozialen wie Kristallisationspunkte neuer Strukturbildungen. Man darf nur keine Angst haben, am Anfang wie ein Außenseiter, ein dem normalen Verhalten gegenüber Ver-rückter angesehen zu werden.

Auch die in diesem Buch angeschnittenen Bereiche sind bereits in Bewegung. Im Bereich des Geldwesens gibt es die Entwicklung des «Social Investment». Geldanleger wollen, daß ihr Geld für solche Zwecke angelegt wird, die sie sozial für sinnvoll halten. Teilweise verzichten sie damit sogar auf Zinsvorteile bei anderer Anlage. Einen Schritt weiter gehen eigene Bankinitiativen, die sich die soziale Erneuerung als zentrale Aufgabe stellen. Vor allem die von Anthroposophen gegründeten und betriebenen sogenannten Bochumer Bankinitiativen (GLS, GKG) haben im Bereich des Schenkens und Leihens viele neue Formen des Umgangs mit Geld entwickelt, die in mancher Hinsicht auch Vorbild für Alternativbanken geworden sind. Diese Bewegung breitet sich gegenwärtig weltweit aus. Auch Bausparkassen zeigen in einem Teilaspekt, wie durch solidarisches Verhalten eine Abkopplung vom Marktzins erreicht werden kann, ebenso wie der WIR-Ring, der vor allem in der Schweiz eine große Verbreitung gefunden hat. Eine neue Art der Wirtschaftsfinanzierung einschließlich der Sicherheitsfrage ist allerdings noch kaum ausgebildet. Auch eine grundsätzliche Diskussion der Geldfrage als Ganzes fehlt gegenwärtig noch, sowohl im Praktischen als auch im Theoretischen.

In bezug auf die menschliche Arbeit und das Unternehmenseigentum stellen sich heute ebenfalls neue Fragen. Zum einen gibt es immer mehr Unternehmen, die die Mitarbeiter am Gewinn beteiligen. Ein großer Teil von ihnen ist in der Arbeitsgemeinschaft Partnerschaft (AGP) zusammengeschlossen. Wenn auch auf oft noch unklare Art zeigt sich hier die Tendenz zu einem Lohnverständnis als Teilungsverhältnis der gesamthaft erwirtschafteten Erträge. In anderen Bereichen wie der Landwirtschaft stehen wir vor der Situation, die Einkommen überhaupt von der Leistung abzukoppeln (direkte Zahlungen), weil der Markt zu deren Regulation nicht taugt. Die ständige Rationalisierung mit der freisetzenden Tendenz von Arbeitsplätzen ruft die Frage hervor, ob überhaupt die Regelung Arbeit = Einkommen noch tragfähig ist. – Neben diesen großen allgemeinen Tendenzen gibt es unzählige konkrete Versuche vor allem in kleineren Unternehmungen, das Rechts- und Lohnverhältnis untereinander neu zu bestimmen. Auch im Unternehmenseigentum gibt es viele Versuche z.B. über Stiftungen, den Vermögensanspruch der Eigentümer zu neutralisieren. – Leider ist diese Entwicklung stark überschattet von den Folgen des Sozialismus. Denn für viele Menschen ist die Alternative zum Vermögenseigentum an Produktionsmitteln immer gleich dem Kollektivismus sozialistischer Prägung.

Eine merkwürdige Diskrepanz besteht in der Bodenfrage. Einerseits sind die Auswirkungen des gegenwärtigen Bodenrechts sozial fast unerträglich, andererseits gibt es in Deutschland dazu keine politische Diskussion. Im praktischen Tun sind es vor allem eine Reihe von Landstiftungen und erste Bodenfonds, deren Zielsetzungen nicht mehr in erster Linie maximale Kapitalverzinsungen sind. In Stuttgart wurde im Rahmen eines Unternehmens-Verbundes eine Immobilien-Projekt GmbH begründet, die satzungsgemäß das Ziel hat, Boden und Liegenschaften aus der Käuflichkeit herauszunehmen und den Nutzern günstig zur Verfügung zu stellen. Eintretende Wertsteigerungen werden dazu benutzt, neue Projekte zu finanzieren. Eine solche Gesellschaft ist auch für den Raum der ehemaligen «DDR» in Vorbereitung.

Am schwierigsten ist die Umsetzung assoziativen Wirtschaftens, weil hier der Einflußbereich des einzelnen Unternehmens überschritten wird. Teilaspekte finden sich in den ideellen Resten der Genossenschaftsbewegungen. In neuerer Zeit sind es einige Erzeuger-Verbraucher-Genossenschaften, die das assoziative Zusammenspiel zwischen Landwirten und Verbrauchern üben. Der Verbund Aktion Dritter Weg (A3W) hat neben den internen Arbeitsverhältnissen vor allem den Finanzausgleich zwischen Unternehmen des Wirtschaftslebens und des Geisteslebens zu einem Hauptziel gemacht. – Seit 1986 hat sich in Stuttgart ein Verbund «Freier Unternehmensinitiativen – Gesellschaft zur Förderung partnerschaftlichen Wirtschaftens mbH & Co KG» zusammengefunden, in dem gegenwärtig über 30 Unternehmen mitarbeiten. Auf der Grundlage der Selbstverwaltung werden auf allen Ebenen, von der Beratung bis zur Finanzierung, Formen der Zusammenarbeit gesucht und praktiziert. Neben dieser mehr horizontalen Verbindung und Verbindlichkeit wird auch die vertikale Verbindung vom Hersteller bis zum Konsumenten entwickelt. Mit jedem Unternehmen, das dazustößt, werden dabei neue Aufgaben, aber auch neue Lösungen sichtbar. So werden durch die solidarische Zusammenarbeit auch neue Grundlagen für eine Zusammenarbeit mit den Banken und Kapitalanlegern geschaffen, da sich z.B. Sicherheitsfragen ganz anders lösen lassen. Der branchenmäßige Schwerpunkt liegt gegenwärtig in der Naturkostszene, ist aber nicht darauf beschränkt; der regionale Schwerpunkt liegt in Süddeutschland, die Verbindungen reichen jedoch in die Schweiz, nach Österreich und Holland.

Alle diese Ansätze praktischer Veränderungen der sozialen Verhältnisse sollen zeigen, daß es keinen Grund gibt, sich resignierend zurückzuziehen. Man darf sich nur nicht zu schade sein, im Kleinen und Verborgenen anzufangen. Und man darf nicht ängstlich sein, denn durch Angst überwindet man nicht Verhältnisse, sondern verstrickt sich um so mehr in sie. Wer für Neues und Erneuerndes eintreten will, der muß lernen, gegen den Strom zu schwimmen. Das erscheint zunächst schwer, aber es kräftigt.

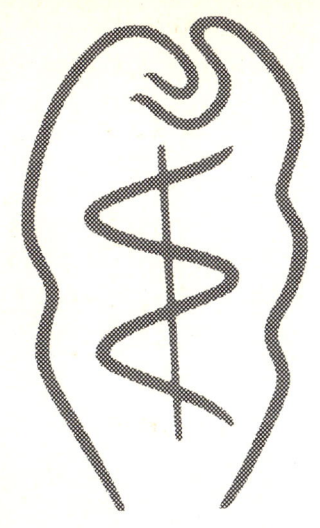

Sie haben es
vielleicht schon
unzählige Male
gesehen.

Aber haben Sie auch
einmal darüber
nachgedacht?

Das Zeichen für Heilung und Pflege: Ein Signum anthroposophischer Lebenspraxis

Als die WELEDA 1921 auf Anregung von Rudolf Steiner gegründet wurde, skizzierte er dieses Zeichen als Ausdruck für die innere Aufgabe der anthroposophischen Heilmittelkunde: Einen neuen, wesensgemäßen Zusammenhang zwischen den Lebensprozessen der Natur und denen im Menschen zu schaffen. WELEDA Arzneimittel und Körperpflegepräparate entstehen auf der Grundlage wertvoller Natursubstanzen. Tatsächlich jedoch gehen sie über bloße Naturprodukte hinaus: Sie sind Kulturerzeugnisse. Der positiv auf die Natur angewandte Geist des Menschen schafft etwas nie Dagewesenes, wenn er Kräfte und Stoffe der Natur in einen menschen- und geistgemäßen Zusammenhang stellt. Diesen Zusammenhang zu erforschen, ist die immer wieder neue Aufgabe, die seit 70 Jahren das Fundament der weltweiten WELEDA-Arbeit bildet. Wenn Sie sich dafür interessieren: Wir informieren Sie gerne. Schreiben Sie an:
WELEDA AG Heilmittelbetriebe,
Postfach 1320, 7070 Schwäbisch Gmünd.

WELEDA
Im Einklang mit Mensch und Natur

Anmerkungen

Assoziatives Wirtschaften – die Suche nach sozialer Gerechtigkeit

1 Es handelt sich dabei um die zentrale Frage der Freiheit. Vgl. Rudolf Steiner, Die Philosophie der Freiheit, Gesamtausgabe (GA) Bibl. Nr. 4, Dornach ¹⁴1978.
2 Vgl. Gert von Eynern, Grundriß der politischen Wirtschaftslehre, § 170ff., Köln 1968.
3 Rudolf Steiner, Nationalökonomischer Kurs (Nök), 4. Vortrag, GA Bibl. Nr. 340, Dornach ⁵1979.
4 Rudolf Steiner, Magazin für Literatur Nr. 29, 1898, in GA Bibl. Nr. 31, Gesammelte Aufsätze zur Kultur und Zeitgeschichte, Dornach 1966, S. 147 ff.
5 Hier wird der Lohn als Teilaspekt der Preisfrage betrachtet.
6 Silvio Gesell, Die natürliche Wirtschaftsordnung, Vorrede 1916; Nürnberg 1949.
7 Aristoteles, Die Nikomachische Ethik, 5. Buch, S. 166, München 1972.
8 Rudolf Steiner, Nök, 6. Vortrag, a.a.O.
9 Rudolf Steiner, Philosophie der Freiheit, 1. Kapitel, a.a.O.
10 Wie Kant den Menschen als Subjekt in die Grenzen seiner Erkenntnis bannt und ihm die neue Tugend der Pflicht zuweist, so erlebt A. Smith diese Subjektivität im Sozialen als Egoismus und verordnet die Unterwerfung unter die Gesetze des Marktes.
11 Bundesrepublik Deutschland - DDR, Die Wirtschaftssysteme, Hrg.: H. Hamel; München 1979, S. 192.
12 A.a.O., Seite 47ff.
13 Diese Kurzargumentation will die Intention von Karl Marx wiedergeben, nicht den Wortlaut.
14 Rudolf Steiner, Philosophie der Freiheit, Vorrede zur 1. Auflage, a.a.O.
15 Bedeutende Vorarbeiten zur Dreigliederung finden sich bei Schiller («Briefe zur ästhetischen Erziehung des Menschen») und Goethe («Märchen von der grünen Schlange und der schönen Lilie»).

16 Rudolf Steiner, Von Seelenrätseln (1917), GA Bibl. Nr. 21, Dornach ⁵1983. Die Kernpunkte der sozialen Frage (1919), GA Bibl. Nr. 23, Dornach ⁶1976.
17 A.a.O., S. 42.
18 Vgl. den Aufsatz zum Sozialen Hauptgesetz S. 102 ff.
19 Vgl. Anm. 18.
20 Rudolf Steiner, Nök, 3. Vortrag, a.a.O.
21 Zur Charakterisierung unterschiedlicher Gesichtspunkte siehe H. G. Schweppenhäuser, Das kranke Geld, Stuttgart 1971 und andere Werke: B. Hardorp, Elemente einer Neubestimmung des Geldes, Freiburg/Brsg. 1958; W. Latrille, Assoziative Wirtschaft, Stuttgart 1985; aber auch S. Gesell, Die natürliche Wirtschaftsordnung durch Freiland und Freigeld, Nürnberg 1949.

Das Soziale Hauptgesetz - Der Altruismus als soziale Gestaltungskraft

1 Ernst Winkler, Theorie der natürlichen Wirtschaftsordnung, Heidelberg 1952, S. 11.
2 Silvio Gesell: Die natürliche Wirtschaftsordnung durch Freiland und Freigeld, Lauf 1949, S. 20.
3 A.a.O., S. 20, Zitat von Chr. Secretan.
4 Rudolf Steiner, Nationalökonomischer Kurs, GA Bibl. Nr. 340, Dornach 1979, S. 47.
5 Prof. Hayek, Gespräch mit Ludwig Erhard. Baseler Zeitung.
6 Rudolf Steiner, Die Kernpunkte der sozialen Frage, GA Bibl. Nr. 23, Dornach 1961, S. 14
7 Rudolf Steiner, Geisteswissenschaft und Soziale Frage, Einzelausgabe, Dornach 1968, S. 36/37.
8 Rudolf Steiner, Die Kernpunkte der sozialen Frage, a.a.O., S. 15.

Zur sozialorganischen Bewältigung des Geldwesens

1 Der Aufsatz stützt sich auf die Anregungen Rudolf Steiners vor allem im Nationalökonomischen Kurs, GA Bibl. Nr. 340. Da es sich aber um keine Textauslegung handelt, sondern um einen Versuch, das

Geldwesen aus dem sozialen Prozeß zu entwickeln, wurde auf den Nachweis einzelner Begriffe verzichtet.
2 Spiegel 28/87 «Börsen sterben plötzlich am Infarkt».
3 Ausdruck des Sprechers der Deutschen Bank, Christians.
4 Siehe die Werke von Hans Georg Schweppenhäuser, Das kranke Geld, Tübingen 1971, und Das Mysterium des Geldes, Freiburg 1981.
5 Vgl. oben S. 17 ff.
6 Silvio Gesell in: Emil Georg Diehl, Zwei Berufs-Ökonomen und ein Außenseiter, Villingen.
7 Vgl. oben S. 17 ff.
8 Theodor Beltle, Die Krise - Folge eines Denkfehlers der klassischen Ökonomie über das Sparen, Frankfurt 1984.
9 J. M. Keynes, Allgemeine Theorie der Beschäftigung, des Zinses und des Geldes, Berlin 1952, S. 307.
10 Theodor Beltle, siehe Anm. 8.

SOZIALWISSENSCHAFTLICHES FORUM BAND 1:

Das Soziale Hauptgesetz

Beiträge zum Verhältnis von Arbeit und Einkommen

Herausgegeben von der Sozialwissenschaftlichen Forschungsgesellschaft Stuttgart e.V., durch Stefan Leber. 280 Seiten, kartoniert.

Aus dem Inhalt:
Stefan Leber: Das Soziale Hauptgesetz – Anforderungen an das Verständnis / *Wilhelm Schmundt:* Der soziale Organismus und das Soziale Hauptgesetz / *Walter Kugler:* Das Soziale Hauptgesetz – ein nationalökonomisches Prinzip / *Rolf Kerler:* Wirtschaftsgemeinschaft – ein Übungsweg aus der Sicht eines Teilnehmers / *Benediktus Hardorp:* Anspruch und Zuspruch – Rentensicherheit und Soziales Hauptgesetz / *Josef Edmund Zimmermann:* 1945 – und was dann? Weltwirtschaftskrisen und Soziales Hauptgesetz.

«Das Heil einer Gesamtheit von zusammenarbeitenden Menschen ist um so größer, je weniger der einzelne die Erträgnisse seiner Leistungen für sich beansprucht, das heißt, je mehr er von diesen Erträgnissen an seine Mitarbeiter abgibt, und je mehr seine eigenen Bedürfnisse nicht aus seinen Leistungen, sondern aus den Leistungen der anderen befriedigt werden.»
Rudolf Steiner

Verlag Freies Geistesleben

SOZIALWISSENSCHAFTLICHES FORUM BAND 2:

Die wirtschaftlichen Assoziationen

Beiträge zur Brüderlichkeit im Wirtschaftsleben

Herausgegeben von der Sozialwissenschaftlichen Forschungsgesellschaft Stuttgart e.V., durch Stefan Leber. 350 Seiten, kartoniert.

Aus dem Inhalt:
Stefan Leber: Die Stellung der Assoziation im Wirtschaftsleben / *Christoph Strawe:* Geschichtliches zum Assoziationsbegriff / *Udo Herrmannstorfer:* Assoziatives Wirtschaften – die Suche nach sozialer Gerechtigkeit / *Dietrich-Jörn Weder:* Steiner, Keynes und die Arbeitslosigkeit / *Benediktus Hardorp:* Unternehmensbezogene Einkommensbildung, assoziative Preisbildung und Soziales Hauptgesetz / *Jürgen Erdmenger:* Integrationsprozesse in Europa im Lichte der anthroposophischen Sozialwissenschaft / *Josef Edmund Zimmermann:* Der moderne Geist auf der Suche nach Sozialität; und weitere Beiträge von *W. Weymann, H. Hintze-Tanner, W. Schmundt, Ch. Roder, L. Bos, G. v. Beckerath, Th. Beltle, W. Latrille, H. W. Colsman, R. Burkhardt, D. Brüll.*

«Das Wirtschaftsleben strebt danach, sich aus seinen eigenen Kräften heraus unabhängig von Staatseinrichtungen, aber auch von staatlicher Denkweise zu gestalten. Es wird dies nur können, wenn sich, nach rein wirtschaftlichen Gesichtspunkten, Assoziationen bilden, die aus Kreisen von Konsumenten, von Handeltreibenden und Produzenten sich zusammenschließen ... Nicht Gesetze regeln die Erzeugung, die Zirkulation und den Verbrauch der Güter, sondern die Menschen aus ihrer unmittelbaren Einsicht und aus ihrem Interesse heraus.»
Rudolf Steiner

Verlag Freies Geistesleben

SOZIALWISSENSCHAFTLICHES FORUM BAND 3:

Wesen und Funktion des Geldes

*Zahlen, Leihen und Schenken
im volkswirtschaftlichen Prozeß*

*Herausgegeben von der Sozialwissenschaftlichen
Forschungsgesellschaft Stuttgart e.V., durch Stefan Leber
356 Seiten, kartoniert.*

Aus dem Inhalt:
Stefan Leber: Zum Geldproblem / *Udo Herrmannstorfer:* Zur sozialorganischen Bewältigung des Geldwesens / *Wilhelm Schmundt:* Der Geldkreislauf als Organsystem des sozialen Organismus / *Christoph Michael Hofmann:* Zur Entwicklung eines aufgabenorientierten Geldbegriffs / *Thomas Gädeke:* Geld und Gelderkenntnis / *Reto Doppmann-Handschin:* Geldtheorie im Lichte der traditionellen Wirtschaftswissenschaften / *Christian Matthiessen:* Geld und Wert / *Jobst von Heynitz:* Keynes' «Carrying-costs» – ein erster Schritt zum alternden Geld und ausreichender Finanzierung der Kultur? / *Dieter Suhr:* Zur Aktualität der Geldvorstellungen Rudolf Steiners / *Hans Joachim Windelberg:* Die Zähmung des Geldes / *Wolfgang Latrille:* Das «Kreditgeld» als Basis eines zeitgemäßen, gesunden Geldwesens / *Manfred Kannenberg-Rentschler:* Die Idee der volkswirtschaftlichen Schenkung – Schwierigkeiten ihrer Geburt / *Theodor Beltle:* Das Geldproblem in der Volkswirtschaft / *Rolf Kerler:* Geld als Gestaltungsprozeß / *Josef Edmund Zimmermann:* Die «halbpathologische, halbkriminelle Geldwirtschaft» und die schwere Geburt der ökonomischen Vernunft / *John Maynard Keynes:* Vorschläge für eine internationale Clearing Union (Union für den internationalen Zahlungsverkehr)

Verlag Freies Geistesleben

SOZIALWISSENSCHAFTEN

Der Mensch in der Gesellschaft

Die Dreigliederung des sozialen Organismus als Urbild und Aufgabe
Herausgegeben von Stefan Leber.
Mit Beiträgen von H. Eckhoff, B. Hardorp, Ch. Lindenberg,
W. Schmidt, H. G. Schweppenhäuser, D. Spitta und H. Wilken
191 Seiten, kartoniert.

CHRISTOF LINDENAU

Soziale Dreigliederung – Der Weg zu einer lernenden Gesellschaft

Ein Entwurf zum anthroposophischen Sozialimpuls
2. Auflage, 184 Seiten, kartoniert.

Soziale Frage und Anthroposophie

Zur Neugestaltung des gesellschaftlichen Organismus
10 Vorträge von Rudolf Steiner
Ausgewählt und herausgegeben von D. Spitta
320 Seiten, kartoniert.

FRIEDRICH GLASL

Konfliktmanagement

Ein Handbuch für Führungskräfte und Berater
2. vollständig überarbeitete Auflage, 457 Seiten gebunden.

Verlag Freies Geistesleben

Rudolf Steiner
Themen aus dem Gesamtwerk

1 Wege der Übung
Herausgegeben von Stefan Leber. 255 Seiten.

Grundlage für die anthroposophischen Forschungsergebnisse bildet der Schulungsweg, auf dem die Erkenntnisorgane zur Erfahrung höherer, übersinnlicher Wirklichkeitsbereiche entwickelt werden.

2 Sprechen und Sprache
Herausgegeben von Christoph Lindenberg. 174 Seiten.

Im Gegensatz zur modernen Linguistik wird hier das Gesamtphänomen der Sprache angeschaut und aus ihrer ursprünglichen Verwurzelung im Sprechen des Menschen entwickelt.

3 Zur Sinneslehre
Herausgegeben von Christoph Lindenberg. 155 Seiten.

Die Sinneslehre Rudolf Steiners beschreibt den vollständigen, zwölfgliedrigen Sinnesorganismus, seine Erfahrungsbreite und seine Bedeutung für das menschliche Leben.

4 Vom Lebenslauf des Menschen
Herausgegeben von Erhard Fucke. 256 Seiten.

Die anthroposophische Menschenkunde kennt den gegliederten Lebenslauf als einen rhythmischen Zeitorganismus, in dem der Mensch die Kräfte und Fähigkeiten der Seele von Lebensepoche zu Lebensepoche entfaltet.

Verlag Freies Geistesleben

Rudolf Steiner
Themen aus dem Gesamtwerk

5   Erde und Naturreiche
Herausgegeben von Hans Heinze. 223 Seiten.

In diesen Vorträgen werden in anschaulicher Sprache eine Fülle von übersinnlichen Beziehungen in der Natur und zum Menschen dargestellt.

6   Naturgrundlagen der Ernährung
Ernährung des Menschen I
Herausgegeben von Kurt Th. Willmann. 171 Seiten.

Die hier gegebenen Darstellungen der Natursubstanzen, ihrer Bildung und Kultivierung, ihrer Stellung in der Natur und ihrer Wirkung im menschlichen Organismus bilden die Grundlage für eine Ernährungslehre, die dem Wesen des Menschen entsprechen will.

7   Ernährung und Bewußtsein
Ernährung des Menschen II
Herausgegeben von Kurt Th. Willmann. 190 Seiten.

8   Geschichtserkenntnis
Zur Symptomatologie der Geschichte
Herausgegeben von Christoph Lindenberg. 169 Seiten.

Die Geschichtsbetrachtung Rudolf Steiners versteht die historischen Tatsachen als Symptome für einen Prozeß, aus dem die Entwicklungsimpulse der Menschen, ihres Lebens und ihrer Kultur hervorgehen.

Verlag Freies Geistesleben

Rudolf Steiner
Themen aus dem Gesamtwerk

9 Wiederverkörperung
Zur Idee von Reinkarnation und Karma
Herausgegeben von Clara Kreutzer. 214 Seiten.

Eine genaue, sachgemäße Betrachtung des menschlichen Daseins zeigt, daß der individuelle Mensch selbst Ursache für die Entwicklung seines Lebens ist.

10 Gesundheit und Krankheit
Herausgegeben von Otto Wolff. 192 Seiten.

Zur Begründung einer menschengemäßen Medizin und zur Klärung der Begriffe Gesundheit und Krankheit bietet der vorliegende Band die geisteswissenschaftlich-menschenkundlichen Erkenntnisgrundlagen.

11 Spirituelle Psychologie
Herausgegeben von Markus Treichler. 310 Seiten.

Das Thema «Spirituelle Psychologie» gehört zu den zentralsten des Gesamtwerkes Rudolf Steiners, da die psychologische Methode, die Selbstbeobachtung des Seelischen, die Grundhaltung der anthroposophischen Geisteswissenschaft schlechthin ist.

12 Elemente der Erziehungskunst
Herausgegeben von Karl Rittersbacher. 191 Seiten.

Hier sind neun Vorträge zusammengefaßt, die Rudolf Steiner in den Jahren 1906 - 16 über die Voraussetzungen einer erneuerten Pädagogik gehalten hat.

Verlag Freies Geistesleben

Rudolf Steiner
Themen aus dem Gesamtwerk

13 Soziale Frage und Anthroposophie
Herausgegeben von Dietrich Spitta. 318 Seiten.

Radikal und mit dem Blick für die den sozialen Problemen zugrundeliegenden Tatsachen nimmt Rudolf Steiner Stellung zur Trennung von Arbeit und Einkommen, zur Frage von Grund und Boden, zur Friedensproblematik und zur Emanzipation der Frau.

14 Christologie
Herausgegeben von Heten Wilkens. 286 Seiten.

Rudolf Steiners innerstes Anliegen war es, die christlichen Inhalte in das Licht des modernen, erkennenden Bewußtseins zu stellen.

15 Das Leben nach dem Tod
Herausgegeben von Frank Teichmann. 280 Seiten.

Rudolf Steiner gibt in diesen Vorträgen konkrete Schilderungen über das Leben nach dem Tod und seinen Zusammenhang mit der Welt der Lebenden.

16 Mensch und Sterne
Herausgegeben von Heinz Herbert Schöffler. 186 Seiten.

«Anthroposophie ist ein Erkenntnisweg, der das Geistige im Menschen zum Geistigen im Weltall führen möchte.»

17 Vom Wirken der Engel
und anderer hierarchischer Wesenheiten
Herausgegeben von Wolf-Ulrich Klünker. Ca. 200 Seiten.

Verlag Freies Geistesleben

Zeichen der Zeit

1
Stefan Leber
Atomtechnik und Anthroposophie
Die Energiekrise als Prüfstein moralischer Verantwortlichkeit.
87 Seiten, kartoniert

2
Heimo Rau
Indiens Erbe – Illusion und Wirklichkeit heute
95 Seiten, kartoniert

3
Friedensfähigkeit durch Anthroposophie
2. Auflage, 90 Seiten, kartoniert

4
Arbeitslosigkeit
Ursachen und Auswege.
143 Seiten, kartoniert

5
Wolfgang Latrille
Assoziative Wirtschaft
Ein Weg zur sozialen Neugestaltung.
198 Seiten, kartoniert

6
Rainer Patzlaff
Bildschirmtechnik und Bewußtseinsmanipulation
2. Auflage, 76 Seiten, kartoniert

Verlag Freies Geistesleben

Zeichen der Zeit

7

Mitteleuropa im Spannungsfeld der Gegenwart
Dokumentation des Wittener Kongresses vom November 1985.
Herausgegeben von Stefan Leber. Mit Beiträgen von H. W. Colsman,
Stefan Leber, Charlotte Roder, Jörgen Smit, Manfred Schmidt-
Brabant, Ernst Schuberth, Jürgen Schürholz und Johannes Stüttgen.
184 Seiten, kartoniert

8

Das Schicksal manipulieren?
Über die Technisierung von Geburt und Tod.
Mit Beiträgen von Lore Deggeler, Michaela Glöckler,
Werner Hassauer, Hans Müller-Wiedemann, Peter Petersen
und Wolfgang Schad.
122 Seiten, kartoniert

9
Stefan Leber
Freiheit durch Gewalt?
Zum Phänomen des Terrorismus
Vom Gedanken der Anarchie zur Propaganda der Tat.
128 Seiten, kartoniert

10
Rainer Patzlaff
Medienmagie
und die Herrschaft über die Sinne
140 Seiten, kartoniert

Verlag Freies Geistesleben

Falter

1 Adam Bittleston
Einsamkeit

2 Dan Lindholm
Vom Engel berührt

3 Georg Kühlewind
Weihnachten
Die drei Geburten des Menschen

4 Julian Sleigh
Lebenskrisen
Zwölf Schritte zu ihrer Bewältigung

5 Jörgen Smit
Meditation und Christus-Erfahrung
Wege zur Verwandlung des eigenen Lebens

6 Adam Bittleston
Das Leben meistern
Zur Praxis des achtgliedrigen Pfads

7 Paul von der Heide
Das helfende Gespräch
Schritte der Ich-Tätigkeit

8 Almut Bockemühl
Zeit des Sterbens
Vom Hingang eines alten Menschen

9 Adam Bittleston
Erfüllte Zeit
Von Meditation und Gebet und von den Wochentagen

10 Inge Ott
Der Reiter und das Mädchen

Verlag Freies Geistesleben

Erziehung zur Freiheit

*Die Pädagogik Rudolf Steiners.
Bilder und Berichte
aus der internationalen Waldorfschulbewegung
Text: Frans Carlgren,
Bildredaktion: Arne Klingborg
208 Seiten, ca. 250 meist farbige Abbildungen,
großes Querformat, (24 x 34 cm), gebunden.
Preisgünstige Sonderausgabe, 264 Seiten, kartoniert*

Alle Fragen, die man an die Waldorfschule stellt, werden klar und konkret beantwortet. Alle Gebiete, vom Kindergarten bis zum Schulaustritt, der Epochen-Unterricht, der Zeugnis- und Prüfungsverzicht, das künstlerische Prinzip, die Lehrerbildung, werden durch farbige Abbildungen verständlich gemacht. Das Werk zeigt auch, daß man an diesen Schulen die Kinder weder zu Künstlern noch zu Anthroposophen machen will. *Nationalzeitung, Basel*

Es ist eine Lust, in dem reich bebilderten, großzügig angelegten Buch zu blättern und die Schülerarbeiten der verschiedenen Altersstufen zu betrachten. Und es ist ein lohnendes Unterfangen, sich in die sorgfältig gegliederten und systematisch dargebotenen Texte zu vertiefen. Nichts, worüber da nicht informiert würde von den Grundzügen der Waldorfpädagogik ... *Neue Württemberger Zeitung*

Die einzelnen Abschnitte, sachkundig gegliedert und illustriert, behandeln den gesamten Komplex der Unterrichts- und Erziehungsweise, die in den Waldorfschulen gepflegt wird ... Wir möchten diese Dokumentation in die Hand eines jeden Lehrers legen...
Literaturspiegel für wissenschaftliche Literatur und Sachbücher

Verlag Freies Geistesleben

Praxis Anthroposophie

1
Peter Normann Waage
Wenn Kulturen kollidieren
Islam und Europa -
Das Phänomen Salman Rushdie

2
Dagmar Müller
Das Eigene der Frauen
Feminismus
und Anthroposophie

3
Rüdiger Grimm
**Die therapeutische
Gemeinschaft in der
Heilpädagogik**
Das Zusammenwirken von
Eltern und Heilpädagogen

4
Wolfgang Schad
Erziehung ist Kunst
Pädagogik aus Anthroposophie

5
J. Smit / G. Kühlewind /
R. Treichler / C. Lindenau
Freiheit erüben
Meditation in der Erkenntnis-
praxis der Anthroposophie

6
Udo Herrmannstorfer
Scheinmarktwirtschaft
Die Unverkäuflichkeit von
Arbeit, Boden und Kapital

7
Heinz Zimmermann
Sprechen, Zuhören, Verstehen
in Erkenntnis- und
Entscheidungsprozessen

8
Calvert Roszell
Erlebnisse an der Todesschwelle
Mit einem Vorwort
von George G. Ritchie

9
Thomas J. Weihs
Das entwicklungsgestörte Kind
Heilpädagogische Erfahrungen
in der therapeutischen
Gemeinschaft

10
Stefan Leber
**Die Sozialgestalt
der Waldorfschule**
Ein Beitrag zu den
sozialwissenschaftlichen
Anschauungen Rudolf Steiners

Verlag Freies Geistesleben